国际贸易实务新编教程

GUOJI MAOYI SHIWU XINBIAN JIAOCHENG 高等学校财经管理系列规划教材

主编⊙ 王 燕 贺 锋

参编⊙ 孙亚平

暨南大学出版社
JINAN UNIVERSITY PRESS
中国·广州

图书在版编目（CIP）数据

国际贸易实务新编教程/王燕，贺锋主编．—广州：暨南大学出版社，2010.1
（2011.7 重印）
（高等学校财经管理系列规划教材）
ISBN 978 - 7 - 81135 - 299 - 3

Ⅰ．①国…　Ⅱ．①王…②贺…　Ⅲ．①国际贸易—贸易实务—教材　Ⅳ．①F740.4

中国版本图书馆 CIP 数据核字（2009）第 229499 号

出版发行：暨南大学出版社

地　　址：中国广州暨南大学
电　　话：总编室（8620）85221601
　　　　　营销部（8620）85225284　85228291　85228292（邮购）
传　　真：（8620）85221583（办公室）　85223774（营销部）
邮　　编：510630
网　　址：http：//www.jnupress.com　http：//press.jnu.edu.cn

排　　版：暨南大学出版社照排中心
印　　刷：江门市新教彩印有限公司

开　　本：787mm×1092mm　1/16
印　　张：14.75
字　　数：384 千
版　　次：2010 年 1 月第 1 版
印　　次：2011 年 7 月第 2 次
印　　数：2001—4500 册

定　　价：29.80 元

前　言

随着我国高等教育的发展，民办独立院校的数量和规模也在不断扩大，并在我国高等教育中扮演着越来越重要的角色。如何使这类院校培养出的学生既符合国家高等教育的要求，又能适应市场的需要，是当前民办独立院校必须思考的问题。基于这样的思考，我们编写了本书。

本书的编写人员均有长期在国际贸易公司从事实际操作和在高校进行实务教学的经历，并且在实操和教学领域都有不俗的业绩表现。正是因为编写人员的经历和学养特点，我们希望本书作为长期理论与实践结合的结晶，能够适应独立学院和高职高专院校国际贸易专业学生的专业理论与实际操作能力的需求。同时，也能作为工作在外贸第一线的广大员工和社会自学者上手快、解决实际问题的参考书。

本书由广州大学华软软件学院国际经济与贸易系的三位老师联合编写，基本分工是：第二、第三、第四、第五、第六、第十一章由王燕编写，第一、第九、第十、第十四、第十五章由贺锋编写，第七、第八、第十二、第十三章由孙亚平编写。本书在编写过程中得到了有关兄弟院校的帮助和支持，在此一并感谢。

由于时间仓促和编者水平有限，书中的错误、疏漏以及不妥之处在所难免，欢迎使用本书的老师和学生随时来电、来函批评指正，以便再版时订正。

编　者
2009 年 10 月

目 录

第一章 绪 论

第一节 国际市场与国际贸易

一、国际市场

市场是商品经济的产物。只要有社会分工和商品生产，就会有市场。市场既是商品和劳务交换的场所，又是商品生产顺利进行的必要条件。广义地说，国际市场是世界各国商品、劳务和知识等交换的领域。它是在国际分工的基础上，由各个国家内部以及各国之间的市场构成，在世界流通领域里反映国际生产关系的商品、劳务、货币和资本关系的总和。狭义地说，国际市场是世界各国商品交换的领域，即通过国与国之间的商品买卖而使各国的国内市场得以联系起来的交换关系的总和。

上述国际市场是抽象意义的国际市场。在世界某些大宗初级产品的生产地、消费地和集散地，历史上形成的各种商品交易所，如伦敦金属交易所、芝加哥谷物交易所、新加坡橡胶交易所、悉尼期货交易所等，是具体进行买卖商品的场所、组织和机构。它们在很大程度上反映世界范围的供求关系，其成交价格对世界各地价格有相当的影响。人们也往往称之为国际市场。这些是具体意义上的国际市场。

二、国际市场是国际经济关系的总和

国际市场有两层含义：一层是指市场的外延，即它的地理范围，国际市场是就全球而言的，是世界各地域市场的总和；另一层是指国际市场的内涵，即指国际经济关系内容的总和，它既包括国际物质商品市场，又包括国际金融市场，还包括国际劳务市场。国际物质商品市场是各国贸易商进行商品交换的场所；国际金融市场是指国际上进行资本借贷、贸易结算、金银和有价证券买卖的场所；国际劳务市场是指各国进行劳务贸易的场所。

国际市场是个十分庞大而又非常复杂的多层次、多维性的体系，这个体系由若干个互相区别而又相互关联的部分构成。它不仅有地域的分布，而且有商品的销售、资本的融通和劳务的交流，国际市场是个相互交织的国际经济关系的大系统。

国际市场是经济生活国际化的客观产物，从根本上讲是社会生产力和国际分工发展的必然结果。国际分工是社会生产力发展到一定阶段的产物，是社会分工超越国家界限而形成的国与国之间的劳动分工。国际分工出现于16世纪之前，当时世界上许多国家还处在奴隶社会或封建社会，生产力水平很低，商品经济不发达，自给自足的自然经济占统治地位。由于受经济不发达和交通运输条件的制约，国际分工的地理范围狭小，商品的数量、品种都是极为有限的。到16世纪中叶，西欧的封建社会开始瓦解，资本主义进入早期的工场手工业阶段，从而促进了社会分工和生产力的发展，大规模的商品生产，不仅使西欧一些国家很快形

成了统一的国内市场，而且使这种社会分工迅速扩展到国际领域。

18 世纪末，主要资本主义国家先后完成产业革命，大机器工业取代了落后的手工劳动，为国际分工和国际市场的最终形成奠定了基础。

三、国际贸易

国际贸易是指世界各国（地区）之间货物、知识（技术）和服务的交换，是各国（地区）之间分工的表现，反映了世界各国（地区）在经济上的相互依靠。

国际贸易是在一定历史条件下产生和发展起来的。国际贸易的产生必须具备以下条件：一是有剩余的产品可以作为商品进行交换；二是商品交换要在各自为政的社会实体之间进行。因此，社会生产力的发展和社会分工的扩大，是对外贸易产生和发展的基础。在原始社会初期，人类处于自然分工状态，生产力水平很低，人们在共同劳动的基础上获取有限的生活资料，仅能维持自身生存的需要。因此，没有剩余产品，没有私有制，没有阶级和国家，也就没有对外贸易。

国际贸易的产生是与人类历史上三次社会大分工密切相关的。第一次社会大分工是畜牧部落从其他部落中分离出来，牲畜的驯养和繁殖使生产力得到了发展，产品开始有了少量剩余。于是在氏族公社之间、部落之间出现了剩余产品的交换。这是最早发生的交换，这种交换是极其原始的偶然的物物交换。随着生产力的继续发展，手工业从农业中分离出来，出现了人类社会第二次大分工。手工业出现后，便产生了直接以交换为目的的商品生产。商品生产和商品交换的不断扩大，产生了货币，商品交换逐渐变成了以货币为媒介的商品流通。随着商品货币关系的发展，产生了专门从事贸易的商人，于是出现了第三次社会大分工。生产力的发展，交换关系的扩大，加速了私有制的产生，从而使原始社会日趋瓦解，这为过渡到奴隶社会打下了基础。在奴隶社会初期，阶级矛盾的出现形成了国家。国家出现后，商品交换超出国界，便产生了国际贸易。

一般而言，国际贸易包括货物贸易、技术贸易和服务贸易三大内容。广义的国际贸易包括货物贸易业务、技术贸易业务以及服务贸易业务。狭义的国际贸易则专指国际货物买卖业务。虽然当代技术贸易和服务贸易在国际贸易中已占相当大的比重，但货物贸易仍然是国际贸易中最基本、最主要的部分，仍占最大的比重。

第二节　电子商务与国际贸易

一、电子商务的含义

电子商务（electronic commerce）是一种以电子数据交换 EDI 和 Internet 网上交易为主要内容的全新商务模式，体现着开放性、全球性、地域性、低成本和高效率等内在特征，在符合商业经济内在要求的同时，还超越了作为一种新的贸易形式所具有的价值。它不仅改变了企业本身的生产、经营和管理方式，而且给传统的贸易方式带来了冲击。其最明显的标志就是增加了贸易机会、降低了贸易成本、提高了贸易效益，在带动经济结构变革的同时，对整个现代经济生活产生了巨大而深远的影响。

二、电子商务对国际贸易的影响

自电子商务在全球出现以来，其对国际贸易的影响由表及里、由浅入深，不断向深层次扩展。在国际贸易方式、国际贸易运行机制、营销手段、宏观管理以及贸易政策等方面都带来了深刻的影响。

1. 电子商务促进了国际贸易的发展

在一定程度上，电子交货手段可以代替其他交货手段。电子商务通过降低交易成本和交易价格，提高效率，不断创造出额外的商业机会，这些额外的商业机会一方面由于电子商务能降低成交价格，从而增加了国际需求；另一方面，它能创造新的贸易机会，让那些成本过高或执行困难的交易变得可行，如网上教学、医疗服务、咨询以及数据更新与交换等。另外，电子商务能作为传统交易手段的补充，与有形货物运输一起完成交易。例如，通过提供国际市场调研、广告和营销、购买以及电子手段付款等方式作为贸易的辅助手段。总之，电子商务由于突破了时空限制，使得信息跨国传递和资源共享得以真正实现，满足了国际贸易快速增长的要求，从而促进了国际贸易的发展。

2. 虚拟市场的出现改变了国际贸易的运行环境

电子商务通过网上"虚拟"信息的交换，开辟了一个崭新的市场空间。一个开放、多维、立体的市场空间，突破了传统市场必须以一定的地域存在为前提的条件，全球以信息网络为纽带连成一个同一的大的"市场"，促进了世界经济市场全球化的形成。信息流动加速了资本、商品、技术等生产要素的全球流动，导致了全球网络经济的崛起，在这种网络贸易的环境下，各国间的经贸联系与合作大大加强。

3. 虚拟公司的出现使国际贸易的经营主体发生了变化

现代信息沟通技术通过单个公司在各自专业领域拥有的核心技术，由众多公司相互联合而成的公司网络，完成某一间公司不能承担的市场功能，可以更加有效地向市场提供商品和服务。这种新型的企业组织形式，在资本关系上不具有强制各个公司发生联系的权力，而是由于承担了一定的信息功能而具有某种实体性。跨国公司战略联盟便是这种"虚拟公司"的主要表现形式。这种创新型跨国公司战略联盟与"虚拟经营"采取合作竞争的经营方式，揭开了信息社会公司组织及运作方式变革的序幕。通过开放系统的动态网络组合寻找资源和联盟，这种虚拟公司能够适应瞬息万变的经济竞争环境和消费需求向个性化、多样化方向发展的趋势，给跨国公司带来分工合作、优势互补、资源互用、利益共享的好处。

4. 国际贸易的经营管理方式发生了重大变化

电子商务提供的交互式网络运行机制为国际贸易提供了一种信息较为完备的市场环境，通过国际贸易这一世界经济运行的纽带达到跨国界资源和生产要素的最优配置，使市场机制在全球范围内充分有效地发挥作用。这种贸易方式突破了传统贸易以单向物流为主的运作格局，建立了以资金流为形式、信息流为核心、商品流为主体的全新物流体系。这一新的体系通过信息网络提供全方位、多层次、多角度的互动式的商贸服务。生产者与用户以及消费者通过网络使及时供货制度和"零库存"生产得以实现，商品流动更加顺畅，信息网络成为最大的中间商，国际贸易中由进出口商作为国家间商品买卖媒介的传统方式受到挑战，由信息不对称形成的委托—代理关系与方式发生动摇，贸易中间商、代理商和专业进出口公司的地位相对降低，引发了国际贸易中间组织结构的革命。

5. 电子商务的发展催生出一种新型的贸易形式——国际信息贸易

作为国民经济先导产业的信息产业的发展是人类历史上的又一次产业革命，在未来的知识经济社会中，知识作为最重要的生产要素，其产生和传递都是通过信息业完成的。因此，信息产业将成为未来产业结构中的基础产业，成为带动全球经济发展的火车头。电子商务在提高国际贸易效率的同时，也促使那些支持其运行的产品和服务纳入国际贸易范畴而成为国际贸易对象。随着信息网络技术和电子商务的发展，国际信息贸易正从国际服务贸易中分离出来，以一种独立的、崭新的贸易形式出现，国际贸易将出现商品贸易、服务贸易和信息贸易"三分天下"的局面。

三、电子商务的优点

（1）电子商务将传统的商务流程电子化、数字化，一方面以电子流代替了实物流，可以大量减少人力和物力，降低成本；另一方面突破了时间和空间的限制，使得交易活动可以在任何时间、任何地点进行，从而大大提高了效率。

（2）电子商务所具有的开放性和全球性的特点，为企业创造了更多的贸易机会。

（3）电子商务使企业可以以相近的成本进入全球电子化市场，使得中小企业可能拥有和大企业一样的信息资源，提高了中小企业的竞争能力。

（4）电子商务重新定义了传统的流通模式，减少了中间环节，使得生产者和消费者的直接交易成为可能，从而在一定程度上改变了整个社会经济运行的方式。

（5）电子商务一方面破除了时空的壁垒，另一方面又提供了丰富的信息资源，为各种社会经济要素的重新组合提供了更多的可能，这将影响到社会的经济布局和结构。

（6）互动性。通过互联网，商家之间可以直接交流、谈判、签合同，消费者也可以把自己的反馈建议反映到企业或商家的网站，而企业或商家则要根据消费者的反馈及时调查产品种类及服务品质，做到良性互动。

综合上述优势，电子商务作为一种新的商业模式于 20 世纪最后的十年出现在人们面前，与传统的交易方式相比，电子商务有很多优越之处，它可以突破地域和时间的限制，使处于不同地区的人们自由地传递信息，互通有无，开展贸易。

第三节 国际货物买卖合同及基本业务流程

一、国际货物买卖合同

营业地在不同国家（地区）的当事人之间订立的货物买卖合同统称为国际货物销售合同，或国际货物买卖合同（contracts for international sales of goods）。国际货物买卖正是以这种合同为中心进行的。而依法订立的合同，对双方当事人都具有法律约束力，当事人都应履行合同约定的义务。倘若发生不属于不可抗力或其他免责范围内的不符合合同规定的行为或不行为，就构成违约，违约方就应赔偿对方因此而造成的损失。如违约方不赔偿或不按对方的实际损失进行赔偿，对方就有权视不同情况采取合理措施以取得法律保护。所以，对外达成和履行销售合同不仅是一种商业行为，而且是一种与国外客户双方的法律行为，据此，对于国际货物销售合同，必须从法律角度予以严肃对待。

我国在对外经济活动中，国际货物销售合同是一种最重要的、基本的涉外经济合同，国际货物销售合同是以逐笔成交、货币结算、单边进口或出口的方式与不同国家和地区的商人达成的货物买卖合同。此外，国际货物买卖的当事人在进行一笔交易时，通常还需要与运输机构、保险公司、银行等签订合同，在一般情况下，这些合同又是履行销售合同所必需的，是为履行销售合同服务的。而这些合同只是某一笔交易的组成部分，是辅助性合同，基本的合同仍然是销售合同（见附录一）。

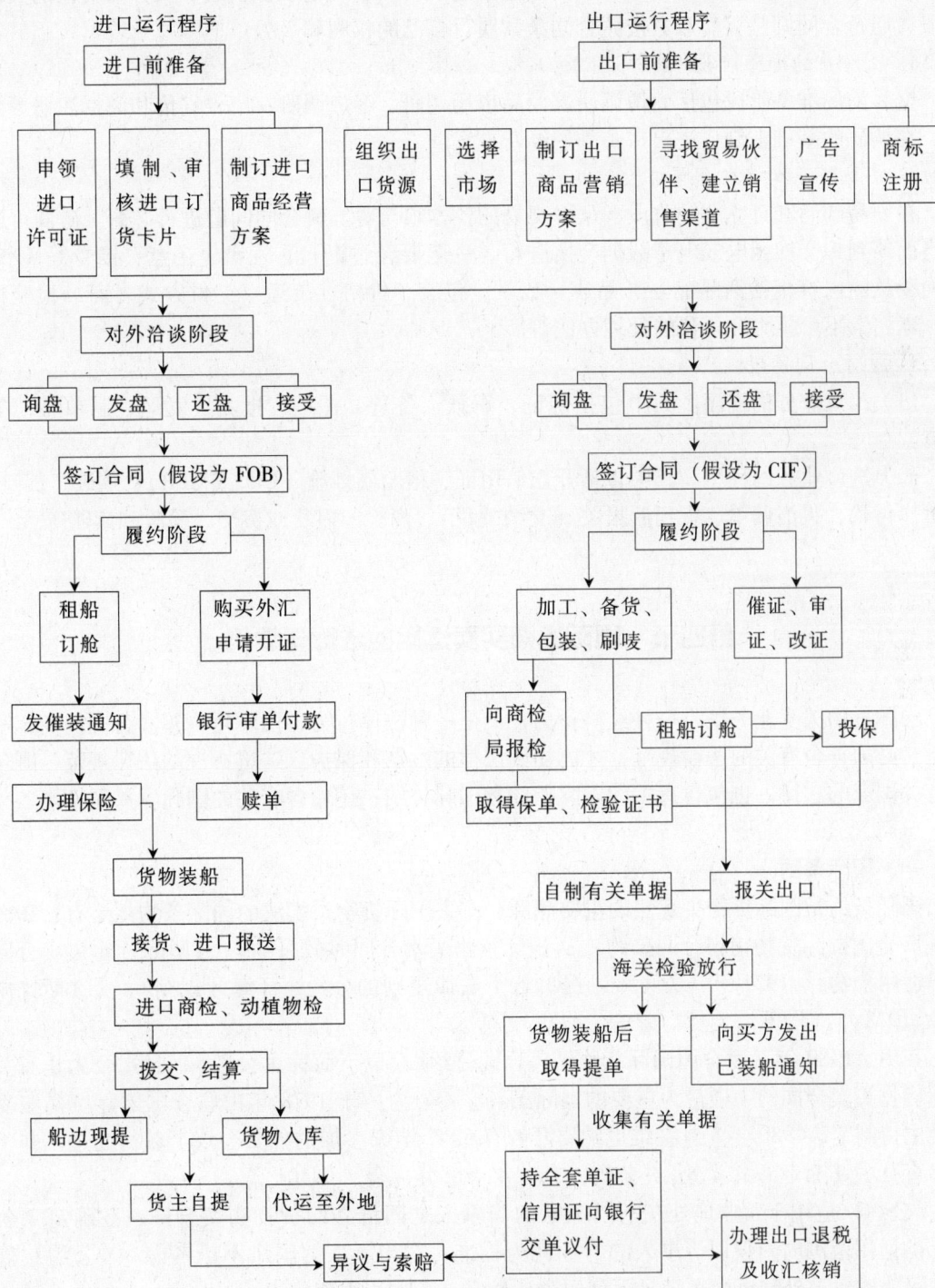

图 1-1 进口、出口运行程序图

二、国际货物买卖基本业务流程

我国进出口贸易的业务程序（见图 1－1）一般分为三个阶段：交易前的准备阶段、交易磋商和订立合同阶段、履行合同阶段。交易前的准备阶段是交易磋商能否顺利进行的保证，也是履行合同的基础，而交易磋商是能否达成协议和确定双方权利、义务与责任的关键阶段，履行合同则是买卖双方按照合同条款履行自己的权利和义务。

1. 交易前的准备阶段

交易前的准备阶段包括商情调研、商品市场调研、客户调研、广告宣传和商标注册等工作。在调研的基础上制订进出口商品的经营方案。

2. 交易磋商和订立合同阶段

在交易磋商和订立合同阶段，从事交易的各方须与对方就合同问题进行磋商。磋商可通过当面谈判、交换函电或电子数据交换进行，一般要经过询盘、发盘、还盘、接受等环节。合同条款的内容包括商品品名、品质、数量、包装、价格、装运、支付方式、商品检验检疫、索赔、不可抗力和争议的处理办法等。

3. 履行合同阶段

（1）出口业务的程序。其中包括催证、审证、备货、托运、报关、发运、制单结汇等环节。

（2）进口业务的程序。其中包括开立信用证、租船或订舱（CIF 或 CFR）、催装、保险、审单、付款、买汇赎单、货到后报关（交纳关税）、商检、提货或拨交、验收和索赔等。

第四节 国际货物买卖适用的法律与惯例

国际货物买卖业务既是一种经济行为，又是一种法律行为，国际货物买卖合同的商定和履行，必须符合有关的法律规范，才能受到法律的承认和保护。这里所说的法律规范，既包含有关国家的法律，也包含有关的国际条约和国际公约，还包含有关的国际贸易惯例。

一、国际条约

国际条约是国际货物买卖法的重要渊源。有关国际货物买卖法的国际条约主要有：1980年《联合国国际货物销售合同公约》、《国际货物买卖合同时效公约》、《国际货物买卖合同法律适用公约》、1924 年《关于统一提单若干法律规则的公约》（海牙规则）、《维斯比规则》、1978 年《国际海上货物运输公约》，等等。

其中，1980 年《联合国国际货物销售合同公约》（以下简称《公约》）是迄今为止有关国际货物买卖合同的一项最为重要的国际条约。《公约》于 1978 年由联合国国际贸易法委员会主持制定，1980 年 3 月在维也纳召开的有 62 个国家参加的外交会议上获得通过，并于1988 年 1 月 1 日起正式生效。《公约》共分 4 个部分，全文共 101 条。

《公约》适用于营业地处在不同国家的当事人之间订立的货物买卖合同，在确定《公约》的适用范围时，仅以当事人的营业地为标准，对当事人的国籍不予考虑。《公约》规定，除上述要求外，还必须满足下列两个条件之一，才适用该公约：

（1）当事人营业地所在的国家是该公约的缔约国。

（2）国际私法规则导致适用某一缔约国的法律，按照后一种规定，该公约也可能适用于营业地处于非缔约国的当事人间订立的货物买卖合同。

《公约》的内容主要是确定国际货物买卖合同成立的规则以及买卖双方的权利和义务，没有涉及合同的有效性和货物所有权移转的问题，因为在这些问题上，各国法律存在着重大的分歧，不易实现统一。所以，除《公约》另有规定外，这些问题仍须按有关国家的国内法处理。

我国是《公约》的成员国之一。我国对《公约》的态度是，基本上赞同公约的内容，但在公约允许的范围内，根据我国的具体情况，提出了以下两项保留：

（1）关于国际货物买卖合同必须采用书面形式的保留。按照《公约》的规定，国际货物买卖合同不一定要以书面形式订立或以书面来证明，在形式方面不受限制。这就是说，无论采用书面形式、口头形式还是其他形式都认为是有效的。这一规定同我国涉外经济合同法关于涉外经济合同（包括国际货物买卖合同）必须采用书面形式订立的规定是相抵触的。因此，我国在批准《公约》时对此提出了保留。我国坚持认为，国际货物买卖合同必须采用书面形式，不采用书面形式的国际货物买卖合同是无效的。

（2）关于《公约》适用范围的保留。《公约》在确定其适用范围时，是以当事人的营业地处于不同国家为标准的，对当事人的国籍不予考虑。按照《公约》的规定，如果合同双方当事人的营业地是处于不同的国家，而且这些国家又都是《公约》的缔约国，《公约》就适用于这些当事人间订立的货物买卖合同，即《公约》适用于营业地处于不同缔约国的当事人之间订立的买卖合同。对于这一点，我国是同意的。但是，《公约》又规定，只要当事人的营业地是分处于不同的国家，即使他们的营业地的所属国家不是《公约》的缔约国，但如果按照国际私法的规则指向适用某个缔约国的法律，则《公约》亦将适用于这些当事人之间订立的买卖合同。这一规定的目的是要扩大《公约》的适用范围，使它在某些情况下也可适用于营业地处于非缔约国的当事人之间订立的买卖合同。对于这一点，我国在批准《公约》时亦提出了保留。根据这项保留，在我国，《公约》的适用范围仅限于营业地分处于不同的缔约国的当事人之间订立的货物买卖合同。

二、国际贸易惯例

1. 国际贸易惯例的含义

国际贸易惯例（international trade practice or international trade usage）是指在国际贸易长期实践中逐渐形成的一些通用的习惯做法和先例，在国际货物买卖中，如果双方当事人在合同内规定采用某项惯例，它对双方当事人就具有约束力。在发生争议时，法院和仲裁机构也可以参照国际贸易惯例来确定当事人的权利与义务。国际贸易惯例具有以下特点：

（1）国际贸易惯例是在长期、反复的实践中形成的。换言之，它不是各国政府立法活动的产物，也不是国际外交活动的产物。国际贸易惯例大部分是不成文的，只有一部分是已经成文的，但这些成文的国际贸易惯例，也是由某些民间团体编纂或制定的，因而它不是法律。

（2）国际贸易惯例都具有确定的内容。这些内容规定对有关各方来说，一般都比较公平合理，这是国际贸易惯例之所以能够被广泛采用的客观基础。当然，各种国际贸易惯例的内容规定不是固定不变的，在实践中也会不断有所改进。

（3）国际贸易惯例应当是在一定范围内被同行业的人所广泛知道并采用的规则。各种国际贸易惯例通行的范围不可能完全一样，有宽有窄。有的通行于许多国家，有的通行于某一区域，有的通行于某一行业，有的只通行于某一港口。

（4）国际贸易惯例属于任意性的规则，供当事人自愿选择采用。如果有关当事人都同意采用某一种惯例，这个惯例就对有关各方产生约束力。反之，如果当事人之间并无这种约定，则不能自动地适用某一种惯例。但这种情况正在发生变化，许多国家在法律中都规定和承认国际贸易惯例的效力，把它看作是法律的必要补充；另外，有少数国家如西班牙还正式承认了《国际贸易术语解释通则》这一惯例的法律效力，明确规定该国所有进出口合同都受这个规则的约束。

2. 国际货物买卖的国际惯例

关于国际货物买卖的国际惯例主要有以下四种：

（1）国际商会制定的《国际贸易术语解释通则》（INCOTERMS）。该通则制定于1936年，1953年作了修订，近年来为了适用国际货物运输方式的变化和电子技术的发展，又于1980年、1990年和2000年分别作了三次修改。现行的文本是2000年修订本。该通则在国际上已获得了广泛的承认和采用，我国在外贸业务中也大量使用。

（2）国际法协会于1932年制定的《华沙—牛津规则》（Warsaw – Oxford Rules 1932）。该规则是国际法协会专门为解释CIF合同而制定的，它对于CIF合同的性质，买卖双方所承担的风险、责任和费用的划分以及所有权转移的方式等问题都作了比较详细的解释。该规则在总则中说明，这一规则供交易双方自愿采用，凡明示采用该规则者，合同当事人的权利和义务均应援引本规则的规定办理。经双方当事人明示协议，可以对该规则的任何一条进行变更、修改或增添。如果该规则与合同发生矛盾，应以合同为准。

（3）《1941年美国对外贸易定义修订本》（Revised American Foreign Trade Definitions 1941）。它是由美国九个商业团体制定的，所解释的贸易条件共有六种。该定义在序言中明确指出，本定义并无法律的约束力，除非有专门的立法规定或为法院判决所认可，为使其对有关当事人产生法律上的约束力，建议买卖双方接受此定义作为买卖合同的一个组成部分。该定义在美洲国家采用较多。

（4）国际商会制定的《跟单信用证统一惯例》（UCP600，2007年修订本）和《托收统一规则》（The Uniform Rules for Collection）。这是两项有关国际贸易支付方式方面的重要惯例，它们确定了在采用信用证和托收方式时，银行与有关当事人之间的责任与义务，在国际上有很大的影响，我国在外贸业务中也普遍使用。

此外，还有一些惯例，此处不一一列举。

三、关于货物买卖的国内法

尽管外国的法律中有关国际货物买卖的国际公约、惯例正日益增多和完善，但离国际货物买卖法的统一还有相当大的距离。各国法院或仲裁机构在处理国际货物买卖合同争议时，仍需借助国际私法规则选择适用某个国家的国内法。因此，各国有关货物买卖的国内法仍是国际货物买卖法的重要渊源之一。

在大陆法国家，买卖法一般作为债权的组成部分编入民法典，如《法国民法典》第三编第二章、《德国民法典》第二编第二章。这些法典通常没有专门针对货物买卖的法律条款，而把货物买卖视为动产买卖的一种统一加以规定。

我国的有关法律。我国对于货物买卖法所产生的各种关系，主要由《民法通则》、《经济合同法》和《涉外经济合同法》来调整。1986 年公布的《民法通则》第四章第一节关于民事法律行为的规定、第五章第二节关于债权的规定，以及第六章有关民事责任的规定，都与货物买卖有密切的关系。1982 年公布的《经济合同法》更进一步对包括购销合同（即货物买卖合同）在内的十种经济合同作出了具体的规定，其中关于产品数量、质量、包装、价格、交货期及验收等的规定，都是直接适用于买卖合同的。但是，对于国际货物买卖合同，尤其是外国当事人，上述规定就很难适用了。因此，《经济合同法》只能适用于国内经济合同，至于涉外的经济合同（包括国际货物买卖合同），就必须另行制定专门的法律来调整。针对这种情况，我国于 1985 年制定并公布了《涉外经济合同法》。该法适用于除了国际运输合同以外的一切涉外经济合同，当然也适用于国际货物买卖合同。尽管《涉外经济合同法》对国际货物买卖合同没有专门的规定，但该法有关涉外经济合同的订立，合同的履行，违反合同的责任，涉外经济合同的转让、变更、解除和终止，争议的解决及法律的适用等各项规定，对国际货物买卖合同是完全适用的。因此，在我国的现行法律中，《涉外经济合同法》是直接适用于国际货物买卖的最重要的国内立法。

综上所述，合同、法律、惯例三者之间的关系可以归纳为以下三点：第一，凡在依法成立的合同中有明确规定的事项，应当按照合同的规定办理；第二，如果合同中没有明确规定的事项，应当按照有关的法律或国际条约、公约的规定来处理；第三，如果合同和法律都没有规定的事项，则应当按照有关的国际贸易惯例的规定来处理。

思考与练习

1. 何谓国际市场？什么是广义的和狭义的国际市场？

2. 什么是国际贸易？它是在什么条件下发展起来的？

3. 电子商务对国际贸易有哪些方面的影响？

4. 《联合国国际货物销售合同公约》的主要内容有哪些？它是何时生效的？我国于何时正式参加该公约？我国核准加入该公约时有何保留？

5. 简述国际贸易惯例及其特点。

案例分析题

2001 年 12 月，中国天津 A 公司与某国设在中国广州的外商独资企业 B 公司在大连签订了一份货物买卖合同，合同规定，由 B 公司向 A 公司出售一批移动电信设备，总金额为 200 万美元，交货地点为 A 公司设在沈阳的仓库。合同进一步规定，双方当事人如因在合同履行过程中发生争议，可进行友好协商解决；如协商未果，则自愿提交中国国际经济贸易仲裁委员会深圳分会仲裁，其结果为终局性的，对双方均产生约束力，并明确双方所适用的法律为 1980 年《联合国国际货物销售合同公约》。

试分析，双方当事人对上述合同条款所作出的法律适用方面的选择是否恰当？

第二章 贸易术语与国际贸易惯例

在国际货物买卖中，买卖双方须通过交易磋商确定各自应承担的义务。国际货物买卖远比国内贸易复杂。国际贸易的买卖双方分处于不同国家或地区，在把货物从卖方移交到买方的过程中有许多手续需要办理，由此而产生的费用由谁来支付，货物在运输途中可能发生的损害或毁灭的风险由谁负担等，这些问题在交易磋商的过程中都必须明确，并且这些责任、费用和风险由谁负担最终还会体现在价格中。在实际业务中，这些问题一般是通过贸易术语来解决的。因此，有关贸易术语的概念、与贸易术语有关的惯例、贸易术语的具体解释以及选用贸易术语时应考虑的因素等都将在本章加以介绍。

第一节 贸易术语的含义及作用

国际贸易具有线长、面广、环节多、风险大等特点，且国际贸易的买卖双方分属不同国家或地区，在把货物从起运地转移到目的地的过程中有许多手续，如货物的检验，进、出口许可证的申领，进、出口报关，租船、订舱，办理保险，装船、卸货等，这些手续由谁来办理，由此而产生的费用由谁来支付，货物在运输途中可能发生的损害或毁灭的风险由谁负担等，这些问题在交易磋商的过程中都必须明确。

如果每笔交易都需要买卖双方对上述费用、风险和责任逐项反复磋商将耗费大量的时间和费用，并影响国际贸易的达成。为了解决上述问题，在长期的国际贸易实践中，逐渐形成了各种不同的贸易术语。

一、贸易术语的含义

贸易术语（trade terms）又称贸易条件、价格术语，它是指在长期国际贸易实践中形成的，用来表示商品价格的构成以及将货物从卖方移交到买方的过程中有关责任、费用和风险划分的专门用语。贸易术语一般用三个英文字母（如 FOB）或一个简短的概念（如 Free on Board）来表示。正因为贸易术语是用来说明价格的构成以及将货物从卖方移交到买方的过程中有关责任、费用和风险划分的专门用语，因此，在实际业务中买卖双方在交易磋商和签订合同时，只要确定了采用什么贸易术语，双方当事人的基本权利和义务就可明确，一般不需在合同中再作详细规定。同时，贸易术语一般是和价格联系使用的，如"每公吨 1 000 美元 FOB 广州"。

二、国际贸易术语的作用

国际贸易术语是国际贸易发展到一定历史阶段的产物，它是适应国际贸易发展的客观需要，在长期的国际贸易实践中逐步形成的。其作用主要包括以下三个方面：

（1）节省了交易磋商的时间和费用。

（2）简化了交易磋商和买卖合同的内容。

（3）有利于交易的达成和纠纷的解决。

第二节 有关贸易术语的国际贸易惯例

贸易术语是在国际贸易实践中逐步形成的。尽管在 19 世纪初在国际贸易中已开始使用贸易术语，但在相当长的一段时间内，国际上对各种贸易术语并未形成统一的解释。不同国家和地区在从事国际贸易时，对贸易术语有着不同的解释和做法，这种现象的存在会使国际贸易的当事人因不了解其他国家和地区的解释和做法而引起误解和纠纷，影响了国际贸易的发展。为了解决这一问题，一些国际组织、学术团体如国际商会、国际法协会等试图对国际贸易术语作出统一的解释，于是，20 世纪初陆续出现了一些有关贸易术语的解释和规定。这些解释和规定越来越多地被社会各界所广泛熟悉和接受，因而成为有关贸易术语的国际贸易惯例。

国际贸易惯例是指在国际贸易实践中逐步形成的、具有较普遍指导意义的一些习惯做法或解释。其范围包括：国际上的一些组织、团体就国际贸易的某一方面，如贸易术语、支付方式等问题所作的解释或规定；国际上一些主要港口的传统惯例；不同行业的惯例。此外，各国司法机关或仲裁机构的典型案例或裁决，往往也视作国际贸易惯例的组成部分。

国际贸易惯例本身并不是法律，它对贸易双方不具有强制性。国际贸易惯例的适用是以当事人的意思自治为基础的，故买卖双方有权在合同中作出与某项惯例不符的规定。但许多国家在立法中明文规定了国际惯例的效力，特别是在《联合国国际货物销售合同公约》（以下简称《公约》）中，惯例的约束力得到了充分的肯定。《公约》规定，在下列情况中，国际贸易惯例对当事人有约束力：第一，当事人在合同中明确表示选用某项国际惯例；第二，当事人没有排除对其已知道或应该知道的某项惯例的适用，而该惯例在国际贸易中为同类合同的当事人所广泛知道并经常遵守，则应视为当事人已默示地同意采用该项惯例。

国际上有关贸易术语的国际贸易惯例主要有三个，它们是《1932 年华沙—牛津规则》、《1941 年美国对外贸易定义修订本》、《2000 年国际贸易术语解释通则》（International Rules for the Interpretation of Trade Terms 2000）。

一、《1932 年华沙—牛津规则》

《1932 年华沙—牛津规则》是国际法协会专门为解释 CIF 合同而制定的。19 世纪中叶，CIF 贸易术语开始在国际贸易中得到广泛采用，然而对使用这一术语时买卖双方各自承担的具体义务，并没有统一的规定和解释。对此，国际法协会于 1928 年在波兰首都华沙开会，制定了关于 CIF 合同的统一规则，称之为《1928 年华沙规则》，共包括 22 条。其后，将此规则修订为 21 条，并更名为《1932 年华沙—牛津规则》，沿用至今。这一规则对 CIF 的性质，买卖双方所承担的风险、责任和费用的划分以及所有权转移的方式等问题都作了比较详细的解释。

该规则自 1932 年以来再没有修订过，以致其中若干规定难以适应现代国际贸易的需要，因此，在实际业务中使用的人并不多。

二、《1941 年美国对外贸易定义修订本》

《美国对外贸易定义》是由美国几个商业团体制定的。它最早于 1919 年在纽约制定，原称为《美国出口报价及其缩写条例》，后来于 1941 年在美国第 27 届全国对外贸易会议上对该条例作了修订，命名为《1941 年美国对外贸易定义修订本》。

该修订本共解释了六种贸易术语，具体如下：

（一）Ex（port of origin）原产地交货

"Ex"的英文全称是"deliver at"，即货物在某地交货，其后面应注明交货地点。如"制造厂交货"、"矿山交货"、"农场交货"、"仓库交货"等（指定产地）可分别表示为"Ex Factory（Ex Mill）"、"Ex Mine"、"Ex Plantation"、"Ex Warehouse"etc.。

按此术语，所报价格仅适用于原产地交货。卖方必须在规定日期或期限内在双方商定地点将办理了出口手续的货物置于买方控制之下即完成了交货的任务。

（二）FOB（Free on Board）

《1941 年美国对外贸易定义修订本》将 FOB 术语分为下列六种：

（1）FOB（named inland carrier at named inland point of departure）——"在内陆指定的发货地点的指定内陆运输工具上交货"。按此术语，所报的价格仅适用于在内陆装运地点，由卖方安排并将货物装于火车、卡车、驳船、拖船、飞机或其他供运输用的载运工具之上。

（2）FOB［（named inland carrier at named inland point of departure）freight prepaid to（named port of exportation）］——"在内陆指定的发货地点的指定内陆运输工具上交货，运费预付到指定的出口地点"。按此术语，卖方所报价格包括把货物运至指定出口地点的运输费用，及预付至出口地点的运费。卖方在内陆指定起运地点取得清洁提单或其他运输收据后，对货物不再承担责任。

（3）FOB［（named inland carrier at named inland point of departure）freight allowed to（named point）］——"在指定的内陆发货地点的指定内陆运输工具上交货，减除至指定出口地点的运费"。按此术语，卖方所报价格包括货物至指定出口地点的运输费用，但注明运费到付，并将由卖方在价金内减除。卖方在指定内陆起运地点取得清洁提单或其他运输收据后，对货物不再承担责任。

（4）FOB（named inland carrier at named point of exportation）——"在指定出口地点的指定内陆运输工具上交货"。按此术语，卖方所报的价格包括将货物运至指定出口地点的运输费用，并承担直至上述地点的任何灭失及/或损坏的责任。

（5）FOB Vessel（named port of shipment）——"指定装运港船上交货"。按此术语，卖方所报价格包括在指定装运港将货物交到由买方提供或为买方提供的海洋轮船上的全部费用。按此术语成交，卖方承担货物一切灭失及/或损坏的责任，直至在规定日期或期限内，将货物装载于轮船上为止；在买方请求并由其负担费用的情况下，协助买方取得由原产地及/或装运地国家签发的、为货物出口或在目的地进口所需的各种证件，并提供清洁轮船收据或已装船提单。

（6）FOB（named inland point in country of importation）——"进口国指定内陆地点交货"。按此术语，卖方所报价格包括货价及运至进口国指定内陆地点的全部运输费用。按此术语成交，卖方负责安排货物运至进口国指定地点的全部运输事宜，并支付其费用；支付出口税及因出口而征收的其他税捐费用；办理海洋运输保险并支付其费用；承担货物的一切灭失及/或损坏的责任，直至装在载运工具上的货物抵达进口国的指定内陆地点为止；支付在进口国的一切报关费用及进口国的关税和一切适用于进口的税捐等。

（三）FAS（Free along Side）

FAS Vessel（named port of destination）——"船边交货（指定装运港）"。按此术语，卖方必须在规定的日期或期限内，将货物交到买方指定的海洋轮船船边，船上装货吊钩可及之处，或交至由买方或为买方所指定或提供的码头，负担货物交至上述地点为止的一切费用和风险及承担任何灭失及/或损坏的责任。买方必须办理自货物被置于船边以后的一切转运事宜，包括办理海洋运输以及其他运输，办理保险，并支付其费用；承担货物交至船边或码头以后的任何灭失及/或损坏的责任；领取由原产地及/或装运地国家签发的，为货物出口或在目的地进口所需的各种证件，并支付因此而发生的一切费用；支付出口税及因出口而征收的其他税捐费用。

（四）C & F（Cost and Freight）

C & F（Cost and Freight）——"成本加运费（指定目的地）"。按此术语，卖方必须办理出口手续，负责安排将货物运至指定目的地的运输事宜，并支付运费；取得运往目的地的清洁已装船提单，并立即将其送交买方或其代理；承担货物交至船上为止的任何灭失及/或损坏的责任，在买方请求并由其负担费用的情况下，提供产地证明书、领事发票或由原产国及/或装运国所签发的、为买方在目的地国家进口此项货物及必要时经由第三国过境运输所需要的各种证件。

（五）CIF（Cost, Insurance, Freight）

CIF（Cost, Insurance, Freight）——"成本加保险费、运费"。按此术语，卖方必须办理出口手续，负责安排将货物运至指定目的地的运输事宜，并支付运费；取得运往目的地的清洁已装船提单，并立即将其送交买方或其代理；承担货物交至船上为止的任何灭失及/或损坏的责任，办理海洋运输保险，并支付保险费。在买方请求并由其负担费用的情况下，提供产地证明书、领事发票或由原产国及/或装运国所签发的、为买方在目的地国家进口此项货物及必要时经由第三国过境运输所需要的各种证件。

（六）Ex Dock（named port of importation）

Ex Dock（named port of importation）——"目的港码头交货"。按此术语，卖方必须办理出口手续，安排货物运往指定进口港的运输事宜，办理海洋运输保险，并支付保险费；承担货物的任何灭失及/或损坏的责任，直至在指定的进口港码头允许货物停留的期限届满时为止；支付一切卸至岸上的费用；支付在进口国的一切报关费用、进口关税等。

《1941 年美国对外贸易定义修订本》主要被北美国家采用，如《1941 年美国对外贸易定义修订本》第一条规定："由于世界各地有很多机构都分别提出了对外贸易定义，而很多国家的法院对这些定义各有不同的解释，所以由卖方和买方一致同意他们所签订的合同以《1941 年美国对外贸易定义修订本》为准，并接受《定义》所列各点。这是很有必要的。"

由于《1941 年美国对外贸易定义修订本》对贸易术语的解释，特别是对第（二）和第（三）种术语的解释与《2000 年国际贸易术语解释通则》有明显的差异，所以，在同北美国家进行交易时应加以注意。

三、《2000 年国际贸易术语解释通则》

（一）《国际贸易术语解释通则》的宗旨和范围

《国际贸易术语解释通则》（International Rules for the Interpretation of Trade Terms，INCO-TERMS）的宗旨是为国际贸易中最普遍使用的贸易术语提供一套通用的国际规则，以避免因各国不同解释而出现的不确定性，或至少在相当程度上减少这种不确定性。

国际商会（ICC）于 1936 年首次公布了一套解释贸易术语的国际规则，名为 INCO-TERMS 1936，以后又于 1953 年、1967 年、1976 年、1980 年和 1990 年分别作了五次修订和补充。1999 年，国际商会在《1990 年国际贸易术语解释通则》的基础上作了稍微调整，形成了《2000 年国际贸易术语解释通则》，并于 2000 年 1 月 1 日生效。

INCOTERMS 涵盖的范围只限于销售合同当事人的权利和义务中与已售货物（指"有形的"货物，不包括"无形的"货物）交货有关的事项，而不涉及其他合同以及违约的后果或由于各种法律阻碍导致的免责事项。

（二）《国际贸易术语解释通则》的修订

国际商会连续修订 INCOTERMS 的主要原因是使其适应当代商业发展的需要。1980 年修订本引入了货交承运人（现在为 FCA）术语，其目的是适应在海上运输中经常出现的情况，即交货点不再是传统的 FOB 点（货物越过船舷），而是在将货物装船之前运到陆地上的某一点，在那里将货物装入集装箱，以便经由海运或其他运输方式（即联合或多式运输）继续运输。

在 1990 年的修订本中，涉及卖方提供交货凭证义务的条款在买卖当事方同意使用电子方式通信时，允许用电子数据交换（EDI）信息替代纸面单据。

在 2000 年的修订本中，只是在 1990 年的修订本上作了较小的改变。新的版本在以下两个方面作出了实质性改变：

（1）在 FAS 和 DEQ 术语下，办理清关手续和交纳关税的义务。

（2）在 FCA 术语下装货的义务。

以上实质修改的内容在介绍这几种贸易术语时再作说明。新版本还在形式上作了一些调整，与 INCOTERMS 1990 相同，在 INCOTERMS 2000 中，所有术语下当事人各自的义务均用 10 个项目列出，所不同的是，INCOTERMS 1990 对买卖双方各 10 项义务作逐项编排，并在 10 项义务之首注明"A 卖方必须"和"B 买方必须"的词句。例如：

A　卖方必须

A1　提供符合合同规定的货物

A2　许可证、批准书及报关手续

……

A10　其他义务

B　买方必须

B1　支付货款

B2　许可证、批准书及报关手续

……

B10　其他义务

而在 INCOTERMS 2000 中，买卖双方各 10 项义务在编排上改为卖方义务和买方义务，并在卖方每一项目中的地位对应了买方在同一项目中相应的地位。例如：

A　卖方义务

B　买方义务

A1　提供符合合同规定的货物

B1　支付货款

A2　许可证、批准文件及海关手续

B2　许可证、批准文件及海关手续

……

A10　其他义务

B10　其他义务

（三）《2000 年国际贸易术语解释通则》的主要内容

1.《2000 年国际贸易术语解释通则》对 13 种贸易术语作了解释，并按其共同特性归类为 E、F、C、D 四组

《2000 年国际贸易术语解释通则》

E 组 发货（起运）	EXW（Ex Works）	工厂交货
F 组 主要运费未付 装运合同	FCA（Free Carrier） FAS（Free alongside Ship） FOB（Free on Board）	货交承运人 装运港船边交货 装运港船上交货
C 组 主要运费已付 装运合同	CFR（Cost and Freight） CIF（Cost, Insurance and Freight） CPT（Carriage Paid to） CIP（Carriage and Insurance Paid to）	成本加运费 成本、保险费加运费 运费付至 运费和保险费付至
D 组 到货（到达）	DAF（Delivered at Frontier） DES（Delivered Ex Ship） DEQ（Delivered Ex Quay） DDU（Delivered Duty Unpaid） DDP（Delivered Duty Paid）	边境交货 目的港船上交货 目的港码头交货 未完税交货 完税后交货

E 组只有 EXW 一种术语。按此术语成交，卖方只要将货物在约定地点，通常是在卖方所在地交给买方处置即完成交货的义务。在 13 种贸易术语中 EXW 术语下卖方的义务最小。该术语适用于那些卖方不愿意承担任何装货义务的情况。

F 组包括 FCA、FAS 和 FOB 三种术语。按这三种术语成交时，卖方要负责将货物按规定时间运到双方约定的交货地点，并按约定的方式完成交货。从交货地点到目的地的运输事项由买方安排，运费由买方承担。

C 组包括 CFR、CIF、CPT、CIP 四种术语。在 C 组术语下，卖方必须按照通常条件订立运输合同并支付到目的港的运费。因此，卖方支付运费运到的地点，必须在 C 组每一项术语后指明，即 C 组术语后面都必须注明目的港或目的地的名称。而按 CIF 和 CIP 术语，卖方还要负责办理保险和负担保险费用。

C 组术语与 F 组术语具有相同性质的一点在于卖方是在装运国或发货国完成合同履行。因此，C 组术语的销售合同和 F 组术语的销售合同一样，属于装运合同。

D 组包括 DAF、DES、DEQ、DDU、DDP 五种术语。根据 D 组术语，卖方负责将货物运至边境或进口国内的约定目的地。卖方必须承担货物运至该地前的全部风险和费用，因此，D 组术语属于到货合同。

2.《2000 年国际贸易术语解释通则》关于一些关键用语的解释

（1）"托运人"（shipper）。

在一些情况下，需要用同一个词表示两个不同的意思，这只是由于无法找到合适的替代词的缘故。例如，"托运人"一词既表示将货物交付运输的人，又表示与承运人订立合同的人，而这两个"托运人"可能是不同的人，如在 FOB 合同中，卖方将货物交付运输，而买方则与承运人订立运输合同。

（2）"交货"（delivery）。

需要特别注意的是，"交货"这个词在 INCOTERMS 中有两种含义。第一，"交货"一词被用来判断卖方何时完成其交货义务，这规定在所有《2000 年国际贸易术语解释通则》的 A4 条款中。第二，"交货"也被用于买方受领或接受货物的义务，这规定在所有《2000 年国际贸易术语解释通则》的 B4 条款中。用于这两种含义时，"交货"首先意味着买方"接受" C 组术语的基本宗旨，即卖方在将货物交运时即完成其义务；其次，"交货"一词还意味着买方有受领货物的义务。为避免因买方提取货物前支付不必要的贮藏费，这后一种义务是很重要的。例如，在 CFR 和 CIF 术语的合同中，买方有义务接受货物并从承运人处领取货物，若买方未履行该义务，就可能对与承运人订立运输合同的卖方损失承担赔偿责任，或者向承运人支付货物滞期费以使承运人放货。在这方面，说买方必须"受领货物"并不表示买方将其作为符合销售合同而接受货物，而只是指买方接受这一事实，即卖方按 C 组术语 A3 a）款订立运输合同，完成了将货物交付运输的义务。如果买方在目的地收到货物后，发现货物与销售合同规定不符，买方可使用销售合同和适用的法律给予的任何一种补救办法向卖方寻求补偿。如前所述，此项事宜已完全超出 INCOTERMS 的适用范围。

（3）与货物有关的风险和费用的转移。

当卖方交货后，货物灭失或损坏的风险，以及负担与货物有关的费用的义务便从卖方转移到买方。由于不应给予买方任何拖延风险和费用转移的机会，因此，所有术语都作出规定，当买方没有按约定受领货物或没有给予卖方完成交货义务的必要指示（有关装船时间和/或交货地点）时，风险和费用甚至在交货之前就可转移。这种提前转移风险和费用的条件就是货物已指明是为买方准备的，或如术语所规定，已为买方"划出"。

（4）"无义务"的表示。

"卖方必须"和"买方必须"这样的表达方法体现出 INCOTERMS 只涉及当事双方对对方承担的义务。这样，"无义务"一词则被用于一方对另一方不承担义务的情况。如果按该术语中 A3 条款卖方须安排并支付运输费用，则在 B3 a）的"运输合同"项下"无义务"一词即规定了买方的地位。同样，当任何一方对对方都不承担义务时，在双方名下都会出现"无义务"一词，如有关"保险"的情况。但即使一方"无义务"为另一方履行某项任务，也并不意味着履行该任务不符合它的利益。如 CFR 的买方按照 B4 对卖方并无投保的责任，但很明显买方投保符合其利益，因为在该术语下按照 A4 卖方也没有义务办理保险。

例如，《2000 年国际贸易术语解释通则》关于 CFR 术语买卖双方义务的规定：

A3　运输合同和保险合同

a）运输合同

卖方必须自付费用，按照通常条件订立运输合同，经由惯常航线，将货物用通常可供运输合同所指货物类型的海轮（或依情况适合内河运输的船只）运输至指定的目的港。

b）保险合同

无义务。

B3　运输合同与保险合同

a）运输合同

无义务。

b）保险合同

无义务。

（5）清关。

"清关"这个词已经造成了一些误解，因此，现在已明确，无论何时当卖方或买方承担将货物运过出口国或进口国的海关的义务时，这项义务不仅包括交纳关税和其他费用，而且包括履行一切与货物通过海关有关的行政事务以及向当局提供必要信息并交纳相关费用。清关手续由住所在该国的一方或其代表办理通常是可取的。因此，出口商通常应办理出口清关手续，进口商应办理进口清关手续。

第三节　六种主要贸易术语

在国际贸易中，使用较多的是 FOB、CFR、CIF、FCA、CPT、CIP 六种贸易术语。因此，这六种贸易术语的含义、买卖双方的义务以及在使用中应注意的问题是需要重点掌握的。

《2000 年国际贸易术语解释通则》是目前国际贸易中关于贸易术语使用最广泛的国际贸易惯例，因此，本节的内容主要以《2000 年国际贸易术语解释通则》关于贸易术语的规定为准。

一、FOB

（一）FOB 的含义

FOB 的英文是 Free on Board（...named port of shipment）——装运港船上交货（……指定装运港）。

按《2000 年国际贸易术语解释通则》的解释，FOB 是指卖方在合同规定的日期或期限，在指定的装运港将办理了出口清关手续的符合合同规定的货物交到买方指定的船上即完成交货义务，并承担货物在装运港越过船舷之前的风险和费用。

该术语仅适用于海运或内河运输。如当事人无意以越过船舷完成交货，则应使用 FCA 术语。

（二）FOB 术语买卖双方的义务

1. 卖方义务

（1）卖方必须在约定的日期或期限内，在指定的装运港，按照该港习惯方式，将符合合同的货物交至买方指定的船只上，并及时向买方发出装船通知。

（2）负担货物在装运港越过船舷之前的风险和费用。

（3）自担风险和费用，取得出口许可证或其他官方许可，并办理海关手续、交纳出口关税。

（4）卖方必须自付费用向买方提供证明货物已按照规定交货的通常单据。如买卖双方约定使用电子方式通信，则所述单据可以由具有同等作用的电子数据交换（EDI）信息代替。

2. 买方义务

（1）受领货物，支付货款。

（2）订立从指定的装运港运输货物的合同，支付运费，并给予卖方有关船名、装船地点和要求交货时间的充分通知。

（3）承担货物在装运港越过船舷之后的一切风险和费用。

（4）自担风险和费用，取得进口许可证或其他官方许可，并办理货物进口以及必要时经由另一国过境运输的一切海关手续。

（三）使用 FOB 术语时应注意的问题

1.“装上船”的要求和风险的转移

关于 FOB 术语，《2000 年国际贸易术语解释通则》规定：“卖方必须在约定的日期或期限内，在指定的装运港，按照该港习惯方式，将符合合同的货物交至买方指定的船只上。”由此可见，“交至船上”是 FOB 术语下卖方的基本义务，其交货地点为船舷。当货物在装运港越过船舷时，货物灭失或损坏的风险由卖方转移至买方。以“船舷为界”作为风险划分的界限是历史上形成的一项行之有效的规则，由于其界限分明，易于理解和接受，故沿用至今。而在实际业务中，买方一般都要求卖方提交“清洁已装船提单”，如果卖方也接受提交此种运输单据，则意味着交货的地点已从“船舷”延伸至“船舱”，即卖方必须负担在装运港将货物安全地装入船舱，并负担货物装入船舱为止的一切灭失或损坏的风险，否则，卖方将无法从船公司获取“清洁已装船提单”。

2. 关于船货的衔接问题

在 FOB 术语下，《2000 年国际贸易术语解释通则》规定，买方必须订立从指定的装运港运输货物的合同，支付运费，并给予卖方有关船名、装船点和要求交货时间的充分通知，而卖方必须在约定的日期或期限内，在指定的装运港，将符合合同的货物交至买方指定的船只上。这里就涉及船货衔接的问题。如果买方未能按时派船，这包括未经对方同意将船提前派到、按时派船但未及时通知卖方和延迟派船，而由此产生的各种费用和损失，如空舱费、滞期费和仓储费以及风险等，应由买方负担，在此情况下，风险和费用划分的界限不是简单地以“船舷”为界，即风险提前转移。但风险提前转移有一个前提条件，那就是货物必须已正式划归合同项下，即清楚地划出或以其他方式确定为该合同项下的货物，即将货物特定化。

在实际业务中，为了避免上述情况的出现，买卖双方除了要在合同中作出明确规定外，在合同签订后，也须加强联系，密切配合，防止船货脱节。

3.《1941 年美国对外贸易定义修订本》对 FOB 的不同规定

《1941 年美国对外贸易定义修订本》将 FOB 术语分为六种，其中只有 FOB vessel（named port of shipment）——“指定装运港船上交货”与《2000 年国际贸易术语解释通则》解释的

FOB 相近，但区别也很明显，主要体现在以下两方面：第一，《1941 年美国对外贸易定义修订本》规定，卖方所负担的风险和费用，要于货物在装运港确实地装上船舶时终止，但按《2000 年国际贸易术语解释通则》的规定，风险划分的界限为装运港的船舷。第二，《1941 年美国对外贸易定义修订本》规定，只有在买方请求并由其负担费用的情况下，FOB vessel 的卖方才有义务协助买方取得由原产地及/或装运地国家签发的、为货物出口或在目的地进口所需的各种证件，并且，出口税及因出口而征收的其他税捐费用也由买方负担。这些规定与《2000 年国际贸易术语解释通则》中 FOB 术语关于卖方自担风险和费用取得任何出口许可证或其他官方许可并办理海关手续、交纳出口关税的规定有很大的区别。因此，我国外贸企业在同美国的出口商以 FOB 术语洽谈进口业务时除了要在 FOB 术语后面加注"vessel"外，还应明确规定由对方即出口商负责取得出口许可证或其他官方文件并办理出口报关、支付一切出口税捐及费用。

4. 费用划分的界限及装船费用的确定

按《2000 年国际贸易术语解释通则》的规定，越过船舷是买卖双方费用划分的界限，但从实际操作来看，装船是吊钩越过船舷到码头，从码头将货物吊起越过船舷放到船舱的连续作业过程。在这一连续的作业过程中产生的费用很难以船舷为界截然分开。因此，《2000 年国际贸易术语解释通则》关于 FOB 的解释并不能明确表明装船费用由谁来负担，并且不同的港口还有各自的习惯做法。

在装运港的装船费用主要是指除了装船费外还包括与装船有关的平舱费和理舱费。按 FOB 术语成交，如果使用班轮运输，由于从事班轮运输的船公司一般管装、管卸，装卸费用也自然包括在运费之中，由支付运费的买方负担。但大宗货物采用程租船运输时，船公司一般不管装卸。因此，装船费用由谁负担就成了一个需要确定的问题。一种方法是在合同中明确规定，例如装船费用由买方负担（unloading charges to be covered by the Buyer）。另一种方法是在 FOB 术语后加列字句或缩写，即以 FOB 的变形来表示。常见的 FOB 术语的变形有：

（1）FOB 班轮条件（FOB liner terms），指装船费用按班轮条件收取，即由支付运费的一方（买方）负担。

（2）FOB 吊钩下交货（FOB under tackle），指卖方将货物放到船舶吊钩可及之处，从货物起吊开始的装船费用由买方负担。

（3）FOB 包括理舱（FOB stowed），指卖方要负担包括理舱费在内的装船费。

（4）FOB 包括平舱（FOB trimmed），指卖方要负担包括平舱费在内的装船费。

以上 FOB 的变形只是为了说明装船费用由谁负担的问题，而不改变风险划分的界限。

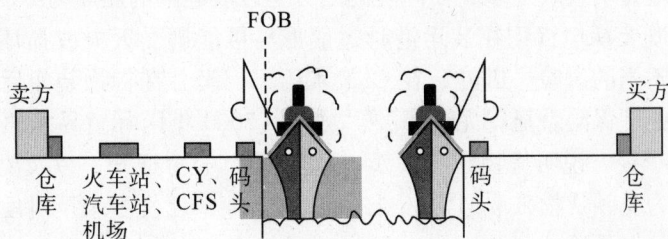

图 2-1

二、CFR

（一）CFR 的含义

CFR 的英文是 Cost and Freight（. . . named port of destination）——成本加运费（……指定目的港）。

按《2000 年国际贸易术语解释通则》的解释，CFR 术语是指卖方必须在合同规定的装运期，在指定的装运港将办理了出口清关手续的符合合同的货物交到运往指定目的港的船上，负担货物在装运港越过船舷为止的一切风险和费用，并负责租船、订舱，支付到目的港的正常运费。

该术语仅适用于海运或内河运输。如当事人无意以越过船舷完成交货，则应使用 CPT 术语。

（二）CFR 术语下买卖双方的义务

1. 卖方义务

（1）负责在合同规定的日期或期限内将符合合同规定的货物交至运往指定目的港的船上，并及时给买方发出装船通知。

（2）负责订立运输合同，并支付至目的港的运费和装船费用。

（3）负担货物在装运港越过船舷之前的风险和费用。

（4）自担风险和费用，取得出口许可证或其他官方许可，并办理海关手续、交纳出口关税。

（5）卖方必须自付费用向买方提供证明货物已按照规定交货的通常单据。如买卖双方约定使用电子方式通信，则所述单据可以由具有同等作用的电子数据交换（EDI）信息代替。

2. 买方的义务

（1）受领货物，支付货款。

（2）承担货物在装运港越过船舷之后的一切风险和费用。

（3）自担风险和费用，取得进口许可证或其他官方许可，并办理货物进口以及必要时经由另一国过境运输的一切海关手续。

（三）使用 CFR 术语时应注意的问题

1. 装船通知的重要性

按 CFR 术语订立合同时，需特别注意的是装船通知问题。在 CFR 术语下，卖方负责租船、订舱并在装运港将货物装上船，而风险的划分是以装运港的船舷为界的。这就意味着在 CFR 术语下的买方既要承担货物在装运港越过船舷后可能遭受灭失或损坏的风险，还要承担卖方租船、订舱不当的风险。因此，在 CFR 术语下，卖方在货物装船后及时发出装船通知以便买方能及时办理保险就显得尤为重要。尽管《2000 年国际贸易术语解释通则》只是规定"卖方必须给予买方说明货物已按照 A4 规定交货的充分通知，以及要求的任何其他通知，以便买方能够为受领货物采取通常必要的措施"，并未就卖方未及时发出装船通知的后果作出具体的规定，但是给予买方"充分通知"是卖方的义务。根据惯例和有关法律的规定，因卖方遗漏或不及时发出装船通知，而使买方未能及时办理保险所造成的后果，卖方应承担违约的责任，即如果是因卖方未及时发出装船通知而使买方漏保，则卖方就不能以风险在船舷转移为由而免除责任。

在实际业务中，进口货物时应尽量避免使用 CFR 术语，以减少买方的风险。

2. 卸货费用的负担问题

采用 CFR 术语，装船费用由卖方负担，但须明确卸货费用由谁负担的问题。如前所述，如果采用班轮运输，则船公司负责装卸，因此，卸货费用包括在运费中由卖方负担。但大宗货物采用程租船运输时就需要明确卸货费用由谁负担。通常有两种做法，一是在合同中用文字明确规定，二是采用 CFR 术语的变形来表示。

常见的 CFR 术语的变形有：

（1）CFR 班轮条件（CFR liner terms），指卸货费用按班轮条件处理，即由支付运费的卖方负担。

（2）CFR 舱底交货（CFR Ex ship's hold），指买方负担将货物从舱底吊起卸到码头的费用。

（3）CFR 吊钩下交货（CFR Ex tackle），指卖方负担将货物从舱底吊到船边卸离吊钩为止的费用。在船舶不能靠港的情况下，驳船费用由买方负担。

（4）CFR 卸到岸上（CIF landed)），指卖方负担将货物卸到目的港码头的费用，包括驳船费和码头费。

以上 CFR 的变形仅是为了说明卸货费用由谁负担的问题，而不改变风险划分的界限。

三、CIF

（一）CIF 的含义

CIF 的英文是 Cost，Insurance and Freight（... named port of destination）——成本、保险费加运费（……指定目的港）。

按《2000 年国际贸易术语解释通则》的解释，CIF 术语是指卖方必须在合同规定的装运期，在指定的装运港将办理了出口清关手续的符合合同的货物交到运往指定装运港的船上，负担货物在装运港越过船舷为止的一切风险和费用，并负责租船、订舱，支付到目的港的正常运费以及办理保险，支付保险费。

该术语仅适用于海运和内河运输。若当事人无意以越过船舷作为交货，则应使用 CIP 术语。

（二）CIF 术语买卖双方的义务

1. 卖方义务

（1）负责在合同规定的日期或期限内将符合合同规定的货物交至运往指定目的港的船上，并及时给买方发出装船通知。

（2）负责订立运输合同，并支付至目的港的运费和装船费用。

（3）负责办理货物运输保险，支付保险费并向买方提供保险单或其他保险单据。

（4）负担货物在装运港越过船舷之前的风险和费用。

（5）自担风险和费用，取得任何出口许可证或其他官方许可，并办理海关手续、交纳出口关税。

（6）卖方必须自付费用向买方提供证明货物已按照规定交货的通常单据。如买卖双方约定使用电子方式通信，则所述单据可以由具有同等作用的电子数据交换（EDI）信息代替。

2. 买方的义务

(1) 受领货物，支付货款。

(2) 承担货物在装运港越过船舷之后的一切风险和费用。

(3) 自担风险和费用，取得进口许可证或其他官方许可，并办理货物进口以及必要时经由另一国过境运输的一切海关手续。

(三) 使用 CIF 术语时应注意的问题

1. 卖方办理保险的问题

在 CIF 合同中，办理保险是卖方的义务，但风险划分的界限是以装运港的船舷为界，即运输途中的风险由买方承担。所以，卖方办理保险是为了买方的利益办理，属于代办的性质。正因为卖方办理保险属于代办的性质，因此，保险的险别和保险的金额都是需要买卖双方协商确定的问题。如买卖双方在合同中对此未作明确规定，则按《2000 年国际贸易术语解释通则》的要求办理。《2000 年国际贸易术语解释通则》规定，在无相反明确协议时，应按照《协会货物条款》或其他类似条款中的最低保险险别投保。最低保险金额应包括合同规定价款另加 10%（即 110%），并应采用合同货币。

在实际业务中，为了明确责任，避免纠纷，外贸企业与外商洽谈交易采用 CIF 术语时，应在合同中就上述保险的险别、保险的金额以及适用的保险条款作出明确的规定。关于保险条款，除了中国人民保险公司的《海运货物保险条款》外，在国际上使用较多的还有伦敦保险业协会的《协会货物条款》。

2. 卖方订立运输合同的问题

采用 CIF 术语成交，卖方的基本义务之一是订立运输合同。《2000 年国际贸易术语解释通则》规定，"卖方必须自付费用，按照通常条件订立运输合同，经由惯常航线，将货物用通常可供运输合同所指货物类型的海轮（或依情况适合内河运输的船只）装运至指定的目的港"，即如果没用相反的约定，卖方只是负责按通常的条件和惯常行驶航线，租用适当的船舶将货物运往目的港。因此，买方一般无权提出关于限制船舶的国籍、船型、船龄以及指定船只或船公司的要求。但在实际业务中，如国外进口商提出如上要求，在能办到又不增加额外费用的情况下，我方也可作适当的考虑。

3. 卸货费用的负担

CIF 术语卸货费用负担问题与 CFR 术语完全一致，因此，此处不再作特别的解释。

4. 象征性交货问题

《2000 年国际贸易术语解释通则》规定，"卖方必须承担货物灭失或损坏的一切风险，直到货物在装运港越过船舷为止"；"卖方必须自付费用，毫不迟延地向买方提供表明载往约定目的港的通常运输单据"。从《2000 年国际贸易术语解释通则》的规定可以看出，CIF 的卖方只需在装运港将货物装上船，并向买方提交了表明货物运往约定目的港的通常运输单据即完成了交货的任务。交货的地点为装运港船舷。因此，按 CIF 术语订立的合同与前面所介绍的 FOB 合同和 CFR 合同一样都属于"装运合同"。所谓"装运合同"是指卖方按合同规定在装运港将货物装上船，但他不保证货物必须到达和何时到达目的港，也不对货物装上船以后的任何进一步的风险承担责任。

从交货性质来看，CIF 属于典型的象征性交货。所谓象征性交货是针对实际交货而言的。象征性交货是指卖方只要按期在约定地点完成装运，并向买方提交合同规定的包括交货凭证在内的有关单证，就算完成了交货的义务，而无须保证到货。而实际交货是指卖方要在规定的时间和地点，将符合合同规定的货物提交给买方或其指定人，而不能以交单代替交货。但是，按 CIF 术语成交，卖方履行其交单的义务只是得到买方付款的前提条件，除此之外，他还必须履行交货的义务。如果卖方提交的货物不符合合同规定，买方即使已经付款，仍然可以根据合同的规定向卖方提出索赔。

FOB、CFR、CIF 三种贸易术语的交货地点都是装运港船舷。所以，在实际业务中，把这三种贸易术语统称为装运港交货的贸易术语。

FOB、CFR、CIF 三种贸易术语的比较：

共同之处：

（1）运输方式相同。三种贸易术语都只适用于海上运输和内河运输。

（2）交货地点相同。交货地点都为装运港船舷。

（3）风险划分相同。风险的划分都是以装运港船舷为界。

（4）交货性质相同。三种贸易术语都属于象征性交货。

不同之处：

（1）买卖双方承担的责任不同。FOB 术语的卖方只负责在装运港交货；CFR 术语的卖方要办理货物的出口运输；CIF 术语的卖方要办理货物出口的运输和保险。

（2）买卖双方承担的费用不同。FOB 术语的卖方不负担出口的运费和保险费；CFR 术语的买方要负担出口运费；CIF 术语的出口方要负担出口的运费和保险费。

（3）价格构成不同。FOB 术语为成本价；CFR 术语为成本加运费；CIF 术语为成本、运费加保险费。

以上三种贸易术语是传统的贸易术语，在国际贸易中使用较多。但由于三种贸易术语买卖双方的责任不同，在实际业务中，出口应尽可能使用 CIF 术语，进口应尽可能使用 FOB 术语。

按照《2000 年国际贸易术语解释通则》的规定，以上三种贸易术语仅适用于海运和内河运输，即港至港的运输。如果出口方处于内陆，采用这三种贸易术语进行交易，就必须承担货物从其所在地运至装运港的风险和费用。在使用集装箱运输、多式联运和滚装运输时，"船舷为界" 的风险划分标准已没有实际意义，尤其是在集装箱运输已成为当今国际贸易的主要运输方式，当出口商将货物交给承运人时，风险即转移，在此情况下，要求出口商承担货物越过船舷之前的风险很显然是不适当的。因此，随着运输技术的发展，国际商会在以上三种传统贸易术语的基础上又发展了 FCA、CPT、CIP 三种贸易术语。由于这三种贸易术语可以适用于各种运输方式，在国际货物买卖中的使用范围不断扩大。

四、FCA

（一）FCA 的含义

FCA 的英文是 Free Carrier（... named place）——货交承运人（……指定地点）。

按《2000 年国际贸易术语解释通则》的解释，FCA 是指卖方在指定的地点和规定的日期将经出口清关的符合合同的货物交给买方指定的承运人，即完成交货。卖方须承担货物交给承运人控制之前的风险和费用。

该术语可用于各种运输方式，包括公路、铁路、内河、海洋、航空运输以及多式联运。

"承运人" 是指在运输合同中，通过铁路运输、公路运输、空运、海运、内河运输或上述运输的联合方式，承担履行运输或承担办理运输业务的人。它既包括拥有运输工具和实际完成运输任务的运输公司，也包括不掌握运输工具的运输代理人。

（二）FCA 术语买卖双方的义务

1. 卖方的义务

（1）在指定的交货地点，在约定的交货日期或期限内，将符合合同规定的货物置于买方指定的承运人控制下，并及时通知买方。

（2）承担将货物交给承运人控制之前的风险和费用（如果为了将货物运至指定目的地需要利用后续承运人，风险也自货物交付给第一承运人时转移）。

（3）自担风险和费用，取得任何出口许可证或其他官方批准文件，并办理货物出口所需要的一切海关手续。

（4）自担费用向买方提供证明按规定交货的通常单据。如买卖双方约定使用电子方式通信，则前项所述单据可以使用有同等作用的电子数据交换（EDI）信息代替。

2. 买方的义务

（1）根据合同规定受领货物，支付货款。

（2）订立从指定地点承运货物的合同，支付有关运费，并将承运人名称、交货地点等及时通知卖方。

（3）承担货物交给承运人控制之后的风险和费用。

（4）自担风险和费用，取得进口许可证或其他官方许可文件，并且办理进口所需的海关手续。

（三）使用 FCA 术语应注意的问题

1. 关于交货地点的规定

相对《1990 年国际贸易术语解释通则》而言，《2000 年国际贸易术语解释通则》对于FCA 术语的交货地点作了简单、明确的规定：

（1）若指定的地点是卖方所在地，则当货物被装上买方指定的承运人或代表买方的其他人提供的运输工具时，卖方即完成了交货义务。

（2）若指定的地点不是卖方所在地，而是其他任何地点，则当货物在卖方的运输工具上，尚未卸货而交给买方指定的承运人处置时，卖方即完成了交货的义务。

从《2000 年国际贸易术语解释通则》的规定中可以看出，在以上第（1）种情况下，FCA 的交货地点是在卖方所在地由承运人提供的收货运输工具上；在第（2）种情况下，FCA 的交货地点是在买方指定的其他交货地卖方的送货工具上。

2. 风险转移的问题

根据《2000 年国际贸易术语解释通则》，FCA 术语风险划分的界限是以货交承运人为界。但由于 FCA 术语与前所述 FOB 一样，一般情况下都是由买方订立运输合同，并将承运人的名称及有关事项及时通知卖方，卖方才能按合同规定完成交货的义务，并实现风险的转移。但如果买方未能订立运输合同或未能将承运人名称及有关情况及时通知卖方等导致卖方不能交货，风险何时转移？《2000 年国际贸易术语解释通则》规定：自约定的交货日期或交货期限届满之日起，由买方承担货物灭失或损坏的风险，但以该项货物已正式划归合同项下，即清楚地划出或以其他方式确定为合同项下之货物为前提条件。

3. FCA 的使用

FCA 是《1980 年国际贸易术语解释通则》为了适应运输方式不断发展尤其是集装箱运输和以集装箱为载体的国际多式联运的需要而引入的。FCA 术语与 FOB 术语最大的区别在于适用的运输方式不同，FCA 术语适用于各种运输方式。FCA 的这一特点曾给内陆的外贸企业带来希望。因为在该术语下，内陆的出口商可以享受与沿海地区出口商在交货时间、风险和费用转移等方面几乎同等的待遇。

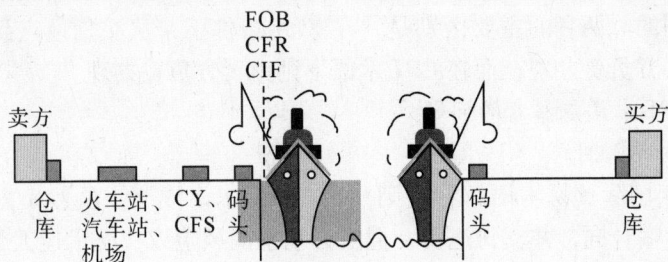

图 2－2

如图 2－2 所示，如同一笔货物的出口，出口商报 FCA 西安，则意味着出口商只需办理出口手续后在西安的火车站、汽车站或机场将货物交给买方指定的承运人即完成了交货的义务，与 FOB 连云港相比，出口商不需承担将货物从西安运往连云港的国内运费且交货的地点在西安。

三十年过去了，该术语在实际业务中的使用尽管在不断扩大，但仍相对有限。

五、CPT

（一）CPT 的含义

CPT 的英文是 Carriage Paid to（... named place of destination）——运费付至（……指定目的地）。

按《2000 年国际贸易术语解释通则》的解释，CPT 是指卖方在指定的地点和规定的日期将经出口清关的符合合同的货物交给其指定的承运人，即完成交货。卖方还须办理运输并支付将货物运至目的地的运费，并承担货物交给承运人控制之前的风险和费用。

该术语所指的承运人与 FCA 术语中的承运人相同。

该术语可用于各种运输方式，包括公路、铁路、内河、海洋、航空运输以及多式联运。

（二）CPT 术语买卖双方的义务

1. 卖方的义务

（1）在规定的时间和指定的地点向卖方自己指定的承运人交货，并及时通知买方。

（2）订立将货物运往指定目的地的运输合同，并支付有关运费。

（3）承担货物交给承运人控制之前的风险和费用。

（4）自担风险和费用，取得任何出口许可证或其他官方批准文件，并办理货物出口所需要的一切海关手续。

（5）自担费用向买方提供证明按规定交货的通常单据。如买卖双方约定使用电子方式通信，则前项所述单据可以使用有同等作用的电子数据交换（EDI）信息代替。

2. 买方的义务

（1）根据合同规定受领货物，支付货款。

（2）承担货物交给承运人控制之后的风险和费用。

（3）自担风险和费用，取得进口许可证或其他官方许可文件，并且办理进口所需的海关手续。

（三）CPT 术语与 FCA 术语的比较

CPT 与 FCA 属于同一类型的术语，它们都是向承运人交货，交货地点和风险划分的界限等方面都是相同的。两者的主要区别是，在 FCA 条件下，从交货地点到约定目的地的运输事项和费用由买方负责办理；而在 CPT 术语下则由卖方负责办理。

（四）使用 CPT 术语应注意的问题

1. 风险划分的界限问题

根据《2000 年国际贸易术语解释通则》，按 CPT 术语成交，虽然卖方须负责订立从起运地到目的地的运输合同，并支付运费，但卖方承担的风险以货交承运人为界，而不是延伸至目的地。如果货物运输涉及多式联运，卖方承担的风险自货物交给第一承运人控制时即转移给买方。这也是 C 组贸易术语都属于象征性交货的一个重要依据。

2. CPT 术语与 CFR 术语的比较

相同之处：

（1）买卖双方的责任划分基本相同。两种术语都是由卖方负责安排从交货地到目的地的运输，支付正常的运费和装船费。

（2）货价构成基本相同。货价构成因素中都包括运费。

（3）合同性质相同。两种术语都是装运地交货的术语，按它们签订的合同都属于装运合同。

不同之处：

（1）适用的运输方式不同。CFR 只适用于水上运输方式，CPT 适用于各种运输方式。

（2）风险划分界限不同。CFR 风险划分的界限是以装运港船舷为界，而 CPT 风险划分的界限是货交承运人。

（3）交货地点不同。CFR 术语的交货地点为装运港船舷，而在 CPT 术语下，如交货地点是在买方所在地，则卖方只需将货物交到买方指定的承运人所派的运输工具上，即完成交货，如交货地点是其他地方，则交货地点是在买方指定的其他交货地卖方的送货工具上。

六、CIP

（一）CIP 的含义

CIP 的英文是 Carriage and Insurance Paid to（... named place of destination）——运费和保险费付至（……指定目的地）。

按《2000 年国际贸易术语解释通则》的解释，CIP 术语是指卖方在规定时间和指定地点将经出口清关的符合合同的货物交给其指定的承运人，即完成了交货的义务。卖方还要办理运输并支付将货物运至指定目的地的运费，承担货物交给承运人控制之前的风险和费用，按 CIP 术语成交，卖方还需办理保险，支付保险费。

（二）CIP 买卖双方的义务

1. 卖方的义务

（1）在规定的时间和指定的地点向订立合同的承运人交货，并及时通知买方。

（2）订立将货物运往指定目的地的运输合同，并支付有关运费。

（3）承担货物交给承运人控制之前的风险和费用。

（4）自担风险和费用，取得任何出口许可证或其他官方批准文件，并办理货物出口所需要的一切海关手续。

（5）办理保险并支付保险费。

（6）自担费用向买方提供证明按规定交货的通常单据。如买卖双方约定使用电子方式通信，则前项所述单据可以使用有同等作用的电子数据交换（EDI）信息代替。

2. 买方的义务

（1）根据合同规定受领货物，支付货款。

（2）承担货物交给承运人控制之后的风险和费用。

（3）自担风险和费用，取得进口许可证或其他官方许可文件，并且办理进口所需的海关手续。

（三）CIP 术语与 CPT 术语的比较

根据上述解释，CIP 术语与 CPT 术语相比较，同属于货交承运人的贸易术语，交货地点和风险划分的界限等是相同的，只是 CIP 术语的卖方还需办理保险，支付保险费。但 CIP 风险划分的界限还是以货交承运人为界，货物在运输途中的风险由买方承担。因此，卖方办理保险属于代办的性质。根据《2000 年国际贸易术语解释通则》的规定，卖方应与信誉良好的保险人或保险公司订立保险合同。如无相反规定，卖方应按照《协会货物条款》或其他类似条款投保最低的险别，最低保险金额应包括合同规定价款另加10%（即110%），并应采用合同货币。

综上所述，FCA、CPT、CIP 三种贸易术语可以统称为货交承运人的贸易术语，分别是从装运港交货的三种贸易术语 FOB、CFR 和 CIF 发展起来的。这两组贸易术语责任划分的基本原则是相同的，但也有区别，具体如下：

（1）适用的运输方式不同。FOB、CFR、CIF 三种贸易术语仅适用于海上运输和内河运输，而 FCA、CPT、CIP 三种贸易术语适用于各种运输方式。

（2）交货地点和风险划分不同。FOB、CFR、CIF 三种术语交货地点为装运港船舷，风险划分的界限是以装运港船舷为界。而 FCA、CPT、CIP 三种术语的交货地点，须视不同的约定而定；风险划分则以货交承运人为界。

（3）装卸费用负担不同。采用程租船运输时，如使用 FOB 术语，应明确装货费用由谁负担，而使用 CFR 和 CIF 术语时则应明确卸货费用由谁负担，从而产生了贸易术语的变形。而 FCA、CPT、CIP 三种术语关于费用划分的界限已很明确，即以货交承运人为界，因此，不涉及贸易术语变形的问题。

第四节 其他贸易术语

一、EXW

EXW 即 Ex Works（… named place）——工厂交货（……指定地点）。

EXW 是指当卖方在其所在地或其他指定的地点（如工场、工厂或仓库）将货物交给买方处置时，即完成交货，卖方不办理出口清关手续或将货物装上任何运输工具。

该术语是卖方承担责任最小的术语。买方必须承担在卖方所在地受领货物起的全部费用和风险，包括办理出口手续。

如买方不能直接或间接地办理出口手续，则不应使用本术语。在此情况下，按照《2000 年国际贸易术语解释通则》的解释，最好采用 FCA 术语。

二、FAS

FAS 即 Free alongside Ship（... named port of shipment）——船边交货（……指定装运港）。

FAS 是指卖方在指定的装运港将货物交到买方指派的船边，即完成交货。买方必须承担自那时起货物灭失或损坏的一切风险。FAS 术语要求卖方办理出口清关手续。

《2000 年国际贸易术语解释通则》明确规定：卖方必须自担风险和费用，取得任何出口许可证或其他官方许可，并在需要办理海关手续时，办理货物出口所需的一切海关手续。而《1990 年国际贸易术语解释通则》则规定由进口商办理出口清关手续。《2000 年国际贸易术语解释通则》作如此修改，主要是在实际业务中由出口商办理出口清关手续较为方便。

FAS 术语适用于水上运输方式。

三、DAF

DAF 即 Delivered at Frontier（... named place）——边境交货（……指定地点）。

DAF 是指当卖方在边境的指定交货地点，将办妥货物出口清关手续但尚未办理进口清关手续的货物交给买方处置时即完成交货，风险和费用也就此转移给买方。

在 DAF 术语下，卖方不承担将货物卸载的费用和风险。卖方只需要负责将货物运至指定的边境交货地，运输工具到达后的卸载费用以及因卸载而引起的风险由买方承担。但是，如当事各方希望卖方负责从交货运输工具上卸货并承担卸货的风险和费用，则应在销售合同中写明。

DAF 术语适用于陆地交货的各种运输方式。"边境"一词可用于任何边境，包括出口国边境、进口国边境，也可以是货物运输途中所经过的第三国边境，惯例中并未作出明确说明。根据实际业务中使用这一术语的情况来看，DAF 主要是交易双方国家具有的共同边境，并且在使用铁路或公路运输货物的交易中采用。

四、DES

DES 即 Delivered Ex Ship（... named port of destination）——船上交货（……指定目的港）。

DES 是指在指定的目的港船上向买方提供了未经进口清关的货物时，卖方即履行了交货义务。卖方必须负担货物运至指定目的港船上的一切费用和风险。

在使用 DES 术语时，买卖双方做好货物的交接工作显得尤为重要。在该术语下，卖方是在目的港船上完成交货的义务。因此，卖方应将船舶预计到港时间及时通知买方，以便买方及时办理进口报关手续并做好接货的准备。

DES 术语适用于海运、内河运输及多式联运。根据《联合国国际货物多式联运公约》，多式联运是按照多式联运合同，以至少两种不同的运输方式，由多式联运经营人将货物从一国境内接管货物的地点运至另一国境内交付货物的地点的一种运输方式。但是，DES 术语中多式联运的含义必须包括海运，并且海运应是多种运输方式中将货物运至目的港的最后一种运输方式，即后程运输为水上运输的多式联运。

五、DEQ

DEQ 即 Delivered Ex Quay（…named port of destination）——码头交货（……指定目的港）。

DEQ 是指卖方将货物运至指定目的港的码头，未经进口清关，可供买方收取时，即履行了交货义务。卖方必须负担将货物交至指定目的港码头的一切风险和费用。

DEQ 实际上是在 DES 条件的基础上延伸了卖方的义务，使卖方不仅要负担将货物运到目的港的义务，而且还要将货物卸到指定的码头上，承担卸货费用。所以，在其他条件相同的情况下，DEQ 价格要高于 DES 价格。

《2000 年国际贸易术语解释通则》规定，DEQ 术语要求买方办理进口清关手续和交纳有关的税费。而在此之前的《1990 年国际贸易术语解释通则》则是由卖方办理进口手续。因此，在 DEQ 术语下买卖双方做好货物的交接工作同样很重要。

DEQ 术语适用于海运、内河运输和多式联运。如上述 DES 一样，DEQ 也仅适用于最后一程运输为水上运输的多式联运。

六、DDU

DDU 即 Delivered Duty Unpaid（…named port of destination）——未完税交货（……指定目的地）。

DDU 是指卖方将货物运至进口国指定目的地，可供买方收取时，即履行了交货义务。卖方须负运至该指定目的地的费用和风险，但不办理进口清关手续和交纳有关税费。买方须承担由于他未能及时办理货物进口清关手续而引起的额外费用和风险。

DDU 术语是《1990 年国际贸易术语解释通则》为适应贸易集团（如欧洲联盟和其他自由贸易区）内部成员国之间的贸易需要而新增加的一个贸易术语。但如果进口国是属于清关困难而且耗时的国家，买方有时不能及时和顺利地完成清关手续，这种情况下要求卖方承担按时在目的地交货的义务将有一定的风险。所以，在实际业务中，卖方如采用 DDU 术语，则一定要先了解有关进口国家进口清关的管理情况。

DDU 术语适用于各种运输方式。

七、DDP

DDP 即 Delivered Duty Paid（…named place of destination）——完税后交货（……指定目的地）。

DDP 是指卖方将货物运至进口国的指定地，可供买方收取时，即履行了交货义务。卖方必须负担货物运至该处的风险和费用，包括进口税费，并办理进口清关手续。

DDP 是 13 种贸易术语中卖方承担责任最大的一种，如果卖方不能直接或间接地取得进口许可证和办理进口清关手续则不应使用该术语。

DDP 术语适用于任何运输方式。

与上节所介绍的六种主要的贸易术语一样，《2000 年国际贸易术语解释通则》规定，如果买卖双方约定采用电子通信，则商业发票、运输单据等均可被具有同等作用的电子数据交换（EDI）信息代替。

第五节　选用贸易术语应考虑的因素

除了解和掌握《2000 年国际贸易术语解释通则》关于 13 种贸易术语的解释外，在实际业务中，我们还应知道如何根据交易的具体情况和每种贸易术语的特点，选择合适的贸易术语及其变形，以做到既有利于交易的达成，又避免承担不当或过大的风险和责任而造成不必要的损失。

目前，由于历史和习惯的缘故，在实际业务中使用较多的主要是 FOB、CFR 和 CIF 三种贸易术语。由于 FOB 术语的卖方只需在装运港将准备好的符合合同规定的货物交到买方指定的船上即完成交货义务，因此相对于 CFR 和 CIF 而言，卖方承担的责任较小，相对比较省事，在实际业务中容易被出口商接受和使用，而事实上，不管货物数量的大小和进口商资信状况，一味追求省事而采用 FOB 术语是不太可取的。它一方面不利于我国航运业和运输代理业的发展，另一方面也给国外的一些不良商人提供了与船公司勾结骗取我方货物的机会。因此，除非国外进口商和其指定的船公司资信状况良好，否则出口一般不宜采用 FOB 术语。另外，进口货物时尤其是进口大宗货物时，不宜采用 CFR 术语，主要是由于在 CFR 术语下是由国外的卖方租船、订舱，货物装船后的风险由我方承担，保险也由我方办理，如果卖方指定的船舶不当或卖方与船公司勾结出具假单据等，就有可能让我方蒙受损失。所以，在实际业务中，对于以上三种贸易术语，出口应尽可能使用 CIF 术语，进口应尽可能使用 FOB 术语。

同时，随着集装箱运输和多式联运在国际贸易中的广泛使用，我国外贸企业在实际业务中应按具体的交易情况，适当地以 FCA、CPT 和 CIP 术语替代仅适用于内河和海洋运输的 FOB、CFR 和 CIF 术语。

正因为贸易术语是确定合同的交货性质、说明价格的构成以及划分买卖双方风险和费用的重要因素，因此，选用适当的贸易术语对促成进出口合同的订立和履行，提高企业的经济效益和社会效益具有十分重要的意义。作为国际贸易的一方当事人，在交易磋商的过程中选择贸易术语时应考虑以下因素：

1. 运输条件和运输方式

买卖双方在交易磋商采用何种贸易术语时，首先应考虑采用何种运输方式运送。在出口商有足够运输能力或安排运输没有困难，而且经济上又合算的情况下，可争取采用由卖方安排运输的贸易术语成交，如出口尽可能采用 CIF、CFR 或 CIP，进口尽可能采用 FOB、FAS 或 FCA，否则，应酌情争取按由买方安排运输的术语成交，如采用 FAS、FOB 或 FCA 术语出口，采用 CFR、CIF 或 CIP 术语进口。另外，还要与运输方式相适应。FOB、CFR、CIF 只适合于海洋运输和内河运输。在航空运输、铁路运输和多式联运的情况下，应采取 FCA、CPT 或 CIP 术语。但即使是海洋运输，在以集装箱方式运输时，出口商在货交承运人后即失去了对货物的控制，因而作为出口方，应尽量采用 FCA、CPT 或 CIP 方式成交。一方面与实际情况相符，另一方面还有利于出口方提早转移风险，提前出具运输单据，早日收汇，加快资金周转。

2. 双方的合作关系

有些国家规定进口贸易必须在本国投保，有些买方为了谋求保险费的优惠，与保险公司订有预保合同，则我方可同意按 CFR 或 CPT 方式出口。在大宗商品出口时，国外买方为谋求以较低运价租船，在充分调查和了解买方的资信状况后，我方也可按 FOB 或 FCA 方式与之成交。

3. 支付方式

当采用货到付款或托收等商业信用的付款方式时，应尽量避免采用 FOB 或 CFR 术语。因为在这两种术语下，按照合同的规定，卖方没有办理货运保险的义务，而由买方根据情况自行办理。如果履约时行情对买方不利，买方就有可能拒绝接收货物，以及为了节省费用不办理保险，这样一旦货物在途中遭遇风险，就可能导致卖方钱货两空。

4. 运费因素

运费是货价构成因素之一，在选用贸易术语时，还应考虑货物经由路线的运费收取情况和运价变动趋势。在目前原油价格波动频繁的情况下，这点显得尤为重要。一般来说，当运价看涨时，为了避免承担运价上涨的风险，可以选用由对方安排运输的贸易术语成交，如按 C 组术语进口，按 F 组术语出口。在运价看涨的情况下，如因某种原因不得不采用按由自身安排运输的术语成交，则应将运价上涨的风险考虑到货价中去，以免遭受运价变动的损失。

5. 双方当事人办理进出口清关手续是否方便和可行

在国际贸易中，关于进出口货物的清关手续，有些国家规定只能由清关所在国的当事人安排或代为办理，有些国家则无此项限制。因此，若进口国当局规定，卖方不能直接或间接办理进口清关手续，此时则不宜采用 DDP，而应选用 D 组的其他术语成交；当某出口国政府规定，买方不能直接或间接办理出口清关手续，则不宜按 EXW 条件成交，而应选用 FCA 条件成交。

阅读资料

一、国际商会

国际商会（The International Chamber of Commerce，ICC）成立于 1919 年，是具有重要影响力的世界性民间商业组织。其会员广泛分布在 140 多个国家和地区。国际商会以贸易为促进和平、繁荣的强大力量，推行一种开放的国际贸易、投资体系和市场经济。由于国际商会的成员公司和协会本身从事国际商业活动，因此，它所制定用于规范国际商业合作的规章，如《托收统一规则》、《跟单信用证统一惯例》、《2000 年国际贸易术语解释通则》等被广泛地应用于国际贸易中，并成为国际贸易不可缺少的一部分，国际商会属下的国际仲裁法庭是全球最高的仲裁机构，它对解决国际贸易争议起着重大的作用。

二、电子数据交换

电子数据交换（electric data interchange，EDI）是一种利用计算机进行商务处理的新方法，它是将贸易、运输、保险、银行和海关等行业的信息，用一种国际公认的标准格式，通过计算机通信网络，使各有关部门、公司和企业之间进行数据交换和处理，并完成以贸易为中心的全部业务过程。由于 EDI 的使用可以完全取代传统的纸张文件的交换，因此也有人称它为"无纸贸易"或"电子贸易"。

案例分析

济南 C 公司向韩国 D 公司出口一批瓷器，数量共 100 箱，每箱 100 件，每件售价 60 美元，FOB 青岛港，即期信用证方式支付。在青岛港装船时不小心将货物摔落在甲板上，致使一部分货物被摔坏。

分析：

本案例由于采用了 FOB 术语，可知风险的划分界限为装运港船舷，因此货物摔坏的风险应属于买方韩国 D 公司，但是韩国 D 公司的运输代理人则会以货物在装船时部分摔坏，不能做到表面状况良好为由，在海运提单上加注不良批注，即签发不清洁提单。而根据《跟单信用证统一惯例》的规定，除非信用证明确规定可以接受的条款或批注，否则银行只接受清洁提单。这意味着在本案例中，C 公司无法通过向银行提交清洁提单而获得信用证付款。如采用 FCA 术语，则上述货落甲板摔坏的责任与费用完全由 D 公司承担。

思考与练习

1. 什么是贸易术语？为什么国际贸易中要使用贸易术语？

2. 关于贸易术语的国际贸易惯例有哪几种？分别解释了哪些贸易术语？

3. FOB 术语的变形有哪几种？每种变形下的装船费用由谁负担？

4. CFR 和 CIF 术语的变形有哪几种？每种变形下的卸货费用由谁负担？

5. 为什么出口应尽可能使用 CIF 术语，进口应尽可能使用 FOB 术语？

6. 简述 FCA、CPT 和 CIP 三种贸易术语与 FOB、CFR 和 CIF 三种贸易术语的相同和不同之处。

7. CIF 术语与 DES 术语有何相同和不同之处？

8. 《1941 年美国对外贸易定义修订本》关于 FOB 术语的解释与《2000 年国际贸易术语解释通则》关于 FOB 术语的解释有何区别？

9. 我国某进出口公司对日本的某商人发盘，供应棉袍 4 000 件，每件 40 美元 CIF 横滨，装运港为大连。现日商要求我方改报 FOB 大连价，如我方同意，请问：（1）我出口公司对价格应如何调整？（2）买卖双方所承担的责任、费用和风险有何变化？

10. 我方以 FCA 术语从德国进口面料一批，双方约定最晚装运期为 5 月 12 日，由于我方业务员在指派承运人后未能及时通知出口商，导致出口商在 5 月 15 日才将货物交给我方指定的承运人。当我方收到货物后，发现部分货物有水渍，据查是因货物交给承运人前两天被大雨淋湿所致。据此，我方向德国出口商提出索赔，但遭拒绝。请问：我方的索赔是否有理？为什么？

11. 我方与意大利某客商以 CIF 条件达成一笔交易，合同规定以信用证方式付款。

我方收到信用证后及时办理了货物的装运和货物的运输保险，并制作了全套合格的单据。在我方准备去银行办理议付时，接到进口商来电，得知载货的船舶在海洋运输途中遭遇到意外事故，大部分货物受损。据此，进口商表示将等到具体货损情况确定后，才同意银行向我方支付货款。请问：（1）卖方可否及时收回货款？为什么？（2）买方应如何处理？

12. 某进出口公司以 CIF 纽约向美国某商人出口一批供应圣诞节市场的核桃仁，由于该批商品季节性较强，买卖双方在合同中规定：买方须于 9 月底以前将信用证开抵卖方，卖方保证不迟于 12 月 10 日将货物运抵汉堡，否则，买方有权撤销合同。如卖方已结汇，卖方须将货物退还买方。请问：该合同是否还属于 CIF 合同？为什么？

第三章　交易的标的及其品质、数量与包装

在国际货物买卖合同的磋商和签订过程中，明确买卖的标的以及标的物的品质、数量和包装是十分重要的，品名、品质、数量和包装条款也是合同中的主要条件。

第一节　合同的标的物

一、列明合同标的物的意义

合同标的是指合同的客体，即当事人的权利和义务共同指向的对象。合同标的可以是货物，也可以是劳务，还可以是技术成果或工程项目等。如借款合同的标的是货币，买卖合同的标的是出卖物即货物，货物运输合同中的标的是劳务。标的是合同成立的必要条件，没有标的，合同就不能成立，尤其是国际货物买卖合同更是如此。国际货物买卖的双方当事人分属于不同国家和地区，在交易磋商过程中一般情况下很难做到看货成交，只能是通过在合同中对拟买卖的货物即标的物作必要的描述来作为买卖双方今后交接货物的依据。因此，在国际货物买卖合同中列明交易的标的物就成为必不可少的条件。

根据有关法律和惯例的规定，对交易标的物的描述是构成商品说明的一个重要组成部分，是买卖双方交接货物的一项基本依据，它关系到买卖双方的权利和义务。如《联合国国际货物销售合同公约》规定，卖方交付的货物不符合合同约定的名称或说明，买方有权提出损害赔偿，甚至拒收货物或撤销合同。因此，在国际货物买卖合同中列明标的物的名称不仅是实际业务中顺利履行合同的需要，也符合有关法律和惯例的规定。

二、标的物条款的内容

国际货物买卖合同中的标的物条款，并无统一的格式要求，一般是"商品名称"或"品名"项下列明交易双方成交的商品的具体名称，如 Enamelware（搪瓷器皿）。

交易标的物条款的规定还要视具体商品而定。不同商品由于其自身的性质和特点不同，其标的物的规定也会有所差异。对于一般商品而言，只要列明商品的名称即可。但有的商品，有不同的型号、品种和等级，因此，为了明确起见，也会把有关具体品种、等级或型号的概括性描述包括进去，如 Men's Bicycle（男式自行车）。此外，有的甚至把商品的规格也包括进去，在此情况下，就是将品名条款与品质条款在同一项下表示。

三、规定品名条款应注意的问题

标的物条款是国际货物买卖合同的主要条件。在规定此项条款时，应注意以下问题：

（一）必须明确具体

在描述交易标的物时，必须确切地反映交易标的物的特征，避免空泛、笼统的规定，以

利于合同的履行。

（二）针对商品的具体情况作出实事求是的规定

条款中规定的品名，必须是卖方能够提供而买方所需要的商品，凡做不到或不必要的描述性词句，都不应列入，否则，会导致履行合同的困难。

（三）尽可能使用国际上通用的名称

有些商品的名称，不同的国家和地区对其称呼会有所不同。为了避免误解，应尽量使用国际上通用的称呼。如使用地方性的名称，交易双方则应事先说明并取得共识。对于某些新商品的订名及其译名，应力求准确、易懂，并符合国际上的习惯称呼。

（四）注意选用合适的品名

有些商品具有不同的名称，因而存在着同一商品因名称不同而支付关税和班轮运费不一样的情况，且其所受到的进出口限制也不同。为了减低关税、方便进出口和节省运费开支，在确定合同的品名时，应选用对我方有利的名称。另外，不同国家和地区因语言、文化的缘故，对某些名称会有特别的好感，对有些名称可能不能接受。这也是在订立品名条款时应注意的问题。

第二节　商品的品质

一、品质的重要性

（一）品质的含义

商品的品质（quality of goods）是指商品的内在素质和外观形态的综合。前者包括商品的物理性能、机械性能、化学成分和生物特征等自然属性，一般需要借助于仪器、设备分析测试才能获得有关表示商品品质的指标；后者包括商品的外形、色泽、款式、造型、软硬和透明度等。

（二）商品品质在国际贸易中的重要性

商品品质的优劣直接影响商品的使用价值和价格，它是决定商品使用效能和影响商品市场价格的重要因素。商品品质还关系到商品、企业的信誉，国家形象和消费者的利益。近几十年来，随着科技的发展和生产力的提高，各国消费者的消费水平和消费结构都在不断发生变化，消费者对商品质量的要求越来越高，尤其是西方发达国家的消费者，而西方发达国家是当今国际贸易的主要市场，因此，中国的商品要进入发达国家的市场，就必须在产品品质方面不断提高和完善。并且，国际市场上日趋激烈的商品竞争已逐步从价格转向非价格竞争，许多国家都把提高商品质量、力争以质取胜作为非价格竞争的一个重要组成部分，它是加强对外竞销的重要手段之一。此外，今天的贸易保护已从过去的关税和非关税壁垒转向技术贸易壁垒，许多国家尤其是西方发达国家规定，凡质量不符合其法令规定的，一律不准进口。因此，提高商品的质量已成为许多生产厂商、出口商冲破技术贸易壁垒、扩大出口的途径和方法。同时，对于进口商品而言，严把质量关，加强对进口商品的质量检验、跟踪和监督，使进口商品能适应我国国内生产建设和科学研究的需要，并满足我国消费者的需求，是维护国家和消费者利益的重要问题。

合同中的品质条款是构成商品说明的重要组成部分，是买卖双方交接货物的依据。英国货物买卖法把品质条件作为合同的要件，《联合国国际货物销售合同公约》规定，卖方交付货物的品质必须符合约定的质量。如卖方交货不符合约定的品质条件，买方有权要求损害赔偿，也可要求修理或交付替代货物，甚至拒绝收货或撤销合同。

（三）对品质的要求

1. 对出口商品质量的要求

（1）针对不同市场和不同消费者的需求来确定出口商品质量。

由于世界各国经济发展水平不同，各国生产技术水平、生活习惯、消费结构、购买力等方面有较大差异，不同民族由于文化和风俗习惯的不同，导致其消费习惯和对商品品质的要求也会有所不同。因此，重视对不同国家市场、不同时期消费者需求的研究，把握不同层次消费需求的特点及其变化的方法，发展我国传统优势商品的品种、档次，提高这些商品的质量性能，同时，开拓新的商品品种，使我国出口商品具有较强的适应性、针对性和竞争力是十分重要的。

（2）适应进口国的有关法令规定和要求。

当今世界，贸易竞争日趋激烈，贸易摩擦日益加剧，许多国家为了保护本国市场，都对进口商品制定较严的质量要求和苛刻的检验方法，因此，我国生产企业和出口商必须了解不同国家关于进口商品质量方法的法律规定，并尽可能使我国出口商品能适应进口国的有关法令规定和要求，从而扩大出口。

（3）适应国外自然条件、季节变化和销售方式。

由于各国自然条件和季节变化不同，销售方式各异，商品在运输、装卸、存储和销售的过程中，其质量可能发生某种变化。因此，了解和注意不同国家和地区自然条件、季节变化的规律及销售方式的特点，以及这些变化和特点对商品质量有可能产生的影响及提出的要求，并使我国出口商品质量适应这些要求，对增强我国出口商品的竞争力是很有帮助的。

（4）建立有效的企业质量管理体系和环境管理体系。

质量管理体系即 ISO9000 系列标准是国际标准化组织（The International Organization for Standardization，ISO）为了适应国际贸易发展的需要而制定的品质管理和品质保证标准。

ISO9000 系列标准是国际标准化组织第 176 技术委员会（ISO/TC176）制定的。ISO/TC176 于 1987 年发布了世界上第一个质量管理和质量保证系列国际标准——ISO9000 系列标准。该标准的诞生是世界范围质量管理和质量保证工作的一个新纪元，对推动世界各国工业企业的质量管理和供需双方的质量保证，促进国际贸易交往起到了很好的作用。随着国际贸易发展的需要和标准实施中出现的问题，特别是服务业在世界经济的比重越来越大，ISO/TC176 分别于 1994 年、2000 年对 ISO9000 质量管理标准进行了两次全面的修订。由于该标准吸收国际上先进的质量管理理念，采用 PDCA 循环的质量哲学思想，对于产品和服务的供需双方具有很强的实践性和指导性。所以，标准一经问世，立即得到世界各国的普遍欢迎，到目前为止，世界上已有 70 多个国家直接采用或等同转为相应国家标准，有 50 多个国家建立质量体系认证/注册机构，形成了世界范围内的贯标和认证"热"。目前全球已有几十万家工厂企业、政府机构、服务组织及其他各类组织导入 ISO9000 并获得第三方认证。ISO 组织最新颁布的 ISO9000：2000 系列标准，有四个核心标准：

ISO9000：2000 质量管理体系基础和术语；

ISO9001：2000 质量管理体系要求；

ISO9004：2000 质量管理体系业绩改进指南；

ISO19011：2002 质量和（或）环境管理体系审核指南。

其中《ISO9001：2000 质量管理体系要求》是认证机构审核的依据标准，也是想进行认证的企业需要满足的标准。

ISO 认为，按照其标准建立质量管理体系可以使影响产品和服务质量的技术管理及人的因素处于受控状态，达到消除，特别是预防质量缺陷的目的，给生产质量稳定的产品提供保证，同时满足外部顾客对产品质量的要求。因此，根据系列标准建立了质量管理体系并取得了有关认证机构检验认可的企业，便可以认为具备了生产符合要求的产品的保证能力。我国是国际标准化组织的理事国，我国技术监督局在 1988 年将 ISO 系列标准等效转化为中国国家标准 GB/T10300 系列，1992 年 10 月又将此等同转化为 GB/T19000 系列，以双编号的形式标明，即 ISO9000GB/T19000，根据自愿的原则在我国开展企业质量管理体系认证工作。为了使我国产品顺利进入国际市场，1992 年 8 月，由国家商检局、对外贸易经济合作部、国家机电产品进出口部等 17 个部委共同协商，在北京联合成立了"中国进出口商品生产企业认证机构认可委员会"。1997 年 8 月该工作委员会更名为"中国国家进出口企业认证机构认可委员会"。1993 年成立的国家商检局（现为中华人民共和国质量监督检验检疫总局）中国进出口商品质量认证中心是该机构认可的 22 家认证机构之一，是全国认证企业最多、认证领域最广泛的权威认证机构。

环境管理体系即 ISO14000 系列标准是国际标准化组织在 ISO9000 "质量管理和质量保证"系列标准的基础上，又推出的另一种一体化的环境管理系列标准。它是 ISO 第 207 技术委员会制定的，目前有 6 个正式的国际标准，其中 ISO14001 是系列标准的核心标准，也是唯一可用于第三方认证的标准。ISO14000 系列标准通过在组织（企业）内部建立和实施一个有效的环境管理体系，规范组织的环境行为，控制和减少企业的生产及其他相关利益的需求。自 ISO 第 207 技术委员会发布了环境管理体系和环境审核方面的标准以来，我国有关部门和企业就一直在积极跟踪相关信息，国家环保总局和技术监督局联合组建了"中国环境管理体系认证委员会"，开始加紧制定我国环境管理体系认证的管理办法。1996 年，国家环保总局成立了"中国环境管理体系审核中心"，作为国家环保总局实施 ISO14000 的辅助机构，负责举办 ISO14000 的知识讲座和培训，并开展环境标志的认证审核工作。

实施 ISO 的质量管理和质量保证以及环境管理体系，有助于改善和提高我国企业和产品在国内外消费者和客户中的形象，降低经营及管理成本，使我国产品适应国际市场对产品在质量上的新需求，提高我国产品的国际竞争能力。

2. 对进口商品质量的要求

进口商品质量的优劣直接关系到我国企业和消费者的切身利益，有时甚至会影响到行业的发展。因此，在进口贸易中，应严把质量关。进口商品的质量应符合国内经济建设、科学研究、国防建设、人民生活以及环境保护等方面的要求。在交易磋商的过程中，应充分了解国外出口商提供的商品的质量情况，分析该商品与我国国内同类商品的质量差异，不进口质量低劣的商品，尤其是在进口技术设备时，要认证考核该设备是否是已被出口国淘汰的设备，或是否是在我国同行业中具有竞争优势的设备。在选购进口商品时，还应考虑我国国情和国内现实的消费水平，不应盲目追求高规格、高档次、高质量。在货物到达我国关境时，应进行严格的质量检验，防止不符合合同规定的商品进入我国。

二、表示品质的方法

在国际货物买卖中，买卖双方分属于不同的国家和地区，很难做到看货成交，因此，用合适的方式将商品品质描述清楚并在合同中列明是十分必要的，一方面有助于交易的达成，另一方面也有利于买卖双方交接货物。而在国际贸易买卖中，商品种类纷繁复杂，商品本身的特点、制造加工情况、市场交易习惯等各不相同，这使得规定商品质量的方法也因此而多种多样。归纳起来，目前国际贸易中表示商品质量的方法主要分为两大类，即以实物表示、以文字说明表示。

（一）以实物表示商品质量

以实物表示商品的质量包括看货买卖和凭样品买卖两种做法。

1. 看货买卖

当买卖双方采用看现货成交时，则买方或其代理人通常在卖方存放货物的场所验看货物，一旦达成交易，卖方就应按对方验看过的商品交货。只要卖方交付的是验看过的货物，买方就不得对品质提出异议。

在国际货物买卖中买卖双方当事人分处于不同国家或地区，交易磋商一般都靠函电方式进行。买方到卖方所在地验看货物有诸多不便，即使买方委托代理人代为验看货物，也很难做到逐件查验，所以，看货成交这种表示商品品质的方法在实际业务中的使用比较有限，一般多用于寄售、拍卖和展卖等业务。

2. 凭样品买卖

样品（sample）是指从一批商品中抽取出来的或者由生产部门设计、加工出来的，能反映和代表整批商品品质的少量实物。凡以样品表示商品品质并以此作为买卖双方交接货物依据的，称为凭样品买卖（sale by sample）。

在国际贸易中，按样品提供方不同，凭样品买卖可分为以下三种：

（1）凭卖方样品买卖（sale by seller's sample）。凭卖方样品买卖是指在国际货物买卖合同中约定以卖方提供的样品作为交货的品质依据。在此条件下，日后卖方交货的品质必须与他所提供的样品一致。

（2）凭买方样品买卖（sale by buyer's sample）。凭买方样品买卖是指在国际货物买卖合同中约定以买方提供的样品作为交货的品质依据。在实际业务中，买方为了使其订购的商品符合自身的要求，有时也会提供样品给卖方，要求卖方按此样品定制货物，如果卖方同意按买方提供的样品成交，即为"凭买方样品成交"。日后，卖方所提交的整批货物应与买方提供的样品相符。

（3）凭对等样品买卖（sale by counter sample）。"对等样品"是指卖方根据买方提供的样品加工复制或从现有货物中选择品质相近的样品提交买方确认，这种经买方确认后的样品即为对等样品。如果合同约定按对等样品成交，则等于把"凭买方样品成交"转化成"凭卖方样品成交"，履行合同时，卖方交货的品质必须与对等样品一致。

在国际贸易中，谨慎的出口商一般愿意承接凭买方样品交货的交易，以防止因交货品质与买方提供的样品不符而导致被动。在此情况下，产生了"凭对等样品买卖"的做法。

采用凭样品买卖时，应当注意下列事项：

（1）凭样品买卖，卖方交货品质必须与样品完全一致。样品无论是由卖方提供的，还是由买方提供的，一经双方当事人凭以成交即成为履行合同时交接货物的质量依据，卖方所交货物必须与样品完全一致，否则即为违约，买方有权提出索赔甚至拒收货物。《联合国国际货物销售合同公约》第35条第（2）款规定："除双方当事人已另有协议外，货物除非符合以下规定，否则即为与合同不符：……（c）货物的质量与卖方向买方提供的或样品或式样相同……"因此，在实际业务中，在凭样品成交时，如果由于所买卖商品的特征或生产加工技术的原因，卖方难以保证交货质量与样品完全相同，则应在磋商定约时与买方约定交货质量与样品相似或大致相同，并在合同中作出明确规定。

（2）谨慎使用凭样品成交。凭样品买卖时，交货的品质是否与样品相符，很大程度上取决于买卖双方的判断，而不是用具体指标通过技术手段进行检验，所以很容易在履约过程中产生争议，应谨慎使用。凡能用科学指标表示商品品质时，就不宜采用凭样品买卖。只有那些在造型或款式上有特殊要求或具有色、香、味等方面特征的商品以及其他一些难以用科学指标表示品质的商品，才采用凭样品买卖的做法。在实际业务中，有一些样品只能被用作反映某些商品的一方面或几方面的部分质量，而不反映全部质量。例如，"色样"只是表示商品的色彩，而"款式样"只表示商品的花样款式。至于该商品其他方面的品质要求，则要用文字说明表示。卖方将文字说明的品质内容连同上述样品提交买方凭以磋商；一旦成交，该文字说明和样品共同构成合同的品质条款。日后卖方交货的品质既要符合样品也要与文字说明相符。

（3）在凭样品成交时，要做好样品的留存工作。凭样品成交时，样品是衡量卖方交货品质的依据，为了保险起见，卖方应做好样品的留存工作，以备日后交货或处理品质纠纷核对之用。必要时，甚至可以使用封样，即由第三方或公证机构（如商品检验机构）在一批货物中抽取同样质量的样品若干份，由第三方或公证机构留存一份备案，其余供当事人使用。

（4）在凭样品成交时，应注意知识产权问题。尤其是凭买方样品买卖和对等样品买卖时应在合同中明确规定，因知识产权引起的纠纷应由买方负责。

（二）以文字说明表示商品质量

在国际贸易中大多数商品采用文字说明来规定商品的品质。用文字说明表示商品品质的称为"凭文字说明买卖"（sale by description）。具体的表示方式有以下六种：

1. 凭规格买卖（sale by specification）

商品规格（specification of goods）是指一些足以反映商品品质的主要指标。如商品的成分、含量、性能、纯度、容量、大小、长短等。用商品的规格来表示商品的品质称为"凭规格买卖"。这种表示方法简单方便、准确具体，在国际贸易中使用最广。对于凭规格买卖的商品，应提供具体规格来说明商品的基本品质状况，并在合同中订明。例如：

东北大豆：含油量最低　17%

　　　　　含水量最高　8%

　　　　　破碎率最高　3%

　　　　　杂质最高　2%

2. 凭等级买卖（sale by grade）

商品的等级（grade of goods）是指同一类商品，按其规格上的差异，分为品质优劣各不相同的若干等级。凭等级买卖时，由于不同等级的商品具有不同的规格，为了便于履行合同和避免争议，在品质条款列明等级的同时，最好一并规定每一等级的具体规格。例如：

乌砂	三氧化钨	锡	砷	硫
	最低	最高	最高	最高
特级	70%	0.2%	0.2%	0.8%
一级	65%	0.2%	0.2%	0.8%

　　　　　　二级　　　　　　65%　　　　　1.5%　　　　0.2%　　　　0.8%

　　如买卖双方对交易商品的等级理解一致或在过去双方的交易中一直采用，则也可以只在合同列明等级即可。

　　3. 凭标准买卖（sale by standard）

　　商品的标准是指将商品的规格和等级予以标准化。商品的标准一般是由国际标准化组织、国家或有关政府主管部门、行业团体、商品交易所等制定并公布。有些标准具有法律上的约束力，凡品质不符合标准的商品，不准进口或出口。由于商品的标准通常会随着生产技术的发展以及人民生活水平的提高等而进行修改或变动。同一组织颁布的某类商品的标准也会有不同年份的版本。因此，在合同中援引标准时，应注明采用标准的版本名称及其年份。例如：

利福平（甲哌利福霉素）英国药典 1993 年版

Rifampicin British Pharmacopoeia 1993

　　在实际业务中，凡我国已规定有标准的商品，为了便于安排生产和组织货源，通常采用我国有关部门所规定的标准成交。如果买方坚持使用其指定的标准，也可以酌情使用，尤其是那些在国际上已被广泛采用的品质标准，一般可按该标准进行交易。另外，有些国家规定某些商品的进口必须符合其规定的标准时，为了交易的达成，也只能采用对方的标准。

　　在国际贸易中，对于某些品质变化较大而难以规定统一标准的农副产品，往往采用"良好平均品质"（Fair Average Quality，FAQ）这一术语来表示其品质。所谓"良好平均品质"，是指一定时期内某地出口货物的平均品质水平，一般是指中等货而言。在我国出口货物中如使用 FAQ，则表明交货的品质为我国产区当年该项农副产品的平均品质水平。该平均品质水平一般由生产国在农产品收获后，经过对产品进行广泛抽样，从中制定出该年度的"良好平均品质"的标准和样品，并予以公布。采用这种方法，除在合同中注明 FAQ 字样外，一般还订明该商品的主要规格指标。例如：

2003 年度陕西产花生，良好平均品质，含水量最高 13%

　　4. 凭说明书和图样买卖（sale by description and illustration）

　　在国际贸易货物买卖中，有些机器、电器、仪表、大型设备、交通工具等技术密集型产品，由于其结构复杂、制作工艺不同，无法用样品或简单的几项指标来说明其品质。对于这些商品，买卖双方除了要规定其名称、商标牌号、型号等外，通常还必须采用说明书来介绍产品的构造、原材料、形状、性能、使用方法等，有时还辅以图样、照片、设计、图纸、分析表及各种数据才能完整地说明商品具有的品质特征和结构特点。凭说明书和图样买卖时，要求卖方所交的货物必须符合说明书所规定的各项指标。

　　5. 凭商标或品牌买卖（sale by brand and trade mark）

　　商标（trade mark）是指生产者或商号用来说明其所生产或出售的商品的标志，它是由一个或几个具有特色的单词、字母、数字、图形或图片等组成。品牌（brand）是指工商企业给其制造或销售的商品所冠的名称，以便与其他企业的同类产品区别开来。凭商标或品牌的买卖，一般只适用于一些品质稳定的工业制成品或经过科学加工的初级产品。

　　在国际贸易中，一些质量稳定、信誉良好的产品，其品牌或商标也往往被市场和消费者认可。对于这样的商品，如买卖双方同意以商标或品牌来表示商品的品质，这种方法就称为"凭商标或品牌买卖"。

6. 凭产地名称买卖（sale by name of origin）

在国际货物买卖中，有些产品，尤其是一些农副产品，因产区的自然条件、传统加工工艺等因素的影响，在品质方面具有其他产区的产品所不具有的独特风格和特色。对于这类商品，可以用产地名称来表示其独特的品质。如以一个国家为标志的"法国香水"、"意大利皮具"、"德国啤酒"等；以某个国家的某一地区为标志的"法国干邑葡萄酒"、"中国东北大米"；以某个国家某一地区的某一地方为标志的"苏州刺绣"、"信阳毛尖"等。这些标志不仅标注了特定商品的产地，更重要的是无形中对这些商品的特殊质量和品位提供了一定的保障。

用文字说明表示商品品质的方法，一共有六种。在实际业务中，可根据商品的特征和性质单独使用某一种方法，如只凭规格，也可以将两种或两种以上的方法结合使用，如既凭商标品牌又凭规格。但一旦选定了表示商品品质的方法，就意味着卖方要按选定方法所表示的品质承担交货的义务。

三、买卖合同中的品质条款

（一）品质条款的内容

表示商品品质的方法不同，合同中品质条款的内容也各不相同。在凭样品买卖时，合同中除了要列明商品的名称外，还应订明样品的编号，必要时还要列出寄送样品的日期。在凭文字说明表示商品品质时，应针对不同的交易情况在合同中明确商品的规格、等级、标准、商标、品牌或产地名称等内容。例如：

腈纶地毯　样品号　0813　尺寸　45 英寸×60 英寸

凤凰牌 24 寸女式自行车

（二）规定品质条款时应注意的问题

1. 合同中的品质条款应尽可能明确具体

国际货物买卖合同中的品质条款是买卖双方交接货物时的品质依据。卖方所交货物的品质必须符合合同的规定，否则即构成违约，需要承担违约的责任。为了尽可能避免以上现象发生，合同中的品质条款应尽可能明确具体，尽量不用诸如"大约"、"左右"、"合理误差"等含义不清的用语。并且，合同中用来表示商品品质的指标还应切合实际，避免订得过高或过低。

2. 可在合同中的品质条款中规定一些灵活条款

在国际贸易中，卖方交货品质必须严格与合同规定的品质条款相符。但是，某些商品由于在生产和装运过程中存在自然损耗，以及商品自身特点和生产工艺等因素的影响，很难保证交货品质与合同规定完全相符，对于这些商品，如果合同中的品质条款订得过于明确具体或订得过死，必然会给卖方履行合同带来困难。因此，在订立合同的品质条款时可规定一些灵活条款，以利于卖方顺利履行合同。关于合同中品质条款的灵活条款主要有以下两种：

（1）品质公差条款。品质公差（quality tolerance）是指允许卖方交付货物的特定品质指标在公认的一定范围内存在差异。在工业品的生产过程中，有时产品的品质指标出现一定的误差是在所难免的，如手表的走时每天误差若干秒，圆形物体的直径误差若干毫米等。这种误差如为国际同行业所公认，即称为"品质公差"。

对于国际同行业公认的"品质公差"，可以不在合同中再作规定。但如果国际同行业对特定指标并无公认的"品质公差"，或者双方当事人对品质公差理解有出入，也可在合同中具体规定品质公差的内容，即买卖双方认可的误差。

凡在品质公差范围内的货物，买方不得拒收货物或要求调整价格。

（2）品质机动幅度条款。某些初级产品的质量不是很稳定，为了交易的顺利进行，在规定其品质指标的同时，可另订一定的机动幅度，即品质机动幅度条款。

品质机动幅度条款是指在合同中规定允许卖方交货的品质指标在一定幅度内灵活掌握。具体的规定方法有以下三种：

①规定一定的范围。对表示商品品质的主要指标允许有一定的机动范围。例如：

素面缎　幅宽 34/35 英寸

Plain Satin Sil　Width 34/35″

②规定一定的极限。对某些商品的品质规格规定上下极限，如最大、最小、最多、最少等。

卖方交货质量在品质机动幅度内，一般均按合同价格计价。但在实际业务中，为了体现按质论价，有些货物也可在合同中规定根据交货品质情况调整价格。如合同作了如此规定，则这项规定即为品质增减价格条款。例如：

东北大豆　含水量最高 8%；杂质最高 2%；含油量最低 55%。如实际装运时货物的含油量每增加 1%，价格相应增加 1%。

Dongbei Beans：Moisture（max）8%；Admixture（max）2%；Oil Content（mix）55%. Should the oil content of the goods actually shipped be 1% higher, the price will be accordingly increased 1%.

③正确运用各种表示商品品质的方法。尽管商品的品质可用样品和文字说明两种方法表示，但在国际货物买卖中，原则上能用文字说明表示品质的，就不要再用样品表示，否则，出口商在交货时既要符合文字说明的规定又要符合样品的规定。如此规定会给出口商履行合同带来不必要的麻烦。同样，能用样品表示商品品质的，也不要再用文字说明表示。

第三节　商品的数量

在国际货物买卖中，商品的数量是国际货物买卖合同的主要交易条件之一，国际货物买卖合同中约定的数量还是买卖双方交接货物的依据。按照有关法律规定，卖方所交货物数量必须与合同规定相符；否则，买方有权提出索赔，甚至拒收货物。《联合国国际货物销售合同公约》规定，如果卖方交付货物的数量大于合同约定的数量，买方可以收取也可以拒绝收取多交部分的货物。如果买方收取多交部分货物的全部或一部分，就必须按合同价格支付货款。至于卖方所交货物少于合同约定的数量，则需看卖方少交货物的性质，如果卖方少交货物构成根本违约，则买方有权解除合同并请求损害赔偿，如果卖方所交货物少于合同约定没有构成根本违约，则买方只能请求损害赔偿而不能解除合同。因此，正确掌握成交数量和订好合同中的数量条款，具有十分重要的意义。

国际贸易中影响成交数量的因素很多。商品的生产、供应能力，目标市场上的实际需求和销售情况、市场供求以及商品价格可能变动的趋势，买方的资信状况及其经营实力，生产厂商或销售商的生产供货能力和经营意图等，都是影响成交数量的重要因素。卖方在交易磋商的过程中一定要全面考虑上述因素，确定合适的数量，否则，一味地追求扩大数量，不仅会影响卖方的顺利履约和安全收汇，还有可能影响卖方在目标市场上的售价和利润。买方在商定进口数量时，则要考虑适应进口国市场的需求及需求的变化，并符合其实际支付能力。另外，买卖双方在商定合同中的数量时还要考虑国际市场以及进出口国家的宏观政策的影响。

一、计量方法和计量单位

在国际贸易中，通常使用的数量计量方法有六种。具体交易时采用何种计量方法，要视商品的性质、包装种类、运输方法、市场习惯等决定。

（1）按重量（weight）计量。按重量计量是当今国际贸易中广为使用的一种方法。一般天然产品如农副产品、矿产品以及部分工业制成品都会采用重量计量。按重量计量的单位有公吨（metric ton 或 m/t）、长吨（long ton）、短吨（short ton）、千克（kilogram 或 kg）、磅（pound）、盎司（ounce）、克（gram）等。

（2）按数量（number）计量。一般日用工业制成品、轻工制品、机械产品以及杂货类商品，采用数量作为计量方法。按数量计量的单位有件（package）、只（piece）、双（pair）、打（dozen）、令（ream）、卷（roll）、辆（unit）、桶（barrel）等。

（3）按长度（length）计量。在纺织品布匹、绳索、电线等商品的交易中一般采用长度作为计量方法。按长度计量的单位有码（yard）、米（metre）、英尺（foot）等。

（4）按面积（area）计量。在地毯、玻璃板、皮革制品的交易中，一般采用面积作为计量单位。按面积计量的单位有平方米（square metre 或 m^2）、平方英尺（square foot）、平方码（square yard）等。

（5）按体积（volume）计量。在化学气体、木材等商品的交易中，一般采用体积作为计量方法。按体积计量的单位有立方码（cubic yard）、立方米（cubic metre 或 m^3）、立方英尺（cubic foot）等。

（6）按容积（capacity）计量。各类谷物和流体物质如小麦、玉米、汽油、酒精、啤酒等，往往采用按容积计量的方法。按容积计量的单位有公升（litre）、加仑（gallon）、蒲式耳（bushel）等。

在国际贸易中应根据商品的特征和属性选择合适的计量方法和计量单位。

二、重量的计算方法

在国际贸易中，很多商品的数量采用重量计量。按重量计量时，计算重量的方法主要有以下五种：

1. 毛重

毛重（gross weight）是指商品本身的重量加皮重，即商品连同包装的重量。

2. 净重

净重（net weight）是指商品本身的重量，即毛重扣除皮重（包装）的重量。在国际货物买卖中，按重量计量的商品大多采用以净重计算数量和价格。但对于一些价值不高的商品如农产品可采用按毛重计量，即以毛重作为计算价格和交付货物的计量基础。这种计量方法在国际贸易中被称为"以毛作净"（gross for net）。

在采用净重计量时，对于如何计算皮重，通常有以下几种方法：

（1）按实际皮重（real tare 或 actual tare）。实际皮重是指将整批货物的包装逐一过秤，算出每一件包装的重量，再累加所得的总和。

（2）按平均皮重（average tare）。如果商品所使用的包装比较划一，重量相差不大，可从全部商品中抽取几件，称其包装的重量，除以抽取的件数，得出平均数，再以平均每件的皮重乘以商品的总件数，得出全部包装的重量。

（3）按习惯皮重（customary tare）。某些商品的包装比较规格化，并已经形成一定的标准，即可按公认的标准单件包装乘以商品的总件数，求得该批商品的总皮重。

（4）按约定皮重（computed tare）。买卖双方以事先约定的单件包装重量，乘以商品的总件数，可得该批商品的总重量。

在以上四种方法中，究竟采用哪种方法计算皮重以求得净重，应根据商品的性质、所使用包装的特点、合同数量的多少等，由买卖双方在合同中加以明确。

3. 公量

公量（conditioned weight）是指以商品的干净重加上国际公定回潮率与干净重的乘积所得出的重量。商品干净重是指烘去水分后的重量。具体计算方法如下：

公量 = 商品干净重 + 商品干净重 × 公定回潮率 = 商品干净重（1 + 公定回潮率）

用公量表示数量的方法主要用于国际贸易中一些价值较高，但吸潮性较强，含水量极不稳定的商品，如羊毛、生丝、棉花等。

4. 理论重量

理论重量（theoretical weight）是指用件数乘以每件商品的重量所得出的总重量。理论重量适用于有固定规格和固定体积的商品。规格一致、体积相同，每件商品的重量也大致相同。

5. 法定重量

法定重量（legal weight）是指商品自身的重量再加上直接接触商品的包装物料的重量。法定重量是海关征收从量税时，作为征税基础的计量方法。

在国际货物买卖合同中，如果货物是按重量计量和计价，而未明确规定采用何种方法计算重量和价格时，根据惯例和有关法律的规定，应按净价计量和计重。

三、国际贸易中常用的度量衡制度

在国际货物买卖中，除了适用的计量方法和计量单位不同外，各国使用的度量衡制度也不相同。因此，同一计量单位所表示的实际数量不同。例如重量单位吨，国际单位制采用公吨，1公吨等于1 000千克；英制采用长吨，1长吨等于1 016千克；美制采用短吨，1短吨等于907.2千克。所以，了解和熟悉不同的度量衡制度是十分必要的。目前，国际贸易中使用相对较广的度量衡制度有公制（metric system）、英制（British system）、美制（US system）、国际单位制（international system of units）。

国际单位制是国际计量大会在公制的基础上发展起来的一种新的度量衡制度。国际单位制的实施和推广，标志着计量制度日趋国际化和标准化，现在已有越来越多的国家采用国际单位制。

《中华人民共和国计量法》第三条明确规定："国家采用国际单位制。国际单位制计量单位和国家选定的其他计量单位为国家法定计量单位。"在我国对外贸易中，出口商品，除非合同另有规定，否则应使用法定计量单位。进口商品尤其是进口机器设备和仪器等，应按要求使用法定计量单位，否则，一般不准进口，如有特殊需要，也必须经有关标准管理部门批准。

四、合同中的数量条款

（一）合同中数量条款的内容

国际货物买卖合同中的数量条款，主要包括商品的数量和计量单位。按重量成交的合同，还需规定计算重量的方法。

例如：中国内蒙古产羊毛，30 公吨，按公量计算。

（二）规定合同中数量时应注意的问题

合同中约定的数量是买卖双方交接货物的依据，因此，正确、合理地制定合同中的数量条款是十分重要的。在规定合同中的数量条款时，应注意以下两方面的问题：

1. 数量条款应规定得明确和具体

为了顺利履行合同和避免争议，国际货物买卖合同中的数量条款原则上应订得明确和具体。对按重量成交的商品，还应规定计算重量的具体方法。如"中国内蒙古产羊毛，30 公吨，按公量计算"。在规定数量条款时应尽可能避免使用"大约"、"左右"等含义模糊的表示方法。如果不可避免地使用这些字眼，按《跟单信用证统一惯例》的规定，可理解交货的数量有不超过 10% 的增减幅度。

2. 合理规定数量机动幅度条款

原则上合同中的数量条款应规定得明确、具体，但实际业务中，有些商品由于其自身的性质和特点，货源的变化、船舱容量和运输、包装等因素的影响和限制，要求明确、具体地规定合同中的数量条款，有时存在一定的困难。在此情况下，为了使交货数量具有一定范围内的灵活性和便于履行合同，买卖双方可在合同中合理约定数量机动幅度。数量机动幅度，即在合同中规定具体数量的同时，再在合同中约定允许卖方交货的数量在一定的幅度内灵活掌握。只要卖方所交货物在约定的幅度内，买方就不得拒收货物或提出索赔，更不能解除合同。

合同中的数量机动幅度条款一般就是溢短装条款（more or less clause）。例如：东北大豆，3 000 公吨，5% 的溢短装（Dongbei Beans 5% more or less permitted）。

在规定合同中的数量条款时，数量机动幅度的大小要适当。究竟规定多少是适当要视商品特性、运输条件、行业习惯等因素而定。卖方、买方和船公司三者中谁有权选择多装或少装也要视具体情况而定，如是买方派船装运时，也可规定由买方决定，但一般情况下或合同中没作特别规定时由卖方决定。另外，溢短装部分的计价要公平合理。在数量机动幅度内的多装或少装部分，一般按合同价格计算货物。但是，由于数量是计算货款的基础，数量机动幅度的运用在一定程度上关系着买卖双方的利益和利润。对卖方而言，如在合同签订后市场价格下跌，卖方会尽可能按最高约定数量交货；相反，在市场价格上涨时，则往往尽量争取少交货物。这样，按合同价格结算货款时就对买方不利。如果是由买方决定，买方也会根据市场价格的变动，选择对自己有利的方式多装或少装，则对卖方不利。因此，为了防止有选择权的一方利用市场价格的波动，故意多装或少装以获取价格变动带来的额外利润，买卖双方可以在合同中规定，多交或少交部分按交货时的市场价格计算货款。

第四节　商品的包装

在国际贸易中，商品种类繁多，性质、特点和形状各异，因而它们对包装的要求各不相同。除少数商品难以包装、不值得包装或根本没有必要包装而采取裸装或散装的方式外，其他绝大多数商品都需要有适当的包装。

包装条款是国际货物买卖合同中的一项主要条款，按照合同约定的包装要求提交货物，是卖方的主要义务之一。《联合国国际货物销售合同公约》规定，卖方必须按合同规定的方式装箱或包装，如果卖方不按合同规定的方式装箱或包装，即构成违约，需承担违约的责任。因此，在合同中对商品的包装要求作出明确具体的规定是十分必要的。

在实际业务中，一方面，经过适当包装的商品，不仅方便运输、装卸、存储、保管、清点、陈列和携带，而且不容易丢失或被盗，为运输、存储和销售等各方面提供了便利。同时，在国际市场竞争日益激烈的今天，包装还可以作为加强对外竞销的手段之一。由此可见，商品的包装是实现商品使用价值和附加价值的必要手段之一。

根据包装在流通过程中的作用不同，可分为运输包装和销售包装两种类型。运输包装的作用主要是保护商品，防止出现货损和货差。销售包装除了保护商品以外，还有美化商品、宣传商品从而起到促销的作用。

一、运输包装

运输包装（transport packing）又称外包装或大包装（outer packing），是指将货物装入特定的容器，或以特定的方式成件或成箱的包装。

（一）对运输包装的要求

国际贸易是不同国家和地区之间的商品或劳务的交换。商品从一个国家或地区运送到另一个国家或地区时要经过长途运输、多次装卸。为了保证货物在运输和装卸的过程中不受外界的影响，对商品进行合理、正确的运输包装十分重要。国际贸易商品运输包装应体现下列要求：①必须适应商品的特性；②必须适应各种不同运输方式的要求；③必须考虑有关国家的法律规定和客户的要求；④要便于各环节的有关人员进行操作；⑤要在保证包装牢固的前提下节省费用。

（二）运输包装的种类

根据包装方式的不同，运输包装主要可分为以下四种：

（1）箱（case）。不能紧压的货物通常装入箱内。箱子有木箱、板条箱、纸箱等。

（2）桶（drum）。液体、半液体和块状的农产品及化学原料，常用桶装。桶有木桶、铁桶、塑料桶等。

（3）袋（bag）。粉状、颗粒状和块状的农产品及化学原料，常用袋装。一般常用的有麻袋、布袋和塑料袋等。

（4）包（bundle）。羽毛、羊毛、棉花、生丝、布匹等可以紧压的商品通常采用"包"的形式进行包装。

除上述单件包装外，运输包装还有将一定数量的单件包装组合成一件大的包装或装入一个大的包装容器内的集合运输包装，如托盘、集装袋等。

（三）运输包装的标志

运输包装的标志是为了方便货物的交接，防止错发、错运、错提货物，方便货物的识别、运输、仓储以及方便海关等有关部门依法对货物进行检验等，而在商品的外包装上标明或刷写的标志。按其作用不同，运输包装的标志可分为运输标志、指示性标志、警告性标志以及识别标志等，本节重点介绍运输标志。

1. 运输标志

运输标志（shipping mark），俗称"唛头"，一般是由一个简单的几何图形和一些字母、数字及简单的文字组成。运输标志通常刷印在运输包装的明显部位，目的是使货物运输途中的码头工人等辨认货物，将同一运输标志的货物装卸在同一地点，防止出现错装、错卸或漏装、漏卸等现象，也便于有关人员核对单证。

习惯上，运输标志通常包括以下三项内容：

（1）收、发货人的代号。

（2）目的地的名称或代号。

（3）件号、批号。

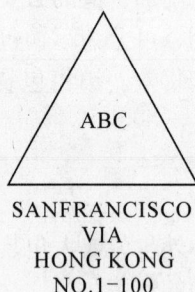

图 3-1

由于各国习惯的差异，运输标志的内容繁简不一。为此，国际标准化组织制定了一套运输标志向各国推荐使用，其内容如下：

（1）收货人或买方的名称字首或简称。

（2）参照号码。如买卖合同的号码、订单号、发票或运单号。

（3）目的地。货物运送的最终目的地或目的港的名称。

（4）件数号码。本批每件货物的顺序号和该批货物的总件数。

CBD——收货人代号

4326——参考号

NEW YORK——目的地

1/50——件数代号

2. 指示性标志

指示性标志（indicative mark）是指根据商品的特征，对一些容易破碎、残损、变质的商品，在搬运装卸和存放保管方面所提出的要求和注意事项，用图形或文字表示的标志。例如"小心轻放"、"禁止倾斜"、"向上"等。

为了统一各国运输包装指示标志的图形与文字，一些国际组织，如国际标准化组织、国际航空运输协会和国际铁路货运会议分别制定了包装储运指示性标志，并建议各会员国予以采纳。我国制定了运输包装指示性标志的国家标准，所用图形与国际上通用的图形基本一致。具体如图 3 - 2 所示：

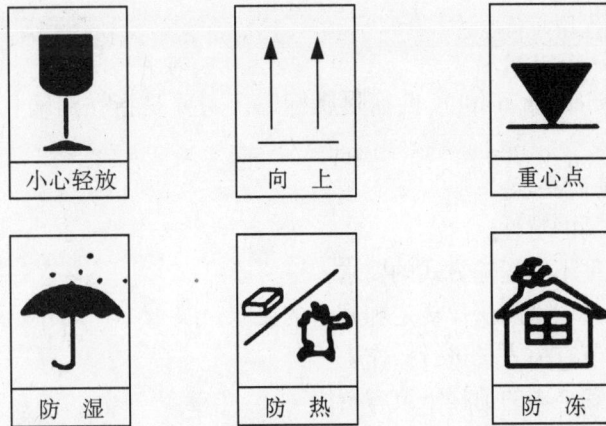

| 小心轻放 | 向 上 | 重心点 |
| 防 湿 | 防 热 | 防 冻 |

图 3 - 2

在实际业务中，在运输包装上打哪一种标志，应根据商品的性质正确选用。

3. 警告性标志

警告性标志（warning mark）又称危险品标志，是指在装有爆炸品、易燃物品、腐蚀物品、氧化剂和放射物质等危险货物的运输包装上用图形或文字表示各种危险品的标志。其作用是警告有关装卸、运输和保管人员按货物的特征采取相应的措施，以保障人身和物资的安全。

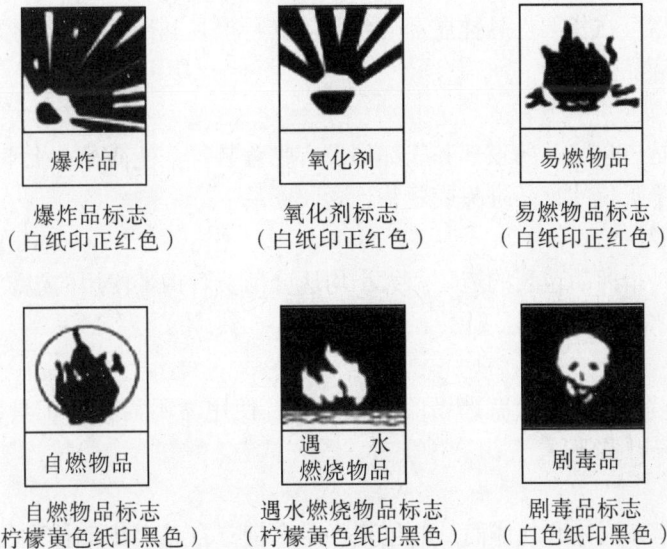

| 爆炸品标志
（白纸印正红色） | 氧化剂标志
（白纸印正红色） | 易燃物品标志
（白纸印正红色） |
| 自燃物品标志
（柠檬黄色纸印黑色） | 遇水燃烧物品标志
（柠檬黄色纸印黑色） | 剧毒品标志
（白色纸印黑色） |

图 3 - 3

目前，国际贸易中的危险品标志有两套，一套是我国技术监督局发布的《危险货物包装标志》，另一套是由联合国政府间海事协商组织规定的《国际海运危险标志》。为了防止我国出口货物到了目的港后不能靠岸卸货，对于那些要求在运输包装上打上联合国政府间海事协商组织规定的《国际海运危险标志》的国家，我国出口危险品货物的运输包装上，一般要打两套标志。

4. 识别标志

识别标志（identification mark）也称附属标志，主要是指在运输包装上标明商品的尺码、重量、产地等。

（四）对运输包装的要求

（1）必须适应商品的特性。

（2）必须适应各种不同运输方式的要求。

（3）必须考虑有关国家的法律规定和客户的要求。

（4）要便于各环节有关人员进行操作。

（5）要在保证包装牢固的前提下节省费用。

二、销售包装

销售包装（selling packing）又称小包装、内包装和直接包装，是指在商品制造出来后以适当的材料或容器所进行的初次包装。它是直接接触商品并随商品进入零售网点与消费者直接见面的包装。这类包装除了具有保护商品品质的作用外，还应能美化商品、宣传商品、便于陈列、吸引消费者及方便消费者识别、选购、携带和使用，从而起到促进商品的销售、提高商品价值的作用。因此，对销售包装的造型结构、装潢画面和文字说明等方面都应具有较高的要求，以满足国际市场上不同客户的需求。

（一）销售包装的分类

1. 挂式包装

挂式包装是指可在货架上悬挂展示的包装。其特点是利用吊钩、吊带、挂孔、网兜等悬挂在货架上陈列商品。

2. 堆叠式包装

堆叠式包装是指包装品的顶部和底部都设有吻合装置，使商品在上下堆叠过程中可以相互吻合，如常用于听装的食品罐头或瓶装、盒装商品。

3. 携带式包装

携带式包装是指商品包装的造型和大小均适合消费者携带使用的包装，如在包装上附有提手装置的纸盒、塑料拎包等。

4. 易开包装

易开包装是指包装容器上有严密的封口结构，使用者不需另备工具即可容易开启的包装，如易拉罐、易开盒等。

5. 喷雾包装

喷雾包装是指在流体和气体商品的包装容器内带有自动喷出流体和气体的装置的包装，如香水、空气清新剂等。

6. 配套包装

配套包装是指将消费者在使用时有关联的商品搭配成套，装在同一容器内的销售包装，如工具配套袋、成套化妆品的包装盒等。

7. 礼品包装

礼品包装是指专门作为送礼用的销售包装。

（二）销售包装的装潢和文字说明

商品销售包装上的装潢和文字说明是美化商品、宣传商品、吸引消费者，使消费者了解商品特性和妥善使用商品的必要手段。装潢、图案和文字说明通常直接印刷在商品包装上，也可采用在包装上粘贴、加标签、挂吊钩等方式。

销售包装上的装潢应美观、大方，富有艺术吸引力，并能突出商品的特点和性能。其图案和色彩应适应进口国家或地区的消费者的习惯和爱好。销售包装上的文字说明通常包括商标、品牌、品名、产地、数量、规格、成分、用途和使用方法等。这些文字说明应与销售包装的装潢画面紧密结合、和谐统一，以达到树立产品和企业形象以及宣传和促销商品的目的。在商品的销售包装上使用文字说明或制作标签时，还应注意有关国家的标签管理规定。如日本政府规定，凡是出口到日本的药品，除了必须说明药品的成分和服用方法外，还要说明其功能，否则不准进口。又如，有的国家规定所有进口商品的文字说明必须使用本国文字。

（三）条形码

商品包装上的条形码由一组带数字的黑白及粗细间隔不等的平行条文所组成，它是利用光电扫描阅读设备为计算机输入数据的特殊的代码语言。

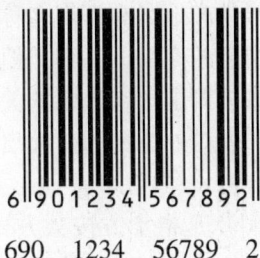

6 901234 567892

690　　1234　56789　2

图 3-4

以上四组数字分别对应前缀码、制造厂商代码、商品项目代码、校验码。

国际上通用的条形码主要有以下两种：一种是美国统一代码委员会（UCC）编制的 UPC 码（Universal Product Code），另一种是国际物品编码协会（IAN）编制的 EAN 码（European Article Number）。相比较而言，目前使用后者的国家较多，EAN 系统已成为国际公认的物品编码标识系统。为了适应我国对外经济技术交流不断扩大的需求，国务院于 1988 年批准成立了中国物品编码中心，该中心于 1991 年 4 月代表中国加入国际物品编码协会，并成为正式会员，统一组织、协调、管理我国的条形码工作。目前，国际物品编码协会向其他会员国编码组织分配前缀码（前缀码不代表物品的原产地，只能说明分配和管理有关厂商识别代码的国家和地区的编码组织）。目前，该协会分配给我国物品编码中心的前缀码为 690~695。

为了加强对我国出口商品条形码工作的管理，并使之标准化、规范化、法制化，国家质量技术监督局在 1998 年 9 月颁布了《商品条码管理办法》，该办法于同年 12 月 1 日起正式施行。《商品条码管理办法》规定，凡依法取得营业执照的生产者和销售者均可申请注册厂商识别代码。获准注册厂商识别代码的申请者，由中国物品编码中心发给《中国商品条码系统成员证书》，取得中国商品条码系统成员资格。系统成员对其注册的厂商识别代码和相应的商品条码享有专用权，不得擅自转让给他人使用。任何个人和单位不得冒用他人注册的厂商识别代码。系统成员应按规定的时间要求及时办理变更、续展等手续，逾期未办理续展手续的，其厂商识别代码及系统成员资格将被注销，不得继续使用。已被注销厂商识别代码的生产者和销售者，需要使用商品条码的，应当重新申请注册厂商识别代码。

条形码不仅能够促进和扩大商品在各国商场内的销售，而且使得货物的分类和输送更为迅速、准确，极大地方便了货物的存储和运输。总之，条形码是商品能够流通于国际市场的一种通用的国际语言和统一编号，是商品进入超级市场和大型百货公司的先决条件。目前，许多国家的超级市场都使用条形码技术进行自动扫描结算，如商品包装上没用条形码，即使是名优商品，也不能进入超级市场，此外，有些国家对某些商品包装上无条形码标志的，即不予进口。为此，在我国商品包装上推广使用条形码标志是十分紧迫的事情。

三、中性包装和定牌

中性包装和定牌是国际贸易中通用的做法。在实际业务中，我国出口企业有时应进口商的要求，也会采用这些做法。

（一）中性包装

中性包装（neutral packing）是指在商品和内外包装上既不标明生产国别、地名和厂商名称，也不标明商标或品牌的包装。中性包装包括无牌中性包装和定牌中性包装两种。无牌中性包装是指在商品包装上既不标明生产地名和厂商名称，也不标明商标或品牌的包装。定牌中性包装是指在包装上标明买方指定的商品或品牌，但不标明产地的包装。

采用中性包装，是为了打破某些进口国家与地区的关税和非关税壁垒，以及适应转口销售等的特殊需要，它是出口国厂商加强对外竞销和扩大出口的一种手段。

（二）定牌

定牌（packing of nominated brand）是指卖方按买方要求在其出售的商品或包装上标明买方指定的商标或品牌，这种做法叫定牌生产。在我国出口贸易中，如外商订货量较大，且需求比较稳定，为了适应买方销售的需要和有利于扩大出口，我方也可接受定牌生产。

四、合同中的包装条款

（一）合同中包装条款的内容

合同中的包装条款一般包括包装材料、包装方式和每件包装中所含物品的数量和重量。例如：

铁桶装，每桶净重 185～190 千克

In iron drums of 185 – 190 kg net each

木箱装，每箱 50 千克净重

In wooden cases of 50 kg net each

（二）合同中包装条款应注意的问题

包装是主要交易条件之一，是买卖双方交接货物的依据。买卖双方必须根据不同商品的特征进行磋商，选择合适的包装，并在合同中加以明确规定。

在商订合同的包装条款时，应考虑以下三点：

（1）商品特征和不同运输方式的要求。不同的商品由于其自身的特点不同，对包装的要求也会有所不同。因此，在商订合同中的包装条款时首要考虑的就是商品的特征，其次，不同的运输方式对商品的包装也会有不同的要求。

（2）对包装的规定要明确具体。约定合同的包装时，应明确具体，不宜笼统规定。尽量不要使用"适合海运包装"、"习惯包装"等术语。由于此类规定缺乏统一的解释，容易引起纠纷和争议，除非买卖双方对包装方式的具体内容已事先交换意见或在过去长期贸易中已取得共识，否则，在合同中不宜采用上述笼统规定。

（3）明确包装费用的负担。包装费用一般包括在货价之中。如买方对包装有特殊要求，除非事先明确规定包装费用包括在货价之中，否则其超出部分原则上应由买方负担。

阅读资料

一、技术性贸易壁垒

技术性贸易壁垒是指一国以维护国家安全、保障人类健康和安全、保护动植物健康和安全、保护环境、防止欺诈行为、保证产品质量等为由制定的一些强制性和非强制性的技术法规、标准以及检验商品的合格性评定程序所形成的贸易障碍，即通过颁布法律、法令、条例、规定，建立技术标准、认证制度、检验检疫制度等方式，对外国进口商品制定苛刻烦琐的技术、卫生检疫、商品包装和标签等标准，从而提高进口产品要求，增加进口难度，最终达到限制进口的目的。

二、ISO9000 认证的背景

国际标准化组织（ISO）是世界上最主要的非政府间国际标准化机构，成立于第二次世界大战以后，总部位于瑞士日内瓦。该组织的目的是在世界范围内促进标准化及有关工作的发展，以利于国际贸易的交流和服务，并发展在知识、科学、技术和经济活动中的合作，以促进产品和服务贸易的全球化。ISO 组织制定的各项国际标准在全球范围内得到该组织的100 多个成员国家和地区的认可。

质量保证标准诞生于美国军品使用的军标。"二战"后，美国国防部吸取战争中军品质量优劣的经验和教训，决定在军火和军需品订货中实行质量保证，即供方在生产所订购的货品中，不但要按需方提出的技术要求保证产品实物质量，而且要按订货时提出的且已订入合同中的质量保证条款要求去控制质量，并在提交货品时提交控制质量的证实文件。这种办法在促使承包商进行全面的质量管理上取得了极大的成功。1978 年以后，质量保证标准被引用到民品订货中来，英国制定了一套质量保证标准，即 BS5750。随后欧美很多国家为了适应供需双方实行质量保证标准并对质量管理提出新要求，在总结多年质量管理实践的基础上，相继制定了各自的质量管理标准和实施细则。

ISO/TC176 技术委员会是 ISO 为了适应国际贸易往来中民品订货采用质量保证做法的需要而成立的，该技术委员会在总结和参照世界有关国家标准和实践经验的基础上，通过广泛协商，于1987 年发布了世界上第一个质量管理和质量保证系列国际标准——ISO9000 系列标准。该标准的诞生标志着世界范围质量管理和质量保证工作进入一个新纪元，对推动世界各国工业企业的质量管理和供需双方的质量保证，促进国际贸易交往起到了很好的作用。

三、干邑

"干邑"一词缘自法国干邑（Cognac）地区，此地盛产适合酿制葡萄酒的优质葡萄。17世纪下半叶至 18 世纪，干邑地区不断涌现酿酒业主，而后此地酒香长飘一发不可收拾。根据法国联邦鉴定的标准，"干邑"必须是在法国干邑区蒸馏的葡萄白兰地酒，那里约有 25

万亩得天独厚的砂壤土，加上气候温和，成为最适宜种植葡萄的理想环境。

四、盎司

盎司（香港译为安士）是英制计量单位，符号为 ounce 或 oz。它作为重量单位时也称为英两。

常衡盎司：重量单位。整体缩写为 oz. av。1 盎司 = 28.350 克。

金衡盎司：重量单位。整体缩写为 oz. tr（英）、oz. t（美）。常见于金、银等贵金属的计量中。1 盎司 = 31.103 5 克。

药衡盎司：重量单位。整体缩写为 ap oz。1 盎司 = 31.103 0 克。

思考与练习

1. 何谓标的物？在国际货物买卖合同中列明标的物的意义何在？

2. 凭样品买卖时应注意哪些问题？

3. 何谓"对等样品"？国际贸易中为什么会产生"对等样品"？

4. 简述"品质机动幅度"与"品质公差"的含义与作用。

5. 何谓"以毛作净"？

6. 何谓"数量机动幅度"？"数量机动幅度"内的多装或少装应如何计价？

7. 何谓"公量"？简述"公量"的使用。

8. 进出口的包装有哪些类型？其作用分别是什么？

9. 在合同未约定溢短装条款的情况下，能否多装或少装？

10. 何谓"条形码"？在我国出口商品包装上使用条形码标志的意义何在？

11. 何谓"中性包装"？在国际贸易中为什么会出现中性包装？

12. 为什么在运输包装上要刷写有关标志？

13. 我国某公司向德国出口一批大豆，杂质不得超过 3%。但在成交前，我方曾向买方寄过样品，订约后我方又电告对方成交货物与样品相似。货到德国后，买方验货后提出货物的质量比样品差的检验证明，并据此提出索赔 6 000 英镑的损失。我方是否可以以该项交易并非凭样品买卖为由而拒绝买方索赔？

14. 一批出口到阿拉伯国家的冻鸡，合同中的品质条款规定由出口地伊斯兰协会出具证明，证明该批冻鸡是按伊斯兰教的方法屠宰的，但货物到达目的港后，经检验发现，冻鸡的颈部没有任何刀口痕迹，不符合伊斯兰教的屠宰方法，因此，买方拒绝收货，并要求解除合同。请问买方的行为是否合理？

15. 中国某公司从美国进口小麦，数量为 300 万吨，允许溢短装 10%，而美方装船时，共装运了 400 万吨，对多装的 70 万吨，中方可采取哪些措施？

16. 国内某公司出口至俄罗斯黄豆一批，合同的数量条款规定：每袋净重 100 千克，共 1 000 袋，合计 100 公吨。货抵俄罗斯后，经检验，黄豆每袋仅重 96 千克，1 000 袋合计 96 公吨。适值黄豆价格下跌，俄罗斯客户以单货不符为由提出降价 5% 的要求，否则拒收。请问买方的要求是否合理，为什么？

第四章　商品的价格

在国际贸易中，价格的高低决定了买卖双方的利益，交易磋商的过程往往就是一个讨价还价的过程，同时，买卖双方在其他条款上的利益得失也会在商品的价格上体现出来。因此，如何确定进出口商品价格和规定国际货物买卖合同中的价格条款是交易双方最为关心的一个重要问题，价格条款也就成了国际货物买卖合同中的核心条款。

国际贸易中的价格由单位价格金额、计价货币、计量单位、贸易术语四部分构成。因此，在实际业务中，我国外贸企业在与国外客商磋商和订约时除了遵循国际市场价格水平，结合销售意图和国别地区政策确定价格外，还应正确选择计价货币，适当地选用贸易术语，列明作价方法，合理运用与价格有关的佣金和折扣。同时，如何利用价格进行出口成本核算，计算每笔交易的盈亏也是本章要介绍的内容。

第一节　作价方法

国际货物买卖的作价方法（pricing），一般均采用固定作价。但在实际业务中，有些商品由于其交货期较长或价格波动较频繁，有时也采用暂定价格和滑动价格等作价方法。

一、固定作价

（一）固定作价的概念

固定作价是指在磋商交易中即把价格确定下来，事后不论国际市场价格发生什么变化都按确定的价格结算货款的做法。

（二）固定作价的规定方法

（1）如合同中明确规定了商品的价格而买卖双方又无其他特殊约定，则应理解为固定价格。例如：

每件 23 美元 CIF 纽约

USD23.00 per case CIF New York

如合同中关于价格作了以上规定，则理解为买卖双方应按此价格结算货款，即使订约后国际市场价格发生了重大变化，任何一方都不得要求调整价格。

（2）在合同中作出明确规定。例如：

合同成立后不得调整价格。

No price adjustment shall be permitted after conclusion of this contract.

二、暂不固定价格

暂不固定价格是指在合同中约定商品的品质、数量、包装、交货和支付等条件，对价格暂不规定，而只是在合同中约定确定价格的方法。

在国际贸易中，由于某些商品尤其是初期产品因其国际市场价格变动频繁，幅度较大，或交货期较远，买卖双方在交易磋商时对市场价格趋势予以预测，买卖双方在交易磋商时可以采用暂不固定价格的定价方法。例如，在合同中规定：

以 2002 年 3 月 23 日纽约商品交易所该商品的收盘价为准。

由于这种作价方法并未规定具体的价格，所以，关于定价的时间和方法一定要在合同中作明确、具体的规定。否则，如到时买卖双方各持己见不能达成协议，合同将无法履行。

三、暂定价格

暂定价格是指在交易磋商时可先在合同中规定一个暂定价格，作为开立信用证和初步付款的依据，待买卖双方确定最后价格后再进行最后的清算，多退少补。例如，在合同中规定：

单价暂定为每公吨 1 000 美元 FOB 广州，买方按本合同确定的暂定价格先行开立信用证，双方再于装运日期前 15 天按当时的市价另行协商最后的价格。

四、滑动价格

滑动价格是指先在合同中规定一个基础价格，交货时或交货前一定时间再按工资、原材料价格变动指数作相应的调整，以确定最后价格。

国际贸易中的成套设备、大型机械的进出口，从合同成立到合同履行需要较长的时间，而在这期间内工资、原材料的价格都有可能发生变动从而影响到生产成本，最终影响到价格。因此，对于这类商品的进出口，为了避免承担过大的价格风险，保证合同的顺利履行，可采用滑动价格。例如，在合同中规定：

以上基础价格将按下列调整公式根据国家统计局公布的 20××年×月的工资指数和物价指数予以调整。

The above basic price will be adjusted according to the following formula based on the wage and price indexes published by the China National Statistics Bureau of . . .（month）20 . . .

调整公式：

$$P = P_0 \left[A + B \times (M/M_0) + C \times (W/W_0) \right]$$

其中，P：调整后的最后价格；

P_0：订约时的基础价格；

A：管理费占货物单位价格的比率；

B：材料成本占货物单位价格的比率；

C：工资成本占货物单位价格的比率；

$A + B + C = 100\%$（由买卖双方订约时商定）；

M/M_0：交货时/订约时原材料价格指数；

W/W_0：交货时/订约时工资指数。

上述"滑动价格"的基本内容，是按原材料和工资变动来计算合同的最后价格。在物价上涨、通货膨胀的条件下，它实质上是出口厂商转嫁国内通货膨胀风险、确保利润的一种手段。由于这种作价方法是以工资指数和原材料价格变动作为调整价格的依据，因此，在使用这种作价方法时应在合同中对工资指数和原材料价格指数依据和资料来源作明确的规定。

第二节　计价货币

一、计价货币的概念

计价货币（money of account）是指合同中规定用来计算价格的货币。在国际货物买卖中，如合同中没有作特别的规定则计价货币就是支付货币，但也可以在合同中规定计价货币是一种货币，而支付货币为另一种甚至几种货币。

计价货币一般有以下几种规定方法：①使用卖方国家的货币；②使用买方国家的货币；③使用第三国货币。究竟使用何种货币作为合同的计价货币由买卖双方协商确定。在当前国际金融市场普遍实行浮动汇率制度的情况下，买卖双方都有可能承担汇率变化所带来的风险。同时，国际货物买卖的交货期通常较长，从签订到履行合同往往需要一段时间，在此期间，计价货币的币值会发生变化，有时甚至会出现较大幅度的波动，其结果必然直接影响到买卖双方的经济效益。因此，买卖双方在选择使用何种货币作为计价货币时就必须考虑汇率变动的风险，尽可能争取使用对自己有利的货币计价。但国际货物买卖是一项涉及买卖双方利益的综合性业务，外贸企业在选择计价货币时还要结合企业的经营意图、国际市场供求情况和价格水平，避免因单纯考虑汇率风险而影响交易的正常进行。

二、计价货币的选择

选择计价货币的原则：

（1）货币的可兑换性。除双方国家签订了贸易协定和支付协定，而交易本身又属于上述协定的范畴，必须按规定的货币进行结算外，一般的国际货物买卖都是采用国际上通用的、可自由兑换的货币进行计价和支付。目前，国际贸易中被广泛使用的计价货币有美元（USD）、英镑（GBP）、欧元（EUR）、港币（HKD）、日元（JPY）等。近年来由于美元的不断贬值，欧元有可能取代美元而成为最主要的计价货币。

（2）货币的稳定性。按货币的稳定性可将货币分为"硬币"和"软币"。"硬币"即坚挺的货币，是指货币价格稳定且具有上浮趋势的货币。"软币"即疲软的货币，是指货币价值不稳且具有下浮趋势的货币。在进出口业务中，出口尽可能争取使用"硬币"计价，而进口则尽可能使用"软币"计价。

国际货物买卖涉及买卖双方当事人的利益，如一方过分坚持使用对自己有利的货币计价则有可能导致交易的无法达成。因此，在实际业务中，双方当事人为了交易的顺利进行不得不采用对一方不利的货币时，可用以下方法进行补救。

（1）提高出口价格或压低进口价格。

如在商定出口合同时，进口商坚持使用当时被视为"软币"的货币计价，则出口商在确定价格时可将从成交之日到支付之日期间计价货币有可能贬值的幅度考虑进去，适当地调高出口商品的报价。如在商定进口合同时，出口商坚持使用当时被视为"硬币"的货币计价，则在确定价格时，进口商可将该货币在付汇时可能上浮的幅度考虑进去，将进口商品的价格相应调低。

（2）结合使用"软币"和"硬币"。

在国际金融市场上，往往是两种货币互为"软"、"硬"的。而且经常有今日视为"软"的货币而后称为"硬"的货币，也有相反的情形。因此，在不同的合同中适当地结合使用多种"软币"和"硬币"，也可起到减少外汇风险的作用。

（3）订立外汇保值条款（exchange clause）。

过去，在我国出口贸易中，对一些收汇期限长、金额大的贸易合同，为避免因货币贬值而遭受损失，必要时可采用外汇保值条款或称汇率保值条款。合同中规定外汇保值条款的办法主要有三种：

①计价货币和结算货币均为同一"软币"。确定订约时这一货币与另一"硬币"的汇率，支付时按当日汇率折算成原货币支付。

②"软币"计价，"硬币"支付，即将商品单价或总金额按照计价货币与结算货币当时的汇率，折合成另一种"硬币"，按另一种"硬币"支付。

③"软币"计价，"软币"支付。由双方协商同意确定，某一货币与另几种货币的算术平均汇率，或用其他计算方法的汇率，按支付当日与另几种货币算术平均汇率或其他汇率的变化作相应的调整，折算成原货币支付。这种保值可称为"一揽子汇率保值"。几种货币的综合汇率可有不同的计算方法，如简单平均法、加权平均法等等。

第三节　主要贸易术语的价格构成和换算方法

在进出口业务中，不同的贸易术语其价格构成是不同的，同一商品的进出口采用不同的贸易术语会表现出不同的价格水平。因此，掌握几种主要贸易术语之间的价格构成和换算方法有助于我们在交易时进行成本核算，以及根据交易的需要调整价格时能有效地保障自身的利益。

一、FOB、CFR、CIF 三种贸易术语的价格构成

在我国进出口业务中，最常采用的贸易术语是 FOB、CFR 和 CIF 三种。这三种贸易术语仅适用于海上或内河运输。三种贸易术语价格构成的计算公式如下：

FOB 价 = 生产/采购成本价 + 国内费用 + 净利润

CFR 价 = 生产/采购成本价 + 国内费用 + 国外运费 + 净利润，即 FOB 价 + 国外运费

CIF 价 = 生产/采购成本价 + 国内费用 + 国外运费 + 国外保险费 + 净利润，即 FOB 价 + 国外运费 + 国外保险费

二、FCA、CPT 和 CIP 三种贸易术语的价格构成

FCA、CPT 和 CIP 三种贸易术语，是国际商会为了使贸易术语适应运输技术的变化，特别是集装箱运输、国际多式联运和滚装运输在国际贸易中被广泛使用的需要而于 1990 年新增加的三个贸易术语。三种贸易术语价格构成的计算公式如下：

FCA 价 = 生产/采购成本价 + 国内费用 + 净利润

CPT 价 = 生产/采购成本价 + 国内费用 + 国外运费 + 净利润，即 FCA 价 + 国外运费

CIP 价 = 生产/采购成本价 + 国内运费 + 国外运费 + 国外保险费 + 净利润，即 FCA 价 + 国外运费 + 国外保险费

三、主要贸易术语的价格换算

1. FOB、CFR 和 CIF 三种贸易术语的价格换算

（1）FOB 换算为 CFR 和 CIF。

CFR = FOB + 国外运费

CIF = CFR + 国外保险费

（2）CFR 换算为 FOB、CIF。

FOB = CFR − 国外运费

CIF = CFR/（1 − 投保加成 × 保险费率）

（3）CIF 换算为 FOB、CFR。

FOB = CIF − 国外保险费 − 国外运费

CFR = CIF − 国外保险费

2. FCA、CPT 和 CIP 三种贸易术语的价格换算

（1）FCA 换算为 CPT、CIP。

CPT = FCA + 国外运费

CIP = FCA + 国外运费 + 国外保险费

（2）CPT 换算为 FCA、CIP。

FCA = CPT − 国外运费

CIP = CPT + 国外保险费

（3）CIP 换算为 FCA、CPT。

FCA = CIP − 国外保险费 − 国外运费

CPT = CIP − 国外保险费

```
┌─────────────────────────┐        ┌─────────────────────────────────┐
│   适用于海洋或内河运输   │        │  适用于任何运输方式包括多式联运  │
└────────────┬────────────┘        └────────────────┬────────────────┘
             │                                       │
```

常用贸易术语关系图

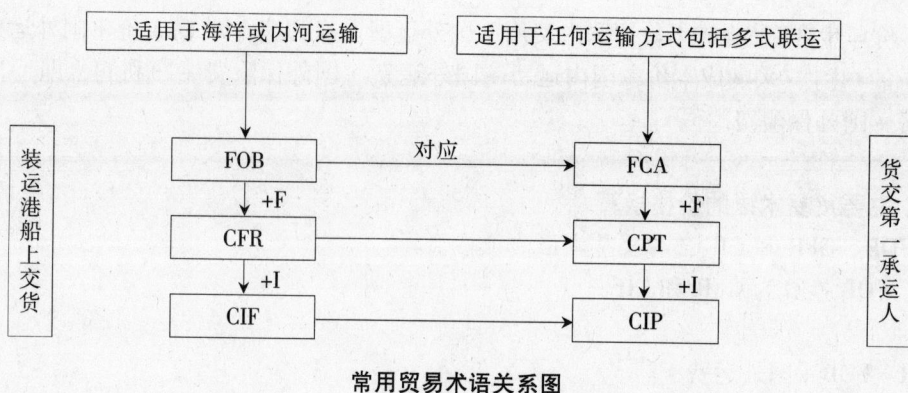

第四节 佣金、折扣和出口成本核算

在交易磋商、签订合同的过程中有时会涉及佣金和折扣。合理地利用佣金和折扣会促成交易的达成，提高外贸企业的经济效益。同时，如何利用价格进行出口成本核算，计算每笔交易的盈亏也是外贸企业在交易磋商、签订合同时要予以足够重视的问题。

一、佣金

（一）佣金的含义

佣金（commission）是指买方或卖方付给中间商为其介绍生意或代买代卖的酬金。上述中间商通常为经纪人或代理人。在实际业务中，凡是为促成交易提供服务的企业或个人都可成为收取佣金的中间商。正确、合理地运用佣金可调动中间商的积极性，积极推销我方的出口商品，从而达到扩大出口的目的。国际贸易中经常会遇到向国外支付佣金的情形，比如，在委托国外销售代理或直接通过中间商推销新产品或开发新市场，都需要向代理商或中间商支付佣金。

（二）佣金的表示方法

凡价格中包含了佣金的，称为"含佣价"。"含佣价"的表示方法可分为两种：

（1）用文字表示。例如：

每公吨400美元FOB广州，包含3%的佣金

USD400 per metric ton FOB Guangzhou including 3% commission

（2）用字母和百分比表示，即在贸易术语后面加注"佣金"的英文缩写字母"C"并注明佣金的百分比。例如：

每公吨400美元FOBC3%广州

USD400 per metric ton FOBC3% Guangzhou

价格中不包含佣金的，称为"净价"。

（三）佣金的计算

1. 计算佣金的基数

在国际贸易中，有的是按成交金额（发票金额）作为计算佣金的基数，有的则以FOB或FCA总值作为基数计算佣金。以FOB或FCA总值作为计算佣金的基数，是根据《2000

年国际贸易术语解释通则》的规定，CIF 贸易术语项下买卖双方的货物风险划分点在装运港的船舷，因而卖方在此后的运输与保险是为了买方的利益而行事，即 CIF 价中的运输与保险费成本并非卖方的既得利益，是为了买方的利益而分别支付给船公司和保险公司的，所以，卖方不应就运输与保险费部分抽取佣金给买方，而应从 CIF 价中扣除运输与保险费用后，以货物的 FOB 价作为计算支付对方佣金的基数。是按成交金额还是按 FOB 或 FCA 总值计算佣金，国际上并没有法律和惯例对此作出规定，主要还是由双方协商确定。从理论上讲，以按 FOB 或 FCA 总值计算佣金较为合理，但在实际操作中，按成交金额计算佣金比较简便。所以，在实际业务中，按成交金额计算佣金使用的相对较多。例如，CIF 的成交金额为 2 000 美元，佣金率为 3%，则应付佣金为 60 美元。

2. 计算佣金的方法

计算佣金的公式为：

佣金 = 含佣价 × 佣金率

净价 = 含佣价 − 佣金

在实际业务中，除了掌握佣金的计算方法外，还需掌握如何将不含佣金的净价转换成含佣价，即已知净价，求含佣价。其计算公式为：

含佣价 = 净价/（1 − 佣金率）

例：我国某外贸公司出口某商品，对外报价每千克 200 美元 CIFC2% 纽约，后对方要求将佣金增加到 5%，我方同意，但出口净收入不能减少。在此情况下，我方应报多少？

佣金 = 含佣价 × 佣金率

= 200 × 2%

= 4（美元）

净价 = 含佣价 − 佣金

= 200 − 4

= 196（美元）

含佣价 = 净价/（1 − 佣金率）

= 196/（1 − 5%）

= 206.31（美元）

答：在此情况下，我方应报 206.31 美元。

3. 佣金的支付

佣金可于合同履行后逐笔支付，也可按双方事先约定的时间支付。但我国外贸企业在佣金的支付问题上应尽可能坚持在买卖合同履行完后才支付佣金给中间商。因为中间商的服务不仅在于促成交易，还应负责联系、督促买方履约，协助解决履约过程中可能发生的问题，以使合同得以圆满地履行。坚持在合同履行完后才支付佣金的目的就在于将中间商的利益与该合同的履行状况融为一体，使得中间商会努力地促使交易各方更好地履约。特别是当买卖双方初次交易出现误解和纠纷时，中间商的沟通及调解作用显得尤为重要。

二、折扣

（一）折扣的含义

折扣（discount）是指卖方按原价给予买方一定百分比的减让，即在价格上给予买方适当的优惠。在实际业务中，折扣更多的时候是买卖双方在交易磋商的过程中被用来进行讨价还价的一种手段，合同中体现出来的一般是实际成交的价格和金额。

（二）折扣的表示方法

在国际贸易中，如果价格中允许给予折扣，则通常在合同条款中用文字明确地表示出来。例如：

CIF 伦敦每公吨 200 美元，折扣 2%

USD200 Per metric ton CIF London including 2% discount

（三）折扣的计算与支付方法

折扣的计算相对比较简单。一般按实际成交金额乘以约定的折扣比率，即为折扣金额。而折扣的支付也一般是在买方支付货款时预先予以扣除。

三、出口成本核算

外贸企业从事商品出口绝大多数情况下是为了赚取利润。所以，在对外报价、磋商交易前必须进行成本核算。一般只有在赢利的情况下才会对外磋商、签订合同。

出口企业进行成本核算主要有三个指标：出口换汇成本、出口盈亏额、出口盈亏率。

（一）出口换汇成本

出口换汇成本是反映出口商品每取得一美元的外汇净收入所耗费的人民币成本。换汇成本越低，出口的经济效益越好。

出口换汇成本 = 出口总成本（人民币元）/ 出口销售外汇净收入（美元）

其中：

（1）出口总成本（退税后）= 出口商品购进价格（含增值税）+ 定额费用 − 出口退税收入。

（2）定额费用：出口商品购进价格 × 费用定额率（费用定额率为 5% ~ 10% 不等，由各外贸公司按不同的出口商品实际经验情况自行核定。定额费用一般包括银行利息、工资支出、差旅费、国内运费、仓储费用、码头费用以及其他的管理费用）。

（3）出口退税收入 = 出口商品购进价（含增值税）÷（1 + 增值税率）× 退税率。

（4）出口外汇净收入是指不含佣金的 FOB 美元收入。

国内许多教材在进行出口换汇成本计算时都不考虑出口退税因素，而事实上在目前出口利润空间越来越小的情况下，出口退税有时会是外贸企业出口利润的主要组成部分。

（二）出口盈亏额

出口盈亏额是反映外贸企业在从事出口时出口销售人民币净收入与退税后的出口总成本之间差额的指标。如果计算结果为正数，则表明该笔出口是赢利的，否则就为亏损。

出口盈亏额 =（FOB 出口外汇净收入 × 银行外汇买入价）− 出口总成本（退税后）

（三）出口盈亏率

出口盈亏率是指出口商品盈亏额在出口总成本（退税后）中所占的百分比的指标，正值为赢利，负值为亏损。

出口盈亏率＝出口盈亏额/出口总成本×100%

可见，换汇成本高于银行外汇买入价，盈亏率是负值。换汇成本低于银行外汇买入价，出口才有赢利。例如：

例：我国某外贸公司出口一批货物至纽约，出口总价为 10 万美元 CIFC5% 纽约，其中从中国口岸至纽约的运费和保险费占 12%。这批货物的国内购进价为人民币 702 000 元（含 17% 的增值税），该外贸公司的费用定额率为 5%，退税率为 9%。结汇时银行的外汇买入价为 1 美元，折合人民币 8.40 元。试计算这笔出口交易的换汇成本、盈亏额和盈亏率。

解：出口总成本 = 702 000 + 702 000 × 5% − 702 000 ÷（1 + 17%）×9%

                = 683 100（元）

FOB = 100 000 ×（1 − 12%）− 100 000 × 5%

     = 83 000（美元）

出口换汇成本 = 683 100/83 000 = 8.23（元/美元）

盈亏额 = 83 000 × 8.40 − 683 100

       = 14 100（元）

盈亏率 = 14 100/683 100 × 100%

       = 2%

答：该笔交易的换汇成本为 1 美元需人民币 8.23 元，出口盈亏额为人民币 14 100 元，盈亏率为 2%。

第五节　买卖合同中的价格条款

一、价格条款的内容

国际货物买卖合同中的价格条款一般包括单价和总值两部分。

（一）单价

国际货物买卖合同中的单价（unit price）由计价货币、单位价格金额、计量单位和贸易术语四部分构成。例如：

USD	300	per metric ton	FOB Shanghai
计价货币	单位价格金额	计量单位	贸易术语

（二）总值

总值（total amount）是指单价与成交商品数量的乘积。

二、制定价格条款应注意的事项

价格是国际货物买卖合同的主要交易条件，价格条款是合同的主要条款。为了使价格条款规定得明确合理，必须注意下列问题：

（1）以国际市场价格为基础，合理确定商品的单价，防止偏高偏低。

（2）结合经营意图和实际情况，选择适当的贸易术语。一般而言，出口尽可能用 CIF，进口尽可能用 FOB。

（3）尽可能选择有利的计价货币，以避免汇率波动的风险。如为了交易的达成而不得已采用了不利的货币，应在合同中订立保值条款。

（4）根据商品的性质和交货期，选择合适的作价方法，以避免价格变动的风险。

（5）根据国际贸易的习惯做法，合理运用佣金和折扣。

思考与练习

1. 国际贸易的单价由哪几部分构成？

2. 为什么出口尽可能用"硬币"计价，进口尽可能用"软币"计价？

3. 在国际贸易中，什么商品的进出口适合采用滑动价格？

4. 为什么换汇成本是进行出口成本核算的主要指标？

5. 国际贸易中关于佣金的计算方法有何规定？

6. 出口某商品 1 000 件，每件 19.30 美元 CIF 纽约，总价为 19 300 美元，其中运费为 2 160 美元，保险费为 112 美元。进价每件人民币 117 元，共计 117 000 元，费用定额率为 10%。当时银行美元买入价为 8.28 元人民币，即 1 美元 = 8.28 元人民币。求该笔业务的出口换汇成本和盈亏额。

7. 我国某出口商品原报价为每箱 150 美元 CFR 孟加拉。现外商要求改报 CFRC5% 孟加拉，在 CFR 净收入不减少的条件下，我方最低报价应为多少美元？如按 110% 投保，保险费率为 1%，则我方最低 CIFC5% 应报多少美元？

8. 我国某公司以 CIFC3% 条件出口一批货物，外销价为每公吨 1 000 美元，支付运费 80 美元，保险费 10 美元。该公司进货成本为每公吨 4 000 元人民币，国内直接和间接费用加 15%。求该商品的出口总成本、出口外汇净收入和出口换汇成本。

若当时外汇牌价为 1 美元折合 8.3 元人民币，试计算此项出口业务的盈亏率。

9. 买卖双方订立合同，规定整套机械设备初步价格为 100 万美元，双方约定原材料、工资、管理费和利润在价格中的比重分别为 50%、30%、20%。签订合同时物价指数、工资指数均为 100，交货时原材料物价指数、工资指数分别上升至 110、112。假设双方约定按物价指数和工资指数调整价格，那么最终价格为多少？

第五章　国际货物运输

国际货物运输是国家与国家、国家与地区之间的运输，与国内货物运输相比，国际货物运输具有路线长、环节多、涉及面广、手续繁杂、风险大及时间性强等特点。国际货物运输是国际贸易的一部分，绝大多数的国际交易都会涉及货物的运输。货物的运输环节能否顺利进行，关系到国际货物买卖合同能否得以履行，从而影响到买卖双方的利益。因此，本章主要介绍国际贸易所涉及的运输方式，不同运输方式下的运输单据以及合同中的运输条款。由于国际贸易中绝大多数货物是通过海洋运输来进行的，本章将重点介绍海洋运输以及海洋运输的单据和合同中的海运条款。

第一节　运输方式

国际贸易中，通常使用的国际运输方式有海洋运输、内河运输、铁路运输、公路运输、邮包运输、航空运输以及国际多式联运等。在选择运输方式时，需要综合考虑商品的特点、运量大小、运送地区、运费高低、运输时间的长短、风险的大小及气候条件等多种因素，才能作出合理的选择。而各种运输方式都有其自身特点及经营办法，因此，我们必须对各种运输方式的特点以及在实际业务中的使用有所了解。

一、海洋运输

海洋运输（sea transport 或 ocean transport）是指通过船舶在不同国家和地区的港口之间运送货物的一种运输方式。它是国际贸易中最主要的运输方式，国际贸易总运量中的三分之二以上都是通过海洋运输方式进行的。海洋运输之所以能承担如此多的运量，主要是因为海洋运输具有运量大、运费低、航道四通八达的优点，但也有其不足之处，比如速度慢、航行风险大、航行日期不易准确，所以对于某些贵重的、不宜经受长期运输的或易受气候影响的几类货物，一般不宜采取海洋运输的方式。

国际海洋货物运输，按船舶的营运方式来分，有班轮运输和租船运输两种方式。

（一）班轮运输

班轮运输（liner transport），又称定期船运输，是指按预先规定的船期表（sailing schedule）在固定的航线和港口之间往返航行，并按基本固定的运费率收取运费的船舶运输业。

班轮运输有以下三个特点：

（1）"四固定"，即固定的船期、固定的行驶航线、固定的停靠港口、相对固定的运费率。

（2）管装管卸，即货物由承运人负责配载装卸并负担装卸费用，也就是班轮运费中已包括装卸费。

（3）承运人和托运人双方的权利义务和责任豁免以班轮公司签发的提单条款为依据。

另外，班轮公司一般都具有良好的技术质量和严格的管理制度，能满足各种性质和类别的货物对海上运输的要求，并且能较好地保证货运质量，特别适应零担件杂货物对海上运输的需要，因而受到货主的欢迎。目前，在我国的出口业务中，大部分杂货都是通过班轮运输完成的，比如，我国出口的纺织品、食品和工艺品等货物通常都采用班轮运输。

20世纪90年代以来，我国的班轮运输业发展比较迅速，据有关数据显示，目前我国具有国际班轮运输业务经营资格的大小企业共有180家，其中中国远洋运输集团和中国海洋运输集团发展规模较大。另外，世界主要发达国家和世界前20位的国际集装箱班轮公司在中国均设立了独资、合资公司或办事机构，比如马士基、美国总统、川崎汽船等国际著名班轮公司。

（二）租船运输

租船运输是根据协议租船人向船舶出租人租赁船舶用于货物运输，并按商定运价，向船舶所有人支付运费或租金的运输方式。和班轮运输不同，租船运输无预先制定的船期表，无固定航线，也无固定装卸港口，而是由租船人和船舶出租人协商后在租船合同中进行规定。另外，租船运输方式以运输大宗货物为主。

租船运输主要有定程租船和定期租船两种方式。

1. 定程租船（voyage or trip charter）

定程租船简称程租船，又名航次租船，是指由船舶出租人向租船人提供船舶，在指定的港口之间进行一个航次或几个航次承运指定货物的运输方式。它一般可分为按单航次、来回航次、连续单航次和连续来回航次等方式。在国际现货市场上成交的绝大多数散货都是通过定程租船方式运输的，比如粮食、矿产品、工业原料等。

程租船有以下三个特点：

（1）船舶的经营与管理由船方负责。

（2）承租双方的责任和义务以签订的租船合同为准。

（3）一般会涉及滞期费和速遣费。

2. 定期租船（time charter）

定期租船简称期租船，是指以租赁的期限为基础的租船方式，即船舶出租人将船舶出租给租船人，供其使用一定时期的租船运输方式。期租船的租期可长可短，短的仅有几个月，长的可达数年。在此期间，租船人也可以将此船用作班轮或程租船继续出租使用。

期租船有以下三个特点：

（1）船舶出租人提供配备有船员的船舶。船方负责船舶的维护、维修和机器的正常运转，并负责船员的工资。

（2）在租赁期间，船舶的经营与管理由租船人负责。

（3）期租船不会涉及滞期费和速遣费。

另外，国际贸易中还有一种光船租船方式，又称船壳租船，这种方式使用不多，它是指船东只向租船人提供一艘空船供承租人使用一定时期；租船人在合同规定的租期内，按所确定的租金率支付租金并自己负责配备船员、管理和经营船舶。船舶从交给租船人处置时起，租船人负责船舶营运全部责任。

目前，国际上比较著名的海上运输组织与机构有国际海事组织（IMO）、国际航运公会（ICS）、波罗的海和国际海事公会（BIMCO）、国际海事委员会（CMI）。这些组织机构促进了世界海运业的发展。

（三）海上货物运输的费用

1. 班轮运费

班轮运费是班轮公司向货主收取的费用，一般是各班轮公司以班轮运价表（liner's freight tariff）的形式公布的，相对比较稳定。

班轮运费由基本运费和附加费（additionals 或 surcharges）两部分构成。基本运费即班轮航线内基本港之间对每种货物规定的必须收取的运费。附加费是基本运费以外的，由于对一些需要特殊处理的货物或由于客观情况的变化等使班轮公司的成本大幅度增加，班轮公司为弥补损失而额外加收的费用。

基本运费的计收标准有以下几种：

（1）按货物的毛重计收。在运价表中，以"W"（英文 weight 的缩写）表示。一般以公吨为计算单位，但也有按长吨或短吨计算的。

（2）按货物的体积计收。在运价表中，以"M"（英文 measurement 的缩写）表示。一般以立方米为计算单位。

（3）按货物的毛重或体积计收运费，计收时取其数量较高者。在运价表中以"W/M"表示。按惯例，凡一重量吨货物的体积超过 1 立方米或 40 立方英尺者即按体积收费；一重量吨货物的体积不足 1 立方米或 40 立方英尺者，按毛重计收。

（4）按货物的价格计收运费，又称从价运费。在运价表中以"ad val"（拉丁文 ad valorem 的缩写）表示。一般按商品 FOB 货价的百分之几计算运费。按从价计算运费的，一般都属价值较高的货物。

（5）按货物重量、体积或价值三者中最高的一种计收，在运价表中以"W/M or ad val"表示。也有按货物重量或体积计收，然后再加收一定百分比的从价运费，以"W/M plus ad val"表示。

（6）按货物的件数计收。如汽车、火车头等按辆（per unit）计费；活牲畜如牛、羊等按头（per head）计费。

（7）大宗低值货物按议价计收运费（open rate）。如粮食、豆类、煤炭、矿砂等。上述大宗货物一般在班轮费率表内未被规定具体费率。在订舱时，由托运人和船公司临时洽商议订。议价运费比按等级运价计算的运费低。

（8）起码费率（minimum rate）。它是指按每一提单上所列的重量或体积所计算出的运费，尚未达到运价表中规定的最低运费额时，则按最低运费计收。

以上基本运费的计算标准中，实际业务中使用最多的有三种，分别是以按货物的毛重（"W"）、按货物的体积（"M"）或按货物的毛重或体积（"M/W"）来计算。

附加费的种类很多，而且随着客观情况的变化而变化。以下为几种常见的附加费：超长或超重附加费、燃油附加费、港口拥挤附加费、直航附加费、绕航附加费、转船附加费等。各种附加费的计算方法主要有两种，一种是以百分比表示，即在基本费率的基础上增加一个百分比；另一种是用绝对数表示，即每运费吨增加若干金额，可以与基本费率直接相加计算。

班轮运费的支付按时间划分，有预付运费（freight prepaid）和到付运费（freight collected）两种方式。

班轮公司计收运费是以公布的班轮运价表为基础的，班轮运价表通常包括说明及有关规定、货物等级表、航线费率表、附加费率表等几部分。

班轮运费的具体计算方法如下：

（1）根据商品的英文名称在货物等级表中查出该商品所属等级及其计费标准。货物等级表如表 5 - 1 所示。

（2）根据该商品的等级和计费标准，在航线费率表中查出这一商品的基本费率。航线费率表如表 5 - 2 所示。

（3）查出该商品所经航线和港口的附加费率。

（4）计算出该商品每一运费吨的单位运价，即商品的基本运费和附加费之和。

（5）计算出总运费金额，即以该商品的运费吨或尺码吨乘以单位运价。

表 5 - 1　货物等级表

编号	货名	COMMODITIES	级别 CLASS	计费标准 BASIS
1	麻、纸、塑料包装袋	BAGS GUNNY, PAPER, POLYPROPYLENE	5	M
2	竹制品	BAMBOO PRODUCTS	8	M
3	推车	BARROW	8	W/M
4	各种豆	BEANS, ALL KINDS	5	W/M
5	自行车及零件	BICYCLES & PARTS	9	W/M

表 5 - 2　中国——北美航线等级费率表（节录）　　　　单位：HKD

CLASS	VANCOUVER	HALIFAX ST. JOHN	MONTREAL, QUEBEC, TORONTO, HAMILTON
1	150.00	177.00	193.00
2	159.00	185.00	202.00
3	167.00	193.00	211.00
4	175.00	201.00	220.00
5	183.00	215.00	235.00
6	194.00	231.00	252.00

例：从大连运往某港口一批货物，计收运费标准 W/M，共 200 箱，每箱毛重 25 千克，体积长 49 厘米，宽 32 厘米，高 19 厘米，基本运费率每运费吨 60 美元，燃油附加费率为 5%，港口拥挤费率为 10%，试计算 200 箱应付多少运费？

解：$W = 25$ 千克 $= 0.025$ 运费吨

$M = 0.49 \times 0.32 \times 0.19 = 0.029\,792$ 运费吨

因为 $M > W$

所以采用 M 计费

运费 = 基本运费 × （1 + 附加费率）× 运费吨

$$= 60 \times \ (1 + 5\% + 10\%) \ \times \ (200 \times 0.029\ 792 \text{m}^3)$$

$$= 60 \times 115\% \times 5.958\ 4$$

$$= 411\ (美元)$$

答：200 箱应付运费 411 美元。

2. 租船运输的运费

租船运输的运费和班轮运费的最大区别就是，租船运输的运费比较灵活，不像班轮运输那样制定运价表，而是由合同双方在每一笔租船交易中具体洽谈。鉴于租船运输所涉及的船舶相关的专业知识较多，一般船舶出租人和租船人都是分别委托船东经纪人（owner's broker）和租船代理人（chartering agent）对租船业务进行洽谈，为双方促成交易。

（1）定程租船的运费。

定程租船的运费一般会涉及基本运费、装卸费以及滞期费和速遣费三项费用。

①基本运费。基本运费的计算方式有两种：一种是按运费率，即根据实际装载的货物吨位收取基本运费；还有一种是按整船包价，根据船舶的载重量收取整船运费，而不管实际装多少货物。其中第一种做法在实际业务中使用较多。

②装卸费。在定程租船运输方式下，有关货物的装卸费用由船舶出租人和租船人协商确定，并在租船合同中作出规定。具体双方由谁承担装卸费的问题，通常有以下几种规定方法：

A. 船方负责装卸（liner terms），又称班轮条件，即按班轮运输的做法，由船方负责装卸费用。

B. 船方管装不管卸（free out，FO），即船方负责装运港的装货费用，卸货港的卸货费用由租船人承担。

C. 船方管卸不管装（free in，FI），即船方负责卸货港的卸货费用，装货港的装船费用由租船人承担。

D. 船方不负责装卸（free in and out，FIO），即由租船人负责装货费用和卸货费用。采用这种规定方法时，一般应明确理舱费和平舱费由谁承担。

③滞期费和速遣费。滞期费是指租船人超过合同规定的装卸期限而向船方支付的罚款；速遣费是指租船人提前完成装卸任务而从船舶出租人那里得到的奖金。

（2）定期租船的运费。

定期租船的运费就涉及所租用船舶的载重吨位，一般按照每月或每日，每载重吨若干金额来计算。

二、铁路运输

铁路运输是仅次于海洋运输的主要运输方式。铁路运输具有运行速度快、载运量大、风险小、不易受气候影响等优点，但铁路运输受轨道限制。世界上第一条铁路是英国于 1825 年建设的，其后各国铁路建设迅速发展。世界铁路分布很不平衡，其中欧洲、美洲各占世界铁路总长度的 1/3，而亚洲、非洲和大洋洲加在一起仅占 1/3 左右。

1. 我国对香港和澳门地区的铁路货物运输

我国对香港地区的铁路货物运输由两部分组成，即国内段和香港段。一般是由内地各车站装车，运至深圳北站，收货人为深圳外运公司。深圳外运公司作为各外贸发货单位的代理，负责在深圳与铁路局办理租车手续，并付给租车费，然后租车去香港。货车过轨后，香港中国旅行社则作为外运公司的代理，办理港段的托运、报关等工作，货物运至九龙站后，将其卸交给香港收货人。

2. 国际铁路货物联运

国际铁路货物联运，是指凡在两个或两个以上国家铁路货运中，使用一份统一的国际联运票据，由铁路负责办理全程运送的货物运输，在由一国铁路向另外一国铁路移交货物时无须发、收货人参加，一般简称"国际联运"。

国际铁路货物联运始于19世纪后半期。目前，国际铁路货物联运有两个协定，一个是《国际铁路货物运送公约》，简称《国际货约》；另一个是《国际铁路货物联运协定》，简称《国际货协》。

三、航空运输

航空运输（air transport）是近几年发展最快的运输方式，它与其他运输方式相比，具有运输速度快、货运质量高、不受地面条件的限制等优点，但是航空运输的运量小、运价较高。因此，它主要适合运载的货物有两类，一类是价值高、运费承担能力很强的货物，如贵重设备的零部件、高档产品等；另一类是紧急需要的物资，如救灾抢险物资等。

航空运输主要有班机运输、包机运输、集中托运等方式。

四、公路、内河、邮包和管道运输

公路运输（road transport）在整个运输领域中占有重要的地位，并发挥着愈来愈重要的作用。公路运输是一种机动灵活、简捷方便的运输方式，尽管其他各种运输方式各有特点和优势，但或多或少都要依赖公路运输来完成最终两端的运输任务。但公路运输也有自身的局限性：载重量小，不适宜装载重件、大件货物，车辆运行中震动较大，运输成本稍高等。

内河运输（inland river transport）是以船舶和其他水运工具在国内江、河、湖泊进行的旅客及货物运输。它是内陆腹地和沿海地区的纽带，也是边疆地区与邻国边境河流的连接线。它的优势在于能进行低成本、大批量、远距离的运输，但是受水位、季节、气候的影响较大。我国内河运输的重点在三江两河，即长江、珠江、黑龙江及淮河和京杭大运河。长江流域的港口主要有重庆、宜昌、武汉、九江、南京、镇江、张家港、南通等。

邮包运输（parcel post transport）是通过邮局寄交进出口货物的一种方式。邮包运输的特点是手续简便，费用也不太高，但运量有限，故只适用于运输量较轻和体积较小的商品。国际邮包运输具有国际多式联运和"门到门"运输的性质，我国同许多国家签订了邮政运输协议和邮包协定，为我国发展对外贸易货物的邮包运输提供了有利的条件。

管道运输（pipeline transport）是利用管道输送气体、液体和粉状固体的一种运输方式。目前仅限于油类和气体运输，主要是石油和天然气。这种运输方式的优点是安全、迅速、不污染环境。但是铺设管道的技术非常复杂，成本也很高，所以一般要求有长期的油源。如我国与俄罗斯的石油运输管道，俄罗斯远东输油管道；我国向朝鲜出口的石油主要也是通过管道运输。

五、集装箱运输（container transport）

从20世纪初期正式使用集装箱运输货物以来，集装箱运输的发展经历了漫长的过程。如今，集装箱运输已遍及世界上所有的海运国家，世界海运货物的集装箱化已成为不可阻挡的发展趋势。作为一种新的现代化运输方式，它与传统的货物运输有很多不同。在处理集装箱具体业务中，各国做法大体上近似，现根据当前国际上对集装箱业务的通常做法进行介绍。

1. 集装箱的含义及种类

集装箱，又称"货柜"或"货箱"，是指具有一定强度、刚度和规格，专供周转使用的大型装货容器。

运输货物用的集装箱种类繁多，一般按所装货物种类分，有杂货集装箱、散货集装箱、液体货集装箱、冷藏货集装箱等；按制造材料分，有木集装箱、钢集装箱、铝合金集装箱、玻璃钢集装箱、不锈钢集装箱等。

2. 集装箱的标准

集装箱运输的初期，集装箱的结构和规格各不相同，从而阻碍了集装箱运输交换的使用和推广。国际标准化组织（ISO）集装箱技术委员会成立后，制定并公布了国际集装箱标准，之后又进行了多次补充、增减和修改，现行的国际标准为 13 种规格，其中 20 英尺的集装箱（简称 20 尺柜）和 40 英尺的集装箱（简称 40 尺柜）使用最为普遍。根据标准，20 尺柜的外尺寸为 20 英尺 ×8 英尺 ×8 英尺 6 英寸；40 尺柜的外尺寸为 40 英尺 ×8 英尺 ×8 英尺 6 英寸。

国际上为使集装箱箱数计算统一化，把 20 英尺集装箱作为一个计算单位，即集装箱计算单位（twenty-feet equivalent units，TEU），又称 20 英尺换算单位，以便于统一计算集装箱的营运量。

3. 集装箱运输的交货类型

集装箱运输的交货类型有两种，即整箱货和拼箱货。

整箱货（full container load，FCL），是指发货人有足够货源装载一个或数个整箱。一般做法是由发货人负责装箱、计数、积载并加铅封的货运。整箱货的拆箱，一般由收货人办理，也可以委托承运人在货运站拆箱。整箱货的运输条款一般是 CY TO CY，即集装箱堆场至集装箱堆场的交接方式。因此，承运人一般不负责箱内的货损、货差。整箱货的提单上，要加上"委托人装箱、计数并加铅封"的条款。

拼箱货（less than container load，LCL），整箱货的相对用语，是指装不满一整箱的小票货物。这种货物通常是由承运人分别揽货并在集装箱货运站或内陆站集中，而后将两票或两票以上的货物拼装在一个集装箱内，同样要在目的地的集装箱货运站或内陆站拆箱分别交货。对于这种货物，承运人要负担装箱与拆箱作业，装拆箱费用仍向货方收取。拼箱货的运输条款一般是 CFS TO CFS，即集装箱货运站至集装箱货运站的交接方式。

4. 集装箱运输的费用

集装箱运输的费用构成和传统的杂货运输有所不同，海运集装箱运输的费用一般包括内陆运输费、拼箱服务费、堆场服务费、海运运费、集装箱及其设备使用费等。其中海运运费的计收有两种方式，一种沿用传统的杂货的运费计收方法，以所装货物的实际重量吨或尺码吨作为计费单位；另一种是按包箱费率（box rate），即以每个集装箱为计费单位。这种做法既起到了吸引货源的目的，同时也简化了运费结算手续，呈现出逐步取代第一种做法的趋势。

不同的班轮公司会根据自己的需要，制定出不同的包箱费率，即使是同一公司，不同航线也采用不同的包箱费率，示例如表 5 - 3 所示。

表 5 – 3　中国——加拿大航线集装箱费率

编号	目的港 PORT OF DESTINATION	运费等级 CLASS	包箱费率 1 FCL20′（USD）	包箱费率 2 FCL40′（USD）	地区 AREA
1	VANCOUVER. B. C.	1 – 7	2 100	2 880	CANADA
2	VANCOUVER. B. C.	8 – 13	2 200	3 030	CANADA
3	VANCOUVER. B. C.	14 – 20	2 300	3 180	CANADA
4	MONTREAL	1 – 7	3 100	4 300	CANADA
5	MONTREAL	8 – 13	3 150	4 350	CANADA
6	MONTREAL	14 – 20	3 200	4 400	CANADA
7	TORONTO	1 – 7	3 100	4 300	CANADA
8	TORONTO	8 – 13	3 150	4 350	CANADA
9	TORONTO	14 – 20	3 200	4 400	CANADA

六、国际多式联运

国际多式联运（international multimodal transport），是在集装箱运输的基础上产生和发展起来的一种综合运输方式。它具体是指按照多式联运合同，以至少两种不同的运输方式，由多式联运经营人将货物从一国境内接管货物的地点运至另一国境内指定交付货物的地点的运输方式。

国际多式联运始于 20 世纪 60 年代，最先出现于美国，受到普遍欢迎，随后很快被美洲、欧洲、亚洲、非洲一些地区效仿和采用。我国于 1980 年，由中国外运集团首先承办这种业务。

根据多式联运的定义，结合国际上的一般做法，构成国际多式联合运输的基本条件有5 项：

（1）必须使用包括全程的运输单据，如联合运输单据（combined transport documents）。

（2）必须是两种或两种以上的不同运输方式的连贯运输。

（3）必须是国与国之间的货物运输。

（4）必须是多式联运经营人负有全程运输责任。

（5）必须实行全程单一的运输费率（single factor rate）。

国际多式联运使国际货物运输既快又安全，同时简化了手续，减少了中间环节，加快了货运速度，降低了运输成本，并提高了货运质量，为实现"门到门"运输创造了有利条件。目前，我国出口商品可以从加工厂通过多式联运，直接运送到客户指定的国外港口或内陆城市；进口商品也可以从国外的工厂直接运送到我国港口或内陆城市。

第二节 海上运输单据

运输单据是承运人收到货物后签发给托运人的证明文件，它是交接货物、结算货款及处理索赔和理赔等工作的重要依据。不同的运输方式，使用的运输单据有所不同。在国际货物运输中，主要有海运提单、海运单、铁路运单、航空运单、邮包收据及多式联运单据等运输单据。鉴于国际贸易中海洋运输方式使用较多，本章仅对海上运输单据作详细介绍。

一、海运提单 (bill of lading，B/L)

（一）海运提单的定义

海运提单简称提单，是货物承运人（或其代理人）签发的，用以证明海上运输货物已经由承运人接受装船，并保证据以交付货物的单据。

（二）海运提单的性质和作用

海运提单的性质有以下三点：

1. 货物收据

提单是承运人或其代理人接收货物或货物装船的收据；提单作为货物的收据，上面记载有货物名称、数量、重量及货物表面状况。它的法律效力就是，承运人要保证在运输期间妥善保管，并在目的港按照提单的记载向收货人交付货物。一般情况下，如果交付的货物与提单的记载不符，收货人可以向承运人索赔。

2. 物权凭证

提单是承运人保证凭以交付货物和可以转让的物权凭证。提单的持有人就是物权的所有人，拥有支配货物的权利。因此，提单可以用来向银行议付货款和向承运人提取货物，也可用来抵押或转让。转让提单就等于转让了货物的所有权。

3. 运输合同的证明

提单背面的条款明确规定了承运人、托运人双方之间的权利和义务，是解决班轮货物运输争议的依据。但按严格的法律概念，提单本身不是运输合同，只是承运人和托运人之间订立的运输合同的证明。

从海运提单的性质，我们可以看出其主要作用如下：首先，在装运港，提单是承运人或其代理人签发的货物收据；其次，在运输过程中，提单是货物所有权的物权凭证，是一种有价证券；最后，在目的港，提单是向承运人或其代理人提取货物的契约证明。

（三）海运提单的种类

1. 按签发提单时货物是否装船划分

（1）已装船提单（shipped B/L 或 on board B/L）。

已装船提单是指货物装船后由承运人或其代理人签发给托运人的提单。如果承运人签发了已装船提单，就是确认他已将货物装在船上。已装船提单上除载明一般事项外，通常还必须注明装载货物的船舶名称和实际装船完毕的日期，同时还有船长或其代理人的签字。

UCP600 规定，如信用证要求海运提单作为运输单据，银行将接受注明货物已装或已装指名船舶的提单。进口商为了确保在目的地按时接货，也往往都明确要求出口商提供已装船或已装运于指名船只的提单。因此，一般情况下，出口商向银行或买方提交已装船提单后才能顺利结汇。

（2）备运提单（received for shipment B/L）。

备运提单又称收妥待运提单，是在承运人已接管货物，但尚未装船时，应托运人要求而签发的提单。通常备运提单上记载有 "received for shipment in apparent good order and condition..."等文句，表示签发提单时，承运人仅将货物收管准备于不久后装船。

既然货物尚未装船，备运提单上就未载明所装船名和装船时间，因此，在跟单信用证支付方式下，银行一般都不肯接受这种提单。但当货物装船，承运人在这种提单上加注装运船名和装船日期并签字盖章后，待运提单即成为已装船提单。同样，托运人也可以用备运提单向承运人换取已装船提单。

2. 按提单收货人抬头划分

（1）记名提单（straight B/L）。

记名提单是指在提单上收货人栏内具体填写收货人的名称。提单所记载的货物只能由提单上特定的收货人提取。因此，记名提单不能转让，限制了提单的流通，但同时也避免了转让过程中可能带来的风险。

由于记名提单的不可流通性，其在国际贸易中较少使用。一般用于贵重商品、展品及援外物资的运输。

（2）不记名提单（bearer B/L）。

不记名提单是指在提单"收货人"一栏内只填写"to bearer"（提单持有人）或将这一栏空出不写的提单。谁持有提单，谁就可提取货物，提单不需要任何背书手续即可转让，极为方便。

但如果提单遗失或被窃，然后再转让给善意的第三者手中时，或者在无正本提单凭担保提货时，极易引起纠纷。所以在信用证结算方式下，较少使用这种提单。有些国家明文规定不准使用这种提单。

（3）指示提单（order B/L）。

指示提单是在"收货人"一栏内填上"to order"（凭指示）或"to the order of ..."（凭某人指示）字样的提单。指示提单可以转让，提单持有人可以通过背书的方式把它转让给第三者。因为提单具有"物权凭证"的性质，故提单的转让就意味着货物所有权的转让。提单的转让有利于资金的周转，因此，指示提单在国际海运业务中使用较广泛。

所谓背书（endorsement）是转让提单的一种手续，即由背书人（提单持有人）在提单背面签上自己的名字，或者再签上受让人的名字，并将提单交付给受让人的行为。背书的方式主要有两种：一种是空白背书，指背书人在提单背面签名，而不注明受让人的名称；另一种是记名背书（又叫特别背书），指背书人在提单背面签名外，还要注明受让人的名称。指示提单可以经过多次背书转让，即受让人可以经过再次背书，将提单转让给下一个受让人。

目前，国际业务中使用最多的是"空白抬头，空白背书"的提单。所谓"空白抬头"是提单"收货人"一栏内填写"to order"字样的提单。

3. 按提单有无不良批注划分

（1）清洁提单（clean B/L）。

清洁提单是指货物在装船时，外表状况良好，承运人未在提单上加注任何有关货物受损及/或包装有缺陷的不良批注的提单。因为承运人须对所装运货物的外表状况负责，承运人一旦签发了清洁提单，货物在卸货港卸下后，如发现有残损，除非是由于承运人可以免责的原因所致，否则，承运人必须承担赔偿责任。

通常卖方只有向银行提交清洁提单才能取得货款。根据国际商会 UCP600 规定："清洁运输单据，是指货运单据上并无明显地声明货物及/或包装有缺陷的附加条文或批注；银行对有该类附加条文或批注的运输单据，除信用证明确规定接受外，当拒绝接受。"

（2）不清洁提单（unclean B/L 或 foul B/L）。

不清洁提单是指承运人在签发的提单上带有明确宣称货物及/或包装有缺陷状况的不良批注的提单。比如，"被雨淋湿"、"两箱破损"等。在实际操作中，承运人接受货物时，如果货物外表状况不良，一般先在大副收据上作出记载，在正式签发提单时，再把这种记载转移到提单上。

在信用证结汇方式下，银行通常不接受不清洁提单。

4. 按运输方式不同划分

（1）直达提单（direct B/L）。

直达提单又称直运提单，是指货物从装运港装船后，中途不经转船，直接运至目的港卸船交与收货人的提单。

凡信用证规定不准转运或转船者，必须出具中途不转船的直达提单。直达提单中关于运输记载的基本内容里，仅记载有"port of loading"（装运港）和"port of discharge"（卸货港），不得有"转船"或"在某港转船"等批注。

（2）转船提单（transhipment B/L）。

转船提单是指承运人或其代理人在装运港签发的，中途需要经过转船运输再到达目的港的提单。转船提单上注有"在某港转船"字样，承运人只对第一程运输负责。

（3）联运提单（through B/L）。

联运提单是指须经两种或两种以上运输方式（海陆、海河、海空、海海等）联运的货物，由第一承运人（第一程海洋运输的承运人）收取全程运费后，在起运地签发到目的港的全程运输提单。

联运提单虽然包括全程运输，但签发提单的各程承运人只对自己运输的一段航程中所发生的货损负责。

5. 按提单内容的繁简划分

（1）全式提单（long form B/L）。

全式提单是指提单除正面印就的提单格式所记载的事项外，背面列有关于承运人与托运人及收货人之间权利和义务等详细条款的提单。由于提单正反面均列有烦琐的条款，所以又有繁式提单之称。其在实际业务中应用较广。

（2）简式提单（short form B/L）。

简式提单是指仅保留提单正面的必要记载事项，而无背面详细条款的提单。这种提单一般都列有"本提单货物的收受、保管、运输和运费等项，均按本公司全式提单内所印的条款为准"的字样。通常租船合同项下所签发的提单是简式提单，在这种简式提单上应注明"所有条件根据×年×月×日签订的租船合同办理"。

简式提单无背面条款，在一定程度上影响了它的流通性，所以有些信用证明确规定不接受简式提单。但只要没有这种明确规定，银行可以接受简式提单。

6. 按提单使用效力划分

正本提单（original B/L）是指提单上经承运人、船长或其代理人签字盖章并注明签发日期的提单。正本提单上标有"original"字样。副本提单是指提单上经承运人、船长或其代理人签字盖章并注明签发日期的提单。副本提单一般标有"copy"字样。任何一份正本提单都可以提货,一旦提货,其余的正本就失效了。副本提单不能用来提货,只作留档、证明、核对等用处。

至于提单签发的份数,应当按照信用证的规定办理,如信用证要求"2/3 original B/L",即指承运人签发提单正本三份,受益人凭全套正本提单其中的两份办理结汇,而另一份正本(1/3 original B/L)要求航寄或随船带交目的港收货人。

7. 其他种类提单

在实际业务中,还有可能遇到以下几种提单类型:

(1)舱面提单(on deck B/L),又称甲板货提单,指货物装于露天甲板上承运,并于提单注明"on deck"(装于舱面)字样的提单。货物装于甲板上运输,遭受灭失或损坏的可能性很大,因此除商业习惯允许装于舱面的货物以及法律法规规定必须装于舱面的货物外,一般进口商不愿意把货物装在舱面上,有时在合同和信用证中明确规定,不接受舱面提单。银行为了维护开证人的利益,对这种提单一般也予以拒绝。

(2)倒签提单(anti-dated B/L),是在货物实际装船完毕日期迟于信用证规定的装运日期的情况下,承运人应托运人的要求,按信用证规定的装运日期签发提单,以符合信用证对装船日期的规定,便于出口商在信用证下结汇。倒签提单的做法在国际贸易中时有出现,但这是违法行为,一旦被进口商发现,出口商和承运人都将承担法律责任。

(3)过期提单(stale B/L),是指提单晚于货物到达目的港或者提单签发后超过信用证规定期限才提交给银行。对于提单晚于货物到达目的港的情况,通常出现在近洋运输中,由于运输路线短,提单的邮寄时间往往超过货物海上运输时间而导致"提单过期"。在实际业务中,这种过期提单一般可以接受,所以在近洋贸易合同中,一般会订有"过期提单可以接受"(stale B/L is acceptable)的条款。在实际业务中,根据《跟单信用证统一惯例》的规定,将卖方超过提单签发日期后 21 天才交到银行议付的提单也称为过期提单。根据 UCP600 的规定,如果信用证无特殊规定,银行将拒绝接受在运输单据签发日后超过 21 天才提交的单据。

(四)海运提单的内容

由于海运提单在海洋运输中的重要性,各国法规对提单的内容都有一定的规定,并形成了几个有重要影响力的国际公约,分别是《海牙规则》、《维斯比规则》和《汉堡规则》。《海牙规则》于 1931 年生效。自生效以来,该规则为大多数国家所采用,目前,全世界大多数船公司制定的提单条款都以《海牙规则》为依据。《维斯比规则》于 1977 年生效,主要是对《海牙规则》的补充和修改。《汉堡规则》于 1992 年生效,对前两个规则进行了修改。中国未参加上述三个公约,但中国的《海商法》在有关班轮运输的法律规定上是以海牙—维斯比体系为基础的,同时还吸收了《汉堡规则》的内容。

海运提单的内容分为正面内容和背面内容。目前,各船公司所制定的提单虽然格式不完全相同,但其内容大同小异。

1. 海运提单的正面内容

通常海运提单正面都记载了有关货物和货物运输的基本事项(见附录5)。

(1)托运人(shipper),一般为信用证中的受益人。

(2)收货人(consignee)。

（3）被通知人（notify party），这是船公司在货物到达目的港时发送到货通知的收件人，有时即为进口人。

（4）提单号码（B/L No.），一般列在提单右上角，以便于工作联系和查核。发货人向收货人发送装船通知（shipment advice）时，也要列明船名和提单号码。

（5）船名（name of vessel），应填列货物所装的船名及航次。

（6）装货港（port of loading），应填列实际装船港口的具体名称。

（7）卸货港（port of discharge），应填列货物实际卸下的港口名称。如属转船，第一程提单上的卸货港填转船港，收货人填第二程船公司；第二程提单装货港填上述转船港，卸货港填最后目的港，如由第一程船公司出联运提单（through B/L），则卸货港即可填最后目的港，提单上列明第一和第二程船名。

（8）货名（discription of goods），在信用证项下货名必须与信用证上规定的一致。

（9）件数和包装种类（number and kind of packages），要按箱子实际包装情况填列。

（10）唛头（shipping marks），信用证有规定的，必须按规定填列，否则可按发票上的唛头填列。

（11）毛重、尺码（gross weight，measurement），除信用证另有规定者外，一般以千克为单位列出货物的毛重，以立方米为单位列出货物的体积。

（12）运费和费用（freight and charges），一般为预付（freight prepaid）或到付（freight collect）。

（13）提单的签发日期和份数。

2. 提单的背面条款

提单背面的条款，是表明承运人与托运人、收货人或提单持有人之间承运货物的权利、义务、责任与免责的条款，是解决他们之间争议的依据。它一般分为强制性条款和任意性条款两类。强制性条款的内容不能违反有关国家的法律及国际公约、港口惯例的规定。任意性条款是法规、国际公约没有明确规定的，允许承运人自行拟定的条款。

二、海运单

海运单（sea waybill），又称海上货运单或海上运送单，是证明海上货物运输合同和承运人接收货物或者已将货物装船的不可转让的单证。海运单的正面内容与提单的基本一致，但是印有"不可转让"的字样。

海运单非物权凭证，所以不用于提货，也不能转让。收货人在目的港只需出示适当的身份证明，即可提取货物。

海运单仅涉及托运人、承运人、收货人三方，程序简单、操作方便，有利于货物的转移。尤其是解决了近途海运中货到而提单未到的常见问题，避免了因延期提货所产生的滞期费、仓储费等。海运单正得到越来越多的应用。

三、国际铁路运单

国际铁路运单是当通过国际铁路办理货物运输时，由铁路运输承运人签发的货运单据。它是收、发货人同铁路之间的运输契约。

国际铁路运单和运单副本是国际铁路联运的主要运输单据，对收、发货人和铁路都具有法律效力。当发货人向始发站提交全部货物，并付清应由发货人支付的一切费用，经始发站在运单和运单副本上加盖日期章证明货物已被接受承运，即认为运输契约已经生效。运单随同货物自始发站至终到站运送，最后在终到站由收货人付清应由收货人支付的运杂费后，连同货物由铁路交给收货人。运单副本则是发货人凭以向银行办理结算的主要单据。

国际铁路运单只是运输合约和货物收据，不是物权凭证，因此不可背书转让。

四、航空运单

航空运单是由承运人或其代理人签发的重要的货物运输单据，是承托双方的运输合同，其内容对双方均具有约束力。航空运单不是物权凭证，不可转让，持有航空运单也并不能说明可以对货物要求所有权。货物到目的地后，收货人凭承运人的到货通知提取货物。

五、邮包收据

邮包收据是邮包运输的主要单据，它既是邮局收到寄件人的邮包后所签发的凭证，也是收件人凭以提取邮件的凭证，当邮包发生损坏或丢失时，它还可以作为索赔和理赔的依据。但邮包收据不是物权凭证。

六、国际多式联运单据

国际多式联运单据（multimodal transport document，MTD 或 combined transport document，CTD），也称国际多式联运提单，是指证明国际多式联运合同以及证明多式联运经营人接管货物，并负责按照合同条款交付货物的单据。它是适应国际集装箱运输需要而产生的，在办理国际多式联运业务时使用。

国际多式联运单据有以下四个特点：

（1）它是国际多式联运经营人与托运人之间订立的国际多式联运合同的证明，是双方在运输合同确定权利和责任的准则。

（2）它是国际多式联运经营人接管货物的收据。国际多式联运经营人向托运人签发多式联运单据表明已承担运送货物的责任并占有了货物。

（3）它是收货人提取货物和国际多式联运经营人交货的凭证。收货人或第三人在目的地提取货物时，必须凭国际多式联运单据换取提货单才能提货。

（4）它是货物所有权的证明。国际多式联运单据持有人可以押汇、流通转让，因为国际多式联运单据是货物所有权的证明，可以产生货物所有权转移的法律效力。

第三节　买卖合同中的装运条款

合同的装运条款一般应列明以下几个方面的内容：装运时间、装运港（地）和目的港（地）、分批装运和转运、装运通知、装卸时间和滞期、速遣条款等。

一、装运时间

装运时间（time of shipment），又称装运期，是指卖方按合同规定将货物交付给买方或承运人的期限。它与交货时间（time of delivery）是两个不同的概念，使用时应加以区分。在使用 FOB、CIF、CFR 及 FCA、CIP、CPT 术语时，出口方在装运港（地）完成装运就算完成了交货义务，因此，在这几种术语条件下，装运时间和交货时间是一致的。

装运时间是买卖合同中的主要条款，它的规定方法有以下三种：

（1）明确规定具体装运时间，又可分为规定一段时间和规定最迟期限两种。例如，7/8/9 月份装运（Shipment during July/Aug. /Sep. ）、不迟于 7 月 31 日装运（Shipment not later than July 31st）。

（2）规定收到信用证后若干天装运，如"收到信用证后 30 天内装运"（Shipment within 30 days after receipt of L/C）。但为了防止买方不按时开出信用证，同时还须规定类似以下语句的限制性条款，以保证卖方利益，如"买方必须不迟于某月某日将信用证开到卖方"（The relevant L/C must reach the seller not later than . . . ）。

（3）笼统规定近期装运，如"立即装运"（immediate shipment）、"即期装运"（prompt shipment）、"尽快装运"（shipment as soon as possible）等。由于这些术语在各国、各行业中解释不一，容易引起纠纷，一般不提倡使用。

总之，规定装运时间时应结合考虑货源情况、商品的性质和特点、交货季节以及装运港和目的港等因素，慎重对待。

二、装运港（地）和目的港（地）

装运港（port of shipment），又称装货港（loading port），是指货物起始装运的港口。一般情况下，装运港由出口商提出，进口商同意后确定。

目的港（port of destination），又称卸货港（port of discharge），是指最终卸货的港口。一般情况下，目的港由进口商提出，出口商同意后确定。

装运港和目的港的确定，不仅关系到卖方履行交货义务和货物风险的转移，而且关系到运费、保险费以至成本和售价的计算等问题，因此必须在合同中具体规定。

在买卖合同中，装运港和目的港的规定方法有以下三种：

（1）装运港和目的港分别规定各为一个港口，如装运港：上海（Port of Shipment：Shanghai）；目的港：伦敦（Port of Destination：London）。这种做法明确具体。

（2）分别规定两个或两个以上的装运港或目的港，即"选择港"（optional ports）的做法。在规定装运港时，如遇到货物分散在多处或磋商交易时尚不能确定在何处发运货物等情况，可规定两个或两个以上的装运港；在规定目的港时，有时买方尚未能确定最后的卸货地，也可以采取选择港的做法。

选择港的示例如下：

装运港：新港/上海（Xingang/Shanghai）

目的港：伦敦/利物浦（London/Liverpool）

（3）笼统规定。这种规定一般也是由于货源不确定。比如规定"China ports"（中国港口），这样便可根据实际货源情况在我国的任何一个港口装货。

为了使装运港和目的港条款订得合理，应综合考虑装卸港口的具体条件，有无重名问题以及离货源地的距离远近等问题。尤其是国外港口很多，情况复杂，应更为谨慎。

因此，确定装运港（地）和目的港（地）时有以下几个需要注意的问题：

1. 规定国外装运港（地）和目的港（地）应注意的问题

（1）贯彻国家政策，对我国政府不允许进行贸易往来的国家或地区的港口或地方，不能作为目的港或目的地。

（2）对国外装运港或目的港的规定，应力求具体明确。不要使用笼统的类似"欧洲主要港口"的规定方法。因为不同港口、地点的装卸条件、费用收取等方面差别较大，可能会影响我出口方的利益。应尽量要求对方提出班轮经常挂靠的港口。

（3）应注意国外港口有无重名问题。因为全世界的港口重名的甚多，比如与"Newport"（纽波特）港同名的有五个，爱尔兰和英国各有一个，美国有两个，荷属安的列斯有一个。凡有重名的港口，为防止货物错卸，应在港口后加注国名，在同一个国家有同名港的，则还须加注港口所在的城市。

（4）如采用选择港口规定，要注意各选择港口不宜太多，一般不超过三个，而且必须在同一航区、同一航线上。同时在合同中应明确规定：如所选目的港要增加运费、附加费，应由买方负担，同时要规定买方宣布最后目的港的时间。

2. 规定国内装运港（地）或目的港（地）应注意的问题

在出口业务中，对国内装运港的规定，一般以接近货源地的对外贸易港口为宜，同时考虑港口和国内运输的条件和费用水平。

三、分批装运和转运

分批装运和转运是合同中的重要条款，能否分批装运或转运，直接关系到买卖双方的权益。一般情况下，允许分批装运和转运对卖方比较有利。

（一）分批装运（partial shipment）

1. 分批装运的含义

分批装运是指一个合同项下的货物先后分若干批或若干期装运。在国际贸易中，凡数量较大，或受货源、运输条件、市场销售或资金的条件所限，有必要分期分批装运、到货者，均应在买卖合同中规定分批装运条款。

2. 分批装运的规定方法

（1）只规定允许分批装运，但对时间、批次和每批的数量不作规定。

例如，Partial shipment to be allowed。

（2）在规定允许分批装运的同时，订立每批装运的时间和数量。

例如，Shipment during Jul. /Aug. / Sep. 500 M/Ts monthly。

（3）规定不许分批装运。

3. 《跟单信用证统一惯例》对分批装运的规定

国际上对分批装运的解释和运用有所不同。国际商会的 UCP600 对分批装运有以下规定：

（1）第 31 条 a 款："分批之款或分批装运均被允许。"按此规定，在使用信用证结算方式下，除非信用证另有规定，否则都允许分批装运。虽然 UCP600 对此已作了明确的规定，但外贸实践中为了避免不必要的争议，除非买方坚持不允许分批装运，否则，应该在出口合同中明确订入"允许分批装运"条款。

（2）第 31 条 b 款："交单包含一套以上的运输单据，证明装运起始于同一运输工具、同一航次，如它们表明同一目的地，将不被视为分批装运，即使它们注明不同的装运日期或不同的装运港、接受监管或发运地。"按此规定，两批及两批以上货物即使装运期或装运港不同，如果货物是经同一运输工具、同一航次，并且目的地相同，则不视为分批装运。

（3）第 32 条："如信用证规定在指定时期内分期支款及/或分期装运，而其中任何一期未在该期所允许的期间内支款及/或装运，信用证对该期及以后各期均告失效。"这是对分批装运情况下违约的处理，即其中任何一批未按要求装运，则本期及以后各期均告失效。

（二）转运（transhipment）

1. 转运的含义

根据 UCP600 第 19 条规定，转运是指在从信用证规定的发运接受监管或装运地至最后目的地的运输过程中，从一运输工具卸下，再装上另一运输工具的行为。在海运方式中，也就是从一艘船舶卸下，装上另一艘船舶继续进行运输的行为。

如果从装运港驶往目的港，没有直达船或船期不定或航次间隔太长，为了便于装运，则应在合同中订明"允许转船"（Transhipment to be allowed）。

2. 转运的规定方法

UCP600 规定，除非信用证另有规定，否则可准许转运。但为了明确责任和安排运输，买卖双方是否同意转运以及有关转运的办法和转运费负担等问题，都应在合同中具体订明。

国际货物买卖合同中的分批、转运条款通常是与装运时间条款结合起来规定的。举例如下：

（1）Shipment during May/June/July, with partial shipments and transhipment allowed. （5/6/7 月装运，允许分批和转运。）

（2）During Nov./Dec. in two equal monthly shipment, to be transhipped at Hong Kong. （11/12 月分两次平均装运，由香港转运。）

四、装运通知

装运通知（shipment advice）是卖方向买方发出货物已于某月某日装运于某船的通知。装运通知的作用在于方便买方办理保险或准备提货手续，使买卖双方共同做好车、船、货的衔接工作。

装运通知的内容通常包括货名、装运数量、船名、装船日期、契约或信用证号码等。卖方发出装运通知时，有时还附上或另行寄上货运单据副本，以便进口商明了装货内容。尤其是在采用 CFR 术语成交时，装船后卖方向买方发出装运通知具有极其重要的意义。

五、装卸时间和滞期、速遣条款

装卸时间和滞期、速遣条款只在定程租船运输方式下才出现，因为在定程租船运输情况下，装卸货物时间的长短影响到船舶的使用周期和在港费用，直接关系到船方的利益。因此，在程租船合同中，需要规定装卸时间以约束租船人的装卸行为，并同时规定滞期、速遣条款作为奖罚措施。在国际贸易中，买卖双方成交大宗商品时，通常采用定程租船运输方式。长期以来，此条款一直是定程租船合同的重要组成部分。而在班轮运输中，班轮公司承担了货物的装卸工作及费用，因此就不涉及滞期、速遣的问题。

（一）装卸时间

装卸时间是指允许完成装卸任务所约定的时间。一般以天数或小时来表示。装卸时间的规定方法如下：

（1）按连续日（或时）（running consecutive days/hours），指按 24 小时为一个连续日，其中没有任何折扣。

（2）工作日（working days），指按照港口习惯，属于正常工作的日子，星期日和节假日除外。

（3）好天气工作日（weather working days），指按正常的日子，星期日和节假日以及因天气恶劣不能进行装卸作业时都除外，不予计算工作日。

（4）连续 24 小时好天气工作日（weather working days of 24 consecutive hours），这种规定按连续 24 小时为一个工作日，但星期日、节假日和不能装卸的坏天气都一律扣除。这种方法一般适用于昼夜作业的港口。当前，国际上采用这种规定的较为普遍，我国一般都采用此种规定办法。

有时关于装卸时间并不按日数或每天装卸货物的吨数来规定，而只是按"港口习惯速度尽快装卸"（to load/discharge in customary quick dispatch，CQD），这种规定不明确，容易引起争议，故采用时应审慎行事。

为了计算装卸时间，合同中还必须对装卸时间的起算和止算时间加以约定。关于起算时间，各国的法律规定或习惯并不完全一致，一般规定在船长向承租人或其代理人递交了"装卸准备就绪通知书"（notice of readiness，N/R）以后，经过一定的规定时间后开始起算。关于止算时间，现在世界各国习惯上都以货物装完或卸完的时间作为装卸时间的止算时间。

除了用规定装卸时间的做法来约束租船人的装卸速度外，还可以采用装卸率（load/discharge rate）的做法，即规定每日装卸货物的数量。装卸率一般按港口习惯的正常装卸速度实事求是地具体确定装卸率。

（二）滞期、速遣条款

租船人未能按约定的装卸时间将货物装完或卸完，致使船舶在港时间延长，给船方造成了经济损失，在业务上称之为滞期。租船人对超过的时间向船方支付一定的罚金，即滞期费（demurrage）。相反，速遣是指租船人在约定的装卸时间内，提前完成了货物装卸，从而缩短了船舶在港的停泊时间，使船舶所有人更早地投入下一航次的营运。对于所节约的时间，船方向租船人支付一定的奖金，即速遣费（despatch money）。

按惯例，速遣费一般为滞期费的一半。

在制定装卸时间和滞期、速遣条款时，必须根据货物的种类、船舶舱口数、港口装卸能力和港口习惯装卸时间等因素，并参考同一航线、港口装卸同类货物和租船合同，进行慎重规定。此外，还应在买卖合同中作相应的规定，以免买卖合同条款和租船合同条款不一致而导致产生损失。

六、其他运输条款

美国的 OCP 条款是"overland common points"的缩写，意即"内陆地区"。所谓"内陆地区"，是以落基山脉（Rocky Mountains）为界，即除了紧临太平洋的美国西部九个州以外，从美国的北达科他州、南达科他州、内布拉斯加州、科罗拉多州、新墨西哥州起以东的地区均属 OCP 地区，面积约占美国的 2/3。按 OCP 条款的规定，凡是经过海运到达美国西海岸港口（旧金山、西雅图）卸货，再通过陆路交通（主要是铁路）转运至上述内陆地区的货物，可以享受内陆地区运输的优惠运费率，比当地运费率低 3% ~ 5%，同时可享有比直达美国东海岸港口优惠的海运费。这对进出口双方都有利。

但使用 OCP 条款时，需注意以下三个问题：

（1）应在运输条款中明确"自××（装运港）至××（美国或加拿大西部港口）

OCP...（内陆地点）"。

（2）在提单卸货港一栏中须注明 OCP 字样，并在货物内容和运输唛头一栏内标明内陆地点。

（3）在货物的运输标志内要把卸货港和 OCP 的最后目的地同时列出。

阅读资料

国际大型班轮公司简介

一、中国海运集团（简称中海集团）

中国海运（集团）总公司（简称"中国海运"）成立于 1997 年 7 月 1 日，总部设在上海市东大名路 700 号。中国海运是中央直接领导和管理的重要国有骨干企业之一，是以航运为主业的跨国经营、跨行业、跨地区、跨所有制的特大型综合性企业集团。

中国海运主营业务设有集装箱、油运、货运、客运、特种运输五大船队；相关业务有码头经营、综合物流、船舶代理、环球空运、船舶修造、船员管理、集装箱制造、供应贸易、金融投资、信息技术等产业体系。

中国海运在全球 85 个国家和地区设有北美、欧洲、香港、东南亚、韩国、西亚 6 个控股公司和日本株式会社、澳大利亚代理有限公司；境外产业下属 90 多家公司、代理、代表处，营销网点总计超过 300 多个。中国海运拥有各类船舶 430 艘，1 560 万载重吨，集装箱载箱位超过 40 万超标准箱；集团年货物运输完成量超过 3 亿吨、700 万标准箱，在国家能源和进出口贸易中发挥着重要的运输支持和保障作用。

二、中远集团

中国远洋运输（集团）总公司的前身，是成立于 1961 年 4 月 27 日的中国远洋运输公司。1993 年 2 月 16 日组建以中国远洋运输（集团）总公司为核心企业的中国远洋运输集团。经过几代中远人 40 余年的艰苦创业，依靠智慧、勤劳和真诚，带着光荣与梦想，中远集团已由成立之初的 4 艘船舶、2.26 万载重吨的单一型航运企业，发展成为今天拥有和经营着 600 余艘现代化商船、3 500 余万载重吨、年货运量超过 3 亿吨的综合型跨国企业集团。作为以航运、物流为核心主业的全球性企业集团，中远在全球拥有近千家成员单位、8 万余名员工。在中国本土，中远集团分布在广州、上海、天津、青岛、大连、厦门、香港等地的全资船公司经营管理着集装箱、散装、特种运输和油轮等各类型远洋运输船队；在海外，以日本、韩国、新加坡、北美、欧洲、澳大利亚、南非和西亚 8 大区域为辐射点，以船舶航线为纽带，形成遍及世界各主要地区的跨国经营网络。标有"COSCO"醒目标志的船舶和集装箱在世界 160 多个国家和地区的 1 300 多个港口往来穿梭。

（资料来源：中远及中海的网站）

思考与练习

1. 什么是班轮运输？它有哪些特点？
2. 为什么在买卖合同中要规定装运通知的条款？
3. 简述提单的性质和作用，并叙述提单的种类。
4. 什么是背书？背书分为哪几种？

5. 《跟单信用证统一惯例》对分批装运和转运的规定如何?

6. 何谓滞期费和速遣费? 在买卖合同中为什么要规定滞期、速遣条款?

7. 信用证规定: 2 000M/T; 5/6 月份装运, 每月装 1 000M/T; 装运港: 大连/青岛; 目的港: 纽约; 不准分批装运。

5 月 29 日: 大连港 1 000M/T V.195 DONGHAI

6 月 3 日: 青岛港 1 000M/T V.195 DONGHAI

出口商向美国进口商提供了两张不同出单时间、显示不同装运地点的海运提单。这种做法是否违反信用证规定? 为什么?

8. 上海运往肯尼亚蒙巴萨港口"门锁"一批, 计 100 箱, 每箱体积为 20cm × 30cm × 40cm, 毛重为 25 千克。燃油附加费为 30%, 蒙巴萨港口拥挤附加费为 10%。门锁属于小五金类, 计算标准是 W/M, 等级为十级, 基本运费为每运费吨 443 港元, 试计算运费为多少?

案例分析题

我国浙江某出口商和德国汉堡某进口商订立了一茶叶出口合同, 贸易术语是 CIF 汉堡。出口商委托浙江某货代公司安排运输。货代公司接受委托后, 提取了船公司提供的集装箱, 并将茶叶进行装箱, 共装了 6 个 20 尺集装箱。之后, 货代公司将整箱货交给船公司。同时, 出口商在中国人民保险公司为这批货物办理了海上运输的一切险。货物到达汉堡后, 进口商提取集装箱后, 在进行拆箱时发现集装箱内异味浓重, 经查明该集装箱前一航次所载货物为精萘, 致使茶叶受精萘污染。

请问:

1. 进口商可以向谁索赔? 为什么?

2. 最终应由谁对茶叶受污染事故承担赔偿责任?

第六章　国际货物运输保险

《中华人民共和国保险法》规定，保险是指投保人根据合同约定，向保险人支付保险费，保险人对于合同约定的可能发生的事故因其发生所造成的财产损失承担赔偿保险金责任，或者当被保险人死亡、伤残、疾病或者达到合同约定的年龄、期限时承担给付保险金责任的商业保险行为。由此可见，保险是一种补偿性契约行为。保险的种类很多，其中主要分为四大类：财产保险、责任保险、信用保险和人身保险四类。本章介绍的国际货物运输保险是财产险的一种。

国际贸易线长、面广、环节多，货物由卖方所在地转移到买方所在地的过程中要经过运输、装卸、存储等环节，每一个环节都有可能遭遇难以预料的风险。买方或卖方为了转嫁货物在运输过程中的风险和损失，一般都会办理保险，将风险转嫁给保险公司。

如上所述，保险是一种补偿性契约行为，被保险人向保险人提供一定的保险费，保险人则对被保险人将来可能遭受的承保范围内的损失负赔偿责任。因此，保险的基本原则、保险的承保责任范围、保险的险别以及如何办理保险是在实际业务中必须了解的。

第一节　保险的基本原则

正因为保险是一种补偿性契约行为，所以，保险人和被保险人在办理保险时必须遵守以下基本原则。

一、保险利益原则

保险利益又称可保利益，是指投保人对保险标的物具有法律上承认的利益。所谓保险利益原则是指投保人对保险标的必须具有保险利益，否则，保险合同无效。就国际货物运输保险而言，其标的物的利益主要是指货物本身的价值，与货物价值相关的运费、保险费、管理费和预期利润以及货物自身的风险等。

尽管国际货物运输保险同其他保险一样要求被保险人必须对保险的货物具有可保利益，但国际货运保险有其特殊的一面，它仅要求被保险人在保险标的发生损失时具有可保利益。这是由国际贸易的特点所决定的。在国际贸易中，如使用 FCA、FOB、CFR、CPT 条件达成的交易，货物风险的转移以货物在装运港越过船舷或在出口国发货地或装运地交付承运人时转移，在此条件下，货物在装运港越过船舷或交付承运人风险转移之前，风险属于卖方，仅卖方有保险利益。如果硬性规定被保险人在投保时就必须有保险利益，则按上述贸易术语达成交易的买方就不能在货物装船或交付承运人之前及时办理保险。因此，在国际货运保险业务中，保险人可视为买方具有预期的保险利益而给予承保。

二、最大诚信原则

所谓最大诚信原则，是指投保人和保险人在签订保险合同以及在保险合同的有效期内，必须保持最大限度的诚意，双方都应恪守信用，互不欺诈隐瞒。保险人应向被保险人说明保险合同的条款内容，并可以就保险标的或者被保险人的有关情况提出询问，投保人应当如实告知。对被保险人而言，最大诚信原则主要有两方面要求：一是重要事实的申报；二是保证。重要事实的申报是指投保人在投保时应将自己知道的或者在通常业务中应当知道的有关保险标的的重要事实如实告知保险人，以便保险人判断是否同意承保或者决定承保的条件。根据《中华人民共和国海商法》的规定，如果被保险人故意未将重要情况如实告知保险人的，保险人有权解除合同，并且不退还保险费。合同解除前发生保险事故造成损失的，保险人不负赔偿责任。如果不是由于被保险人的故意，未将重要情况如实告知保险人的，保险人有权解除合同或者要求相应增加保险费。由保险人解除合同的，对于合同解除前发生保险事故所造成的损失，保险人应当负赔偿责任，但是未告知或者错误告知的重要情况对保险事故的发生有影响者除外。至于保证，是指被保险人在保险合同中所作的保证要做或不做某种事情，保证某种情况的存在或不存在，或保证履行某一条件，如保证货物必须是合法的，保证不用 15 年以上的旧船装运等。经保险双方同意写进保险单中的条款即为保证条款，称为明示保证。此外，还有默示保证，即在保险单内虽未明文规定，但是按照法律或惯例，被保险人应该保证对某些事情的行为或不行为。对于保证条件，被保险人必须严格遵守，如有违反，保险人可自被保证违反之日起不再履行其应负的责任。

保险合同是以最大诚信为基础的，因此，如果一方当事人不遵守最大诚信原则，另一方当事人可声明该保险合同无效。

三、补偿原则

保险的补偿原则又称损害赔偿原则，是指当保险标的遭受保险责任范围内的损失时，保险人应当依照保险合同的约定履行赔偿的义务。但保险人的赔偿金额不得超过保险单上的保险金额或者被保险人遭受的实际损失。保险人的赔偿不应使被保险人通过补偿而获得额外的利益。因此，如果保险标的物遭受部分损失，仍有残余价值，保险人在计算赔偿时，对残余价值作相应扣除；如果被保险事故是由第三者责任方造成的，被保险人从保险人处得到全部损失的赔偿后，必须将其对第三方进行追偿的权利转让给保险人，他不能再从第三者处获得任何赔偿；如果被保险人将同一标的分别向两家或两家以上保险人投保相同的风险，即重复保险，其保险金额的总和超过了该保险标的的价值，当保险事故发生后，被保险人获得的赔偿金额总和不得超过其保险标的的价值。

四、近因原则

近因原则是指保险人只对承保风险与保险标的的损失之间有直接因果关系的损失负赔偿责任，而对保险责任范围外的风险造成的保险标的的损失，不承担赔偿责任。近因原则是保险理赔工作中必须遵循的一项基本原则，也是在保险标的发生损失时，用来确定保险标的所受损失是否能获得保险赔偿的一项重要依据。

第二节 海洋货物运输保险的风险、损失与费用

国际货物运输保险因运输方式不同可分为海洋货物运输保险、陆上货物运输保险、航空货物运输保险和邮包货物运输保险。在各种货物运输保险中，海上货物运输保险起源最早。尽管不同的运输方式下保险公司承保的责任有所不同，但所保障的范围却是相似的。由于国际贸易货物大部分都是通过海洋运输来进行的，并且，陆上、航空、邮包货物运输保险都是在海洋货物运输保险的基本原则和基础上发展起来的，所以，海洋货物运输保险在国际货运保险中占有重要的地位。

在国际货物运输保险中，保险人是按照不同险别所承保的风险所造成的损失和费用来承担赔偿责任的。所以在介绍海洋货物运输保险保障的范围时将重点介绍海洋货物运输保险所承保的风险、损失和费用。

一、风险

海洋货物运输保险的风险分为海上风险和外来风险两类。

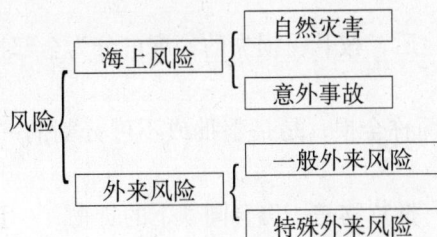

图 6 - 1

（一）海上风险

海上风险（perils of the sea）又称为海难，是指船舶或货物在海上运输过程中发生的或随附海上运输所发生的风险，包括自然灾害和意外事故。

1. 自然灾害

自然灾害（natural calamity）是指人力不可抗拒的自然力量所引起的灾害，如恶劣气候、雷电、海啸、地震、洪水、火山爆发等。

2. 意外事故

意外事故（fortuitous accidents）是指由于偶然的、难以预料的原因造成的事故，如船舶搁浅、触礁、焚毁、沉没、互撞或遇到流冰或其他固体物体等。

按照国际保险市场的一般解释，海上风险并不一定是海上发生的灾害和事故，还包括那些与海上航行有关的发生在陆上或海陆或与驳船相连接之处的灾害和事故，如洪水、海轮与驳船或码头碰撞，也属于海上风险。

（二）外来风险

外来风险（extraneous risks）是指海上风险以外由于其他各种外来原因所造成的风险和损失。外来风险主要包括一般外来风险和特殊外来风险两种。

一般外来风险是指一般外来原因如偷窃、短量、破碎、受潮、受热、发霉、串味、玷污、钩损等所造成的风险。

特殊外来风险主要是指由于军事、政治、国家政策法令和行政措施等原因所导致的风险，如战争、罢工、拒收、交货不到等。

二、损失

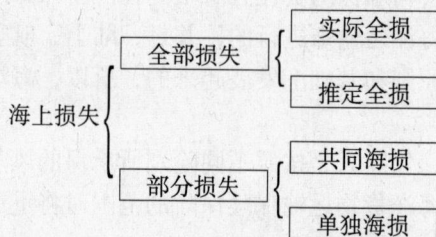

图 6 - 2

（一）海上损失

海上损失是指被保险的货物在运输途中遭遇海上风险所造成的损失。根据国际保险市场的一般解释，凡与海陆连接的陆上或内河运输途中所发生的灭失或损坏也属于海上损失的范围。

货物在运输途中遭遇风险后，按其受损失的程度可分为全部损失和部分损失。

1. 全部损失

全部损失（total loss），简称全损，是指整批或不可分割的一批被保险的货物在运输途中全部遭受损失。

所谓整批或不可分割的一批货物是一份合同项下的货物、一张保险单项下的货物、一份提单项下的货物、一条驳船上的货物、整件货物落海等。

全部损失分为实际全损和推定全损。

（1）实际全损（actual total loss），是指一批被保险的货物在运输途中完全灭失，或者受到严重损坏完全失去原有的形体、功效，或者不能再归被保险人所拥有。《中华人民共和国海商法》规定，船舶失去联系后两个月还未获知其任何消息，为船舶失踪，船舶失踪视为实际全损。

当货物发生实际全损时，被保险人可按其投保的金额从保险人处获得实际损失的全部赔偿。

（2）推定全损（constructive total loss），是指被保险货物在运输途中遭遇风险受损后，实际全损已不可避免，或者为避免发生实际全损所需支付的费用与继续将货物运抵目的地的费用之和超过保险价值，就当作货物全部损失。

被保险货物发生推定全损时，被保险人可以要求保险人按全部损失赔偿，也可以要求保险人按部分损失赔偿。如果被保险人要求保险人按全部损失赔偿，则被保险人必须向保险人发出委付通知。被保险人向保险人发出委付通知的做法是为了遵循保险的基本原则，即被保险人在被保险货物受损后只能因保险获得补偿而不能额外受益。委付是指在推定全损的情况下，被保险人要求保险人按全部损失赔偿时，表示愿意将保险标的的一切权利和义务转移给保险人的一种行为。委付必须经保险人同意后方能生效，但是保险人应当在合理的时间内将接受委付或不接受委付的决定通知被保险人。委付一经保险人接受，不得撤回。

2. 部分损失

部分损失（partial loss）是指海运货物遭遇风险受损后没有达到全部损失程度的损失。在保险业务中，部分损失按照造成损失的原因不同可分为共同海损和单独海损。

（1）共同海损（general average），是指在海洋运输途中，船舶、货物或其他财产遭遇共同危险，为了解除共同危险，有意地、合理地采取措施所直接造成的特殊牺牲和支付的额外费用。

构成共同海损必须具备以下条件：第一，共同海损的危险必须是真实存在的或不可避免的；第二，船方必须是为了船、货的共同危险所有意地、合理地采取的措施；第三，共同海损所做的牺牲和支付的费用必须是为了解除危险而产生的，而不是由危险直接造成的；第四，牺牲和费用的支出最终必须是有效的。

在共同海损的情况下，还涉及共同海损的分摊问题。所谓共同海损的分摊是指共同海损的牺牲和费用应由受益的船方、货方和支付运费的一方根据获救价值按比例进行分摊。

（2）单独海损（particular average），是指由海上风险本身造成的、由受损方单方面承担的部分损失。

共同海损与单独海损的区别在于：

（1）造成损失的原因不同。单独海损是海上风险直接导致的船、货损失，共同海损则是为了解除或减轻共同危险人为地造成的损失。

（2）承担损失的责任不同。单独海损的损失一般由受损方自行承担，而共同海损应由受益方根据获救价值按比例进行分摊。

（二）外来损失

外来损失是指海上风险以外的其他风险所造成的损失。按造成损失的原因不同，外来损失可分为一般外来风险所造成的损失和特殊外来风险所造成的损失。

三、费用

海上货运保险的费用是指为了营救被保险货物所支出的费用。其主要有：

（1）施救费用（sue and labour expenses），是指保险标的物在遭受保险责任范围内的灾害时，被保险人或其代理人和保险单的受让人为了避免或减少损失，采取各种抢救或防护措施而支付的合理费用。

（2）救助费用（salvage charge），是指保险标的物在遭受保险责任范围内的灾害事故时，由被保险人和保险人以外的第三方采取有效的救助措施，在救助成功后，被保险人向其支付的报酬。

无论是施救费用还是救助费用，都由保险人负责赔偿。

第三节　我国海洋货物运输保险的险别

保险险别是指保险人对风险和损失的承保责任范围。在保险业务中，各种保险险别的承保责任是通过各种不同的保险条款规定的。在我国保险业务中，最常用的是"中国保险条款"。该条款按运输方式可分为海洋、陆上、航空和邮包货物运输保险条款；对某些特殊商品，还制定有专门的保险条款如冷藏货物、海运散装桐油等条款。

由于国际贸易货物运输中使用最广泛的是海洋运输，因此，在介绍"中国保险条款"时主要介绍"海洋货物运输保险条款"。

我国《海洋货物运输保险条款》是中国人民保险公司于 1981 年 1 月 1 日修订的，按其是否能单独投保可分为基本险和附加险两类。

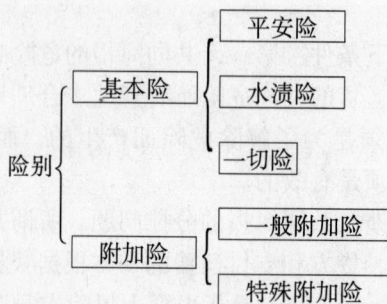

图 6 - 3

一、我国海洋货物运输保险的基本险

《海洋货物运输保险条款》除规定了保险人的责任范围外，还规定了除外责任、责任起讫、被保险人的义务和索赔期限等内容。

（一）我国海洋货物运输保险基本险的险别

我国海洋货物运输保险基本险的险别分为平安险、水渍险和一切险三种。

1. 平安险（free from particular average，FPA）

中国人民保险公司《海洋货物运输保险条款》对平安险的承保责任范围规定如下：

（1）被保货物在运输过程中，由于自然灾害造成整批货物的全部损失或推定全损。

（2）由于运输工具遭受意外事故造成货物全部或部分损失。

（3）在运输工具已经发生意外事故的情况下，货物在此前后又在海上遭受自然灾害所造成的部分损失。

（4）在装卸或转运时，由于一件或数件货物落海造成的全部或部分损失。

（5）被保人对遭受承保范围内的货物采取抢救、防止或减少货损的措施而支付的合理费用，但以不超过该批被救货物的保险金额为限。

（6）运输工具遭难后，在避难港由于卸货所引起的损失以及在中途港、避难港由于卸货、存仓及运送货物所产生的特别费用。

（7）共同海损的牺牲、分摊和救助费用。

（8）运输合同订有"船舶互撞责任条款"，根据该条款规定应由货方偿还船方的损失。

在平安险的承保责任范围内，需要特别注意的是第（3）点，即如果是自然灾害本身所造成的部分损失，保险公司不负责赔偿，但如果是在运输工具已经发生意外事故的情况下，货物在此前后又在海上遭受自然灾害所造成的部分损失，保险公司负责赔偿。

2. 水渍险（with particular average，WPA）

根据中国人民保险公司《海洋货物运输保险条款》的规定，水渍险保险公司的承保责任范围如下：除平安险的各项责任外，还负责赔偿被保货物由于自然灾害造成的部分损失。

3. 一切险（all risks）

根据中国人民保险公司《海洋货物运输保险条款》的规定，一切险保险公司的承保责任范围如下：除平安险和水渍险的各项责任外，还负责被保货物在运输途中由于一般外来原因所造成的全部或部分损失。

（二）我国海洋货物运输保险基本险的除外责任

对于海洋货物运输保险的三种基本险别，保险公司对于由下列原因所造成的损失不负赔偿责任：

（1）被保险人的故意行为或过失所造成的损失。

（2）属于发货人责任所引起的损失。

（3）在保险责任开始前，被保险货物已存在品质不良或因数量短差所造成的损失。

（4）被保险货物的自然损耗、本质缺陷、特性以及市价跌落、运输迟延所引起的损失或费用。

（5）保险公司海洋货物运输战争险条款和货物运输罢工险条款规定的责任范围和除外责任。

（三）我国海洋货物运输保险基本险的责任起讫

我国海洋货物运输保险的责任起讫时间，采用国际保险业惯用的"仓至仓条款"（warehouse to warehouse clause，W/W Clause），即保险责任自被保险货物运离保险单所载明的起运地仓库或储存处所开始运输时生效，包括正常运输过程中的海上、陆上、内河和驳船运输在内，直到该项货物到达保险单所载明目的地收货人的最后仓库或储存处所，或被保险人用作分配、分派或非正常运输的其他储存处所为止。如未抵达上述仓库或储存处所，则以被保险货物在最后卸载港全部卸离海轮后满 60 天为止。如在上述 60 天内被保险货物需转运到保险单所载明目的地，则以该项货物开始转运时终止。

（四）我国海洋货物运输保险基本险的索赔期限

《海洋货物运输保险条款》规定，保险索赔时效，从被保险货物在最后卸载港全部卸离海轮后起算，最多不超过两年。

二、我国海洋货物运输保险的附加险

附加险是基本险的扩大和补充，因此，不能单独投保，只能在投保了某一种基本险的基础上加保。加保的附加险可以是一种或几种，由被保险人根据需要选择确定。由于附加险所承保的是外来原因所致的损失，而外来原因又有一般外来原因与特殊外来原因之分，所以附加险有一般附加险与特殊附加险两类。

（一）一般附加险

一般附加险（general additional risk）所承保的是由于一般外来风险所造成的全部和部分损失。一般附加险主要包括以下险种：

（1）偷窃、提货不着险。承保被保险货物因偷窃行为所致的损失和整件提货不着等的损失。

（2）淡水、雨淋险。承保被保险货物因直接遭受雨淋或淡水所造成的损失。

（3）短量险。承保被保险货物在运输过程中因外包装破裂或散装货物发生数量散失和实际数量短缺的损失，但不包括正常路途中的自然损耗。

（4）混杂、玷污险。承保被保险货物在运输过程中因混进杂质或被玷污所造成的损失。

（5）渗漏险。承保被保险货物在运输过程中因容器损坏而引起的渗漏损失，或由液体储藏的货物因液体的渗漏而引起的货物腐烂等损失。

（6）碰损、破碎险。承保被保险货物在运输过程中因震动、碰撞、受压所造成的破碎和碰撞损失。

（7）串味险。承保被保险货物在运输过程中因受其他物品的影响而引起的串味损失。

（8）受潮、受热险。承保被保险货物在运输过程中因气温突变或由于船上通风设备失灵致使船舱内水汽凝结、受潮或受热所造成的损失。

（9）钩损险。承保被保险货物在装卸过程中因遭受钩损而引起的损失，并对包装进行修补或调换所支付的费用负责赔偿。

（10）锈损险。承保被保险的金属或金属制品一类货物在运输过程中发生的锈损负责赔偿。

（11）包装破裂险。承保被保险货物在运输途中因搬运或装卸不慎，致使包装破裂所造成的短少、玷污等损失。此外，为继续运输安全需要而产生的修补包装或调换包装所支付的费用也均由保险公司负责赔偿。

由于一切险包含了一般附加险，因此，投保了一切险就不能再加保一般附加险。

（二）特殊附加险

特殊附加险（special additional risk）所承保的是由于特殊外来风险所造成的全部或部分损失。特殊附加险包括以下险种：

（1）战争险。根据中国人民保险公司《海洋货物运输战争险条款》的规定，海运战争险负责赔偿由于战争、类似战争行为和敌对行为、武装冲突或海盗行为直接所致的损失，以及由此而引起的捕获、拘留、禁止、扣押所造成的损失，还负责各种常规武器包括水雷、鱼雷、炸弹所致的损失以及本条款责任范围内引起的共同海损的牺牲、分摊和救助费用。本保险对下列各项不负赔偿责任：由于敌对行为使用原子或热核制造的武器所致的损失和费用；根据执政者、当权者或其他武装集团的扣押、拘留引起的承保航程的丧失和挫折而提出的任何索赔。战争险的责任起讫是以水上危险为限即自被保险货物装上保险单所载起运港的海轮或驳船时开始，到卸离保险单所载明的目的港的海轮或驳船时为止。如果被保险货物不卸离海轮或驳船，本保险责任最长期限以海轮到达目的港的当日午夜起算满 15 天为限。如在中途港转船，不论货物在当地卸载与否，保险责任以海轮到达该港或卸货地点的当日午夜起算满 15 天为止，俟再装上续运海轮时恢复有效。

（2）罢工险。在保险单注明承保罢工险时，本保险对被保险货物由于罢工者、被迫停工工人或参加工潮、暴动、民众斗争的人员的行动，或任何人的恶意行为所造成的直接损失和上述行动或行为所引起的共同海损的牺牲、分摊和救助费用负赔偿责任。但对在罢工期间由于劳动力短缺或不能履行正常职责所致的保险货物的损失，包括因此而引起的动力或燃料缺乏使冷藏机停止工作所致的冷藏货物的损失，以及无劳动力搬运货物，使货物堆积码头淋湿受损，不负赔偿责任。罢工险对保险责任起讫的规定与其他海运货物保险的险别一样，采取"仓至仓条款"。

（3）船面险。对被保险货物存放舱面时，除按保险单所载条款负责外，还包括被抛弃或被风浪冲击落水在内的损失。

（4）拒受险。对被保险货物在进口港被进口国的政府或有关当局拒绝进口或没收，按货物的保险价值负责赔偿。

（5）交货不到险。对不论由于何种原因，从被保险货物装上船舶时开始，不能在预定抵达目的地的日期起 6 个月内交货的，负责按全损赔偿。

（6）黄曲霉素险。对被保险货物因所含黄曲霉素超过进口国的限制标准，被拒绝进口、没收或强制改变用途而遭受的损失负责赔偿。

（7）进口关税险。当被保险货物遭受保险责任范围内的损失，而被保险人仍须按完好货物价值完税时，保险公司对损失部分货物的进口关税负责赔偿。

第四节　伦敦保险协会海运货物保险条款

在世界海运保险中，英国是一个历史悠久和业务比较发达的国家，长期以来，它所制定的各种保险规章制度，其中包括海运保险单格式和保险条款，对世界各国有着广泛的影响。目前，世界上有很多国家在海上保险业务中直接采用英国伦敦保险协会所制定的《协会货物条款》（Institute Cargo Clauses, ICC），或者在制定本国保险条款时参考或部分地采用上述条款。因此，对《协会货物条款》有一定的了解既有利于我国对外贸易的进一步开展，同时也可进一步加深对我国保险条款的认识。在对《协会货物条款》有足够了解的基础上，在我国出口交易中，按 CIF 或 CIP 术语成交时，国外商人如要求按伦敦保险业《协会货物条款》投保时，我国的出口企业可以接受。

《协会货物条款》最早制定于 1912 年。为了适应不同时期的法律、判例、商业、航运等方面的变化和发展，该条款进行了多次补充和修订，最后一次修订完成于 1982 年 1 月 1 日，并于 1983 年 4 月 1 日起正式使用。现行的伦敦保险协会的海运货物保险条款主要有 6 种：协会货物条款（A）险 ［Institute Cargo Clauses A, ICC（A）］、协会货物条款（B）险 ［Institute Cargo Clauses B, ICC（B）］、协会货物条款（C）险 ［Institute Cargo Clauses C, ICC（C）］、协会战争险条款（货物）（Institute War Clauses Cargo）、协会罢工险条款（货物）（Institute Strikes Clauses Cargo）、恶意损害险条款（Malicious Damage Clauses）。

据现行的协会货物条款，在 ICC（A）、（B）、（C）条款和 ICC 战争险、罢工险条款中，均按条文的性质统一划分为八个部分：承保范围、除外责任、保险期限、索赔、保险利益、减少损失、防止延迟和法律惯例。对以上八项内容，除承保范围、除外责任和保险期限外，其他各项内容均完全相同。因此，除 ICC（A）、（B）、（C）三种险别可以单独投保外，ICC 战争险和罢工险在需要时也可作为独立的险别进行投保。以下重点介绍协会货物条款（A）、（B）、（C）三种险别。

一、协会货物条款（A）险 ［ICC（A）］

（一）承保范围

伦敦保险协会的《协会货物条款》对于 ICC（A）险保险人的承保责任不是采用一一列明的做法，而是采用"一切风险减除外责任"的做法。ICC（A）险的除外责任主要有以下四类：

1. 一般除外责任条款

（1）被保险人故意行为所造成的损失和费用。

（2）保险标的的自然渗漏，重量或容量的自然损耗，或自然磨损所造成的损失和费用。

（3）由于保险标的包装准备不足或不当造成的损失和费用（本条所称的"包装"，包括用集装箱或大型海运箱装载的，但该项装载以本保险开始生效前或由被保险人或其受雇人完成的为限）。

（4）由于保险标的本质缺陷或特性造成的损失和费用。

（5）直接由延迟引起的损失和费用，即使延迟是由承保风险所引起的［上述第（2）条可以赔付的费用除外］。

（6）由于船舶所有人、经理人、租船人或经营人破产或不履行债务造成的损失或费用。

（7）由于使用任何原子或核子裂变和（或）聚变或其他类似反应或放射性作用或放射性物质的战争武器造成的损失或费用。

2. 不适航和不适宜除外责任条款

（1）船舶或驳船不适航。船舶、运输工具、集装箱或大型海运箱不适宜安全运载保险标的。如果保险标的在装载时，被保险人或其受雇人知道这种不适航和不适当的情况。

（2）保险人放弃船舶必须适航和适宜将保险标的运往目的地的默示担保，除非被保险人或其受雇人知道这种不适航或不适宜的情况。

3. 战争除外责任条款

（1）战争、内战、革命、叛乱、造反或由此引起的内乱，以及交战国或针对交战国的任何敌对行为。

（2）捕获、拘留、扣留、禁制、扣押（海盗行为除外）以及这种行动的后果或这方面的企图。

（3）遗弃的水雷、鱼雷、炸弹或其他遗弃的战争武器。

4. 罢工除外责任条款

（1）罢工者、被迫停工工人或参与工潮、暴动或民变的人员。

（2）罢工、被迫停工、工潮、暴动或民变。

（3）任何恐怖主义者或者任何人出于政治目的采取的行动。

（二）保险期限

关于 ICC（A）的保险期限，《协会货物条款》规定如下：

（1）本保险责任自货物运离保险单所载明的起运地仓库或储存处所开始运输时起生效，包括正常运输过程，直至运到下述地点时终止。

①保险单所载明的目的地收货人或其他最后仓库或储存处所。

②在保险单所载明目的地之前或目的地的任何其他仓库或储存处所，由被保险人选择用作在正常运输过程之外储存货物，或者分配、分派货物，或者被保险货物在最后卸载港全部卸离海轮后满 60 天为止。

（2）如货物在本保险责任终止前于最后卸载港卸离海轮，需转运到非保险单载明的其他目的地时，保险责任仍按上述规定终止，但以该项货物开始转运时终止。

（3）在被保险人无法控制的运输延迟、任何绕道、被迫卸货、重新装载、转运以及船东或租船人运用运输契约赋予的权限所作的任何航海上的变更的情况下，本保险仍继续有效。

从《协会货物条款》的规定可以看出，对于 ICC（A）险的保险期限采用的是"仓至仓条款"。

二、协会货物条款（B）险［ICC（B）］

（一）承保范围

《协会货物条款》对 ICC（B）险风险承保范围的规定采用的是"列明风险"的方式，其把所承保的风险一一列明，凡属承保风险所造成的损失，无论是全部损失还是部分损失，保险公司均按受损程度负责赔偿。

ICC（B）险承保的风险是：火灾或爆炸；船舶或驳船遭受搁浅、触礁、沉没或倾覆；陆上运输工具的倾覆或出轨；船舶、驳船或其他运输工具同除水以外的任何外界物体碰撞或接触；在避难港卸货；地震、火山爆发或雷电；共同海损牺牲；抛货或浪击落海；海水、湖水或河水进入船舶、驳船、其他运输工具、集装箱或海运集装箱储存处所；货物在船舶或驳船装卸时落海或跌落造成任何整件的全损。

（二）除外责任

ICC（B）险的除外责任与 ICC（A）险的除外责任的规定除了以下两点区别外，基本相同。

（1）在 ICC（A）险中，仅规定保险人对归因于被保险人故意的不法行为所致的损失或费用不负赔偿责任；而在 ICC（B）险中，则规定保险人对被保险人以外的故意非法行为所致的风险不负赔偿责任。可见，在 ICC（B）险中，保险人对此项风险不负赔偿责任。被保险人如想获得此种风险的保险保障，就需加保"恶意损害险"。

（2）在 ICC（A）险中，标明"海盗行为"不属除外责任，而在 ICC（B）险中，保险人对此项风险不负保险责任。

（三）保险期限

ICC（B）险与 ICC（A）险在保险期限方面的规定完全相同，在此不再复述。

三、协会货物条款（C）险［ICC（C）］

承保范围如下：

《协会货物条款》对 ICC（C）险的承保责任范围的规定也采用"列明风险"的做法，保险人只对合理归因于列明风险所造成的全部和部分损失负赔偿责任。ICC（C）险的列明风险有：火灾或爆炸；船舶或驳船遭受搁浅、触礁、沉没或倾覆；陆上运输工具的倾覆或出轨；船舶、驳船或运输工具同除水以外的任何外界物体碰撞；在避难港卸货；共同海损的牺牲、抛货。

从上述 ICC（C）险的承保责任范围可以看出，ICC（C）险仅对"重大意外事故"所致损失负责，对非重大意外事故和自然灾害所致损失均不负责。

ICC（C）险的除外责任与 ICC（B）险的除外责任完全相同。

综上所述，ICC（A）条款的承保风险类似于我国《海洋货物运输保险条款》的一切险；ICC（B）条款类似于水渍险；ICC（C）条款类似于平安险，但比平安险的责任范围要小一些。

四、协会战争险条款（货物）

（一）承保范围

《协会货物条款》战争险的承保范围与中国人民保险公司《海洋货物运输保险条款》关

于战争险的承保责任范围相似，具体规定如下：

战争、内战、革命、造反、叛乱或因此而引起的内乱或任何交战方之间的敌对行为以及由上述承保的风险引起的捕获、扣押、扣留或羁押以及此种行为结果或任何进行此种行为的企图；被遗弃的水雷、鱼雷、炸弹或其他被遗弃战争武器；共同海损和救助费用。

（二）除外责任

《协会货物条款》关于战争险的除外责任提出，保险人对于非敌对行为而使用核武器等所造成的灭失或损坏必须负责。这是该条款与我国《海洋货物运输保险条款》的不同之处。

《协会货物条款》战争险除外责任第（8）条规定：因敌对性使用原子或核裂变和/或聚变或类似反应或放射性力量或物质所制造的战争武器产生的损失、损害或费用。

（三）保险期限

《协会货物条款》规定，协会战争险的保险期限于保险标的装上海船开始，于保险标的在最后卸货港或地点卸离海船时为止，或者自船舶到达最后卸货港或地点当日午夜算起满15天。二者以先发生者为准。

五、协会罢工险条款（货物）

（一）承保范围

《协会货物条款》关于罢工险的承保责任范围规定如下：罢工者、闭厂工人或参加劳资纠纷、暴乱或民事骚乱的人员的行动，或任何恐怖分子或出于政治动机的人员的行为所造成的直接损失和上述行动或行为所引起的共同海损的牺牲、分摊和救助费用负赔偿责任。罢工险对保险责任起讫的规定与其他海运货物保险的险别一样，采取"仓至仓条款"。

（二）除外责任

《协会货物条款》关于罢工险的除外责任与我国《海洋货物运输保险条款》的规定基本一致，即对在罢工期间由于劳动力短缺或不能履行正常职责所致的保险货物的损失，包括因此而引起的动力或燃料缺乏使冷藏机停止工作所致的冷藏货物的损失，以及无劳动力搬运货物，致使货物堆积码头淋湿受损，不负赔偿责任。

案例分析

我方按 CIF 出口冷冻食品一批，合同规定投保平安险加战争、罢工险。货到目的港后适逢码头工人罢工，港口无人作业，货物无法卸载。不久货轮因无法补充燃料以致冷冻设备停机。等到罢工结束，该批冷冻食品已变质。请问这种由于罢工而引起的损失，保险公司是否负责赔偿？

分析：

保险公司只对因罢工造成的直接损失负责赔偿，对于间接损失则不负责。例如，由于罢工引起劳动力不足或不能运用，致使堆放码头的货物遭雨淋而受损，冷冻机因无燃料而中断致使货物变质等均属间接损失，保险公司对于这类损失均不予赔偿。

（三）保险期限

协会货物条款罢工险保险期限采用的是"仓至仓条款"。

六、恶意损害险条款

恶意损害险是新增加的附加险别，承保被保险人以外的其他人（如船长、船员等）的故意破坏行动所致被保险货物的灭失或损坏。但是，恶意损害如果是出于政治动机的人的行动，就不属于恶意损害险承保范围，而应属罢工险的承保风险。由于恶意损害险的承保责任范围已被列入 ICC（A）险的承包责任范围，所以，只有在投保 ICC（B）险和 ICC（C）险的情况下，在有需要时可以加保。

第五节　进出口货物运输保险实务

进出口货物办理运输保险时，首先要按规定格式填制保险单，具体列明被保险人名称、保险货物项目、数量、包装与标志、投保险别、保险金额等项目；其次，交纳保险费，取得保险单证，如发现进出口货物在保险责任范围内发生损失，被保险人在有效期内办理索赔等。在办理进出口货物运输保险时要做的主要工作有：

一、选择投保险别

进出口货物运输保险的投保人应该具有预期保险利益，即投保人（买方或卖方）对保险标的物所拥有某种合法的经济利益，由于保险人对不同的险别承担不同的责任范围，投保人在投保时按照买卖双方约定投保的险别进行投保。选择投保险别一般要考虑货物的性质和特点，货物运输工具和路线，国际上政治、经济形势的变化，货物的残损规律等。如果买卖双方未约定投保险别，按《2000 年国际贸易术语解释通则》的规定，在 CIF 术语下，卖方只需投保最低险别。

二、确定保险金额

保险金额是保险人所应承担的最高赔偿金额，也是保险人计算保险费的基础。保险金额是根据保险价值确定的。保险价值一般包括货价、运费、保险费以及预期利润等，一般应由买卖双方经过协商确定。如买卖双方未在合同中规定保险金额，根据《2000 年国际贸易术语解释通则》和《跟单信用证统一惯例》的规定，按 CIF 或 CIP 术语成交时，卖方应按 CIF 或 CIP 价格的总值另加上 10% 作为保险金额。所加的 10% 称为投保加成率，它是买方进行该笔交易的经营管理费用和预期利润加保。在 CIF 或 CIP 合同中，如买方要求以较高加成率计算保险金额投保时，在保险公司同意承保的条件下，我出口方也可接受，但因此而增加的保险费，原则上应由买方支付。

根据以上所述，保险金额的计算公式为：

保险金额 = CIF（或 CIP）价 × （1 + 投保加成率）

由于保险金额一般是以 CIF 或 CIP 价格为基础加成确定的，因此，在仅有货价与运费（即已确定 CFR 或 CPT）的情况下，CIF 或 CIP 的价格如何确定是计算保险金额的前提条件。

CIF（或 CIP）价 = CFR（或 CPT）价/1 − ［保险费率 × （1 + 投保加成率）］

例：某公司出口货物一批，报价为每公吨 200 美元 CFR 纽约，现客户要求改报 CIF 价，加一成投保一切险和战争险，一切险费率为 1%，战争险费率为 0.3%。试计算在不影响我国外汇收入前提下的 CIF 报价应是多少？

解：CIF = CFR/1 − ［保险费率 ×（1 + 投保加成率）］

　　　　= 200/1 − ［（1% + 0.3%）×（110%）］

　　　　= 200/0.985 7

　　　　= 202.90（美元）

答：在不影响我国外汇收入前提下的 CIF 价为 202.90 美元。

三、办理投保和交付保险费

在采用 CIF 或 CIP 术语成交时，出口商在确定了保险险别以及保险金额后，按规定格式填制保险单，并在规定的时间内将保险单递交给保险公司，并支付保险费。

买卖合同一般不具体规定出口商去保险公司办理保险的时间，但《跟单信用证统一惯例》第 34 条规定，除非信用证另有规定，或除非保险单据上表明保险责任最迟于货物装船或发运或接受监管之日起生效，银行将不接受出单日期迟于运输单据上注明的货物装船或发运或接受监管日期的保险单据。

投保人交付保险费，是保险合同生效的前提条件。保险费是保险人经营业务的基本收入，也是保险人支付损害赔偿金额的主要来源。

保险公司收取保险费的计算方法是：

保险费 = 保险金额 × 保险费率

保险费率是按照不同商品、不同目的地、不同运输工具和不同险别，由保险公司在货物损失率和赔付率的基础上，参照国际保险费率水平而制定的。

例：我出口 CIF 合同规定，按发票金额 110% 投保一切险和战争险，如出口发票金额为 15 000 美元，一切险保险费率为 0.6%，战争险保险费率为 0.03%。试问，投保金额是多少？应付保险费多少？

解：保险金额 = CIF ×（1 + 投保加成率）

　　　　　　= 15 000 ×（1 + 10%）

　　　　　　= 16 500（美元）

保险费 = 保险金额 × 保险费率

　　　= 16 500 ×（0.6% + 0.03%）

　　　= 103.95（美元）

答：投保金额为 16 500 美元，保险费为 103.95 美元。

四、取得保险单据

保险单据是保险公司和投保人之间的保险合同，也是保险公司对投保人的承保证明，它具体规定双方之间的权利和义务，也是发生保险责任范围内的损失时索赔和理赔的依据。

在国际货物运输保险中常用的保险单据主要有保险单和保险凭证两种。它们都可以经过背书转让。保险单据的转让不需取得保险人的同意，也不需通知保险人。即使在保险标的发生损失后，保险单据仍可有效转让。

1. 保险单（insurance policy）

保险单俗称大保单或保单，是使用范围最广的一种保险单据。它是保险公司根据投保人逐笔投保，逐笔签发的航程保险单。货物安全抵达目的地，保险单的效力即告终止。保险单的正面一般载明：当事人的名称和地址；保险标的的名称、数量、唛头；保险险别、保险金额；载货船名、起运地和目的地、开航日期；出立保险单的日期、保险人签章、赔付地点，等等。保险单背面载明保险人与被保险人之间权利和义务等方面的条款（见附录六）。

2. 保险凭证（certificate of insurance）

保险凭证俗称小保单，它是一种简化的保险单。保险凭证的背面不载明保险人与被保险人双方的权利和义务等保险条款，其余内容与保险单相同。

保险凭证与保险单具有同等的法律效力，但近年来，为实现单据规范化，不少保险公司已废弃此类保险凭证。

此外，我国对港澳地区及某些特定地区的出口业务中，也有使用联合凭证代替保险单据的，即在进出口企业的商业发票上注明承保险别、承保金额以及保险编号，并由保险公司加盖印戳，即作为保险凭证。这种做法现已很少使用。

五、保险索赔

保险索赔是指被保险货物在保险责任有效期内发生属于保险责任范围内的损失时，被保险人按照保险单的有关规定向保险公司或其代理机构提出赔偿要求。在索赔工作中，被保险人应做好下列事项：

（一）损失通知和货损检验

当被保险人获悉或发现被保险货物已遭受损失，应保留现场并立即通知保险公司或保险单上所载明的当地检验机构或理赔代理人，并申请检验。保险公司或保险单上所载明的当地检验机构或理赔代理人在接到损失通知后应立即采取相应的措施，勘察损失程度，调查损失原因，确定损失性质和损失责任，并签发检验报告等。检验报告是被保险人向保险公司索赔的重要依据。

（二）向承运人等方面提出索赔

被保险人或其代理人在提货时发现被保险货物有明显残损痕迹或整件短少，除向保险公司报损外，还应立即向承运人、海关和码头索取货损货差证明。如货损货差涉及承运人、码头、装卸公司等方面责任的，还应及时以书面形式向有关责任方提出索赔，并保留追偿的权利。如果日后被保险人首先从保险公司处获得保险赔偿，则应向保险公司签署一份权益转让书，以便保险公司取代被保险人的地位，并以被保险人的名义向第三者责任方进行追偿。

（三）采取合理的施救、整理措施

被保险货物受损后，被保险人和保险公司都有责任采取必要的、合理的施救措施和整理措施，以防止损失的扩大。被保险人收到保险公司发出的有关防止或者减少损失的合理措施的特别通知时，应当按照保险公司的要求处理。因施救、阻止或减少货损而支付的合理费用由保险公司负责赔偿，但以不超过该批被救货物的保险金额为限。

如果被保险人对于能够施救而又不履行施救义务的，保险人有权对因此而扩大的损失不负赔偿的责任。

（四）备齐索赔单证，在规定的时效内提出索赔

被保险货物的损失经过检验，并办妥向承运人等第三者责任方的追偿手续后，应立即向保险公司或其代理人提出赔偿要求。被保险人提出索赔时，应向保险人提供以下单证：检验报告或残损短量证明、货损货差证明；保险单或保险凭证；运输单据（包括海运提单、铁路或公路运单、航空运单、邮包收据以及多式联运单据等）；商业发票和重量单、装箱单等；向承运人等第三者责任方请求赔偿的往来函电或其他证明文件；海事报告摘录；索赔清单（主要列明索赔金额及其计算依据以及有关费用的项目报告和用途等）。

根据国际保险业的惯例和我国海商法的规定，保险索赔的时效是自货物在最后卸货地卸离运输工具时起算，最长不超过两年，被保险人应在此时效内提出索赔。

对某些易破和短量的货物的索赔，应了解是否有免赔规定。有的不论损失程度，一律给予赔偿。也有的规定一定的免赔率，免赔率有相对免赔率和绝对免赔率之分，前者不扣除免赔率全部予以赔偿，后者则扣除免赔率，只赔超过部分。中国人民保险公司采用绝对免赔率的办法，但现行的伦敦保险协会的《协会货物条款》则无免赔率的规定。

（五）代位追偿权

在保险业务中，为了防止被保险人的双重获益，保险人在履行赔偿后，在其赔付金额内，要求被保险人转让其对造成损失的第三者责任方要求赔偿的权利，这种权利称代位追偿权。在实际业务中，保险人需首先向被保险人进行赔付，才能取得代位追偿权。被保险人在获得赔偿后签署一份权益转让书，作为保险人取得代位追偿权的证明。保险人便可凭此向第三者责任方进行追偿。

我国进出口货运保险有两种办法，按 CIF 条件出口时，采取逐笔投保，一般按发票金额的110%投保约定的险别。按 FOB 和 CFR 条件进口时，采取预约保险，保险金额一般按 CIF 价计算。各外贸公司同中国人民保险公司签订有各种运输方式进口预约保险合同，各外贸公司对每批进口货物无须填制投保单，而仅以国外的装运通知代替投保单，办理投保手续。

第六节　买卖合同中的保险条款

保险条款是进出口合同中的重要组成部分，必须订得明确、合理。合同中保险条款的内容一般包括以下几方面：由谁办理保险；保险险别；保险金额的确定方法和按什么保险条款保险，并注明该条款的生效日期。

在实际业务中由谁办理保险一般是由贸易术语决定的。以 FOB、CFR 或 FCA、CPT 条件成交的合同，一般由买方办理保险，保险条款可定为"保险由买方负责"（Insurance：To be covered by the Buyer），而对保险险别、投保金额等不需另作规定。如买方委托卖方代办保险，则应明确规定保险金额、投保险别、按什么保险条款保险以及保险费由买方负担。同时规定保险费的支付时间和方式。

以 CIF 或 CIP 条件成交的合同，一般由卖方办理保险，由于在 CIF 或 CIP 术语下，卖方办理保险属于代办的性质，因此，保险条款中除了规定由卖方办理保险外，还应明确规定投保险别、保险金额的确定方法以及按什么保险条款保险，并注明该条款生效的日期。

例如："保险由卖方按发票金额的110%投保一切险和战争险，以中国人民保险公司1981年1月1日的海洋货物运输保险条款为准。"

"Insurance: To be covered by the Seller for 110% of total invoice value against all risks and war risks as per Marine Cargo Clauses of the People's Insurance Company of China, dated 1981.1.1."

思考与练习

1. 保险的基本原则有哪些？

2. 我国海洋货物运输保险条款的三种基本险在保险责任范围方面有何区别？

3. 何谓实际全损和推定全损？两者有何区别？

4. 什么是共同海损和单独海损？两者有何区别？

5. 何谓代位追偿权？为什么在保险业务中会产生代位追偿权？

6. 现行的伦敦保险业协会货物条款有哪些险别？这些险别能否单独投保？

7. 伦敦保险业协会货物条款的（A）、（B）、（C）三种险别的责任范围和除外责任有何区别？

8. 我国某进出口公司以每件50美元CIF横滨向日本某商人出口某商品1 000件，货物出口前，我方按发票金额向中国人民保险公司投保了水渍险加串味险和淡水、雨淋险，其保险费率分别为0.6%、0.02%和0.03%。该批货物的保险金额和保险费各为多少？

9. 我国某进出口公司出口一批货物CFR价总值35 000美元，现客户要求改CIF价加两成投保一切险，我方同意。如保险费率为0.6%，我方应向客户收取多少保险费？

10. 我方以CFR术语出口货物一批，在从出口公司仓库运到码头待运的过程中，货物发生损失，该损失应由何方负责？如买方已向保险公司办理了保险，保险公司对该项损失是否给予赔偿？并说明理由。

11. 某轮船在广州黄埔港载货后起航，但在航行途中不慎发生触礁事故，船舶搁浅，不能继续航行。事后船方反复开倒车强行浮起，但船底划破，致使海水渗入货舱，造成船货部分受损。为使货轮能继续航行，船长发出求救信号，船被拖至附近港口修理，暂时卸下大部分货物。此项工作前后共花了10天，支出修理费5 000美元，增加各项费用开支（包括船员的工资）共3 000美元。当船修复后继续装上原货物起运。次日，在海上航行途中又遇恶劣天气，致使船上某货主的一部分货物被海水浸湿。请问：（1）上述各项损失各属于什么性质的损失？（2）如投保了平安险，被保险人有权就上述哪些损失向保险公司索赔？

第七章　国际结算票据

票据（bill/note），有广义和狭义之分。广义的票据是指商业活动中的一切票证。其中包括各种有价证券和凭证，如股票、债券、本票、提单、借据等。狭义的票据是指由出票人无条件地承诺由自己或者委托他人支付一定金额的有价证券。

各国的票据法都要求对票据的形式和内容保持标准化和规范化。目前，世界上影响较大的票据法有两类：《1882 年票据法》（Bills of Exchange Act 1882）和《日内瓦统一法》（包括《汇票和本票统一法公约》和《支票统一法公约》）。我国也于 1995 年 5 月 10 日通过了《中华人民共和国票据法》（以下简称《票据法》），并于 1996 年 1 月 1 日起施行。根据我国《票据法》第二条第二款的规定，票据包括汇票、本票、支票。因此，本章所指票据仅是狭义的票据。

当前国际货款的支付，可以采用现金和票据两种方式，但现金结算方式仅限于小量交易，因此，票据是国际贸易中的主要支付工具，主要包括汇票、本票和支票，尤其以汇票的使用居多。

第一节　汇　票

汇票是使用最为广泛的一种国际结算票据，因此各国都针对汇票制定了详细具体的法律法规，以规范汇票的使用。

一、汇票的含义

我国《票据法》对汇票（bill of exchange，简称 draft 或 bill）的定义如下：汇票是出票人签发的，委托付款人在见票时或者在指定日期无条件支付确定的金额给收款人或其指定的人，或持票人的票据。这里的持票人（holder）是指持有票据的人。

二、汇票的内容及填写

根据各国票据法的规定，汇票必须要式齐全，即必须具备必要的形式和内容，否则在法律上视为无效。但各国票据法对汇票必要项目的规定不尽相同。根据我国《票据法》的规定，汇票的必要项目如下：

（1）表明"汇票"的字样。

（2）无条件支付命令。

（3）确定的金额。

（4）付款人名称或商号。付款人（drawee）是指支付给持票人或收款人票面金额的人，付款人并不一定是出票人，也可能是出票人的债务人。

（5）收款人名称或商号；收款人（payee）是指收取票款的人。收款人有权要求出票人或付款人付款或承兑。

（6）出票日期。

（7）出票人签章。

除了以上项目外，汇票中还通常涉及汇票号等，如下所示：

Bill of Exchange

No. _____(1)_____ （汇票号码）

Exchange for _____(2)_____ （汇票金额）_____(3)_____ （出票时间地点）

At _____(4)_____ （付款日期）Sight of this FIRST of Exchange（Second of Exchange being unpaid）（付一不付二）

Pay to the order of _____(5)_____ （收款人）

the sum of _____(6)_____ （大写汇票金额）

Drawn under（出票依据）_____(7)_____ L/C No. _____Dated _____

To _____(8)_____ （付款人的名称和地址）

_____(9)_____ Signature（出票人签章）

根据以上汇票样张，其内容的填写如下：

（1）汇票号码。实际业务中，都以相应的发票号码兼作汇票的编号。

（2）汇票金额。这里填写小写金额，根据信用证规定的金额填写。要注意汇票的货币名称应与发票和信用证的一致。

（3）出票时间地点。

（4）付款日期。它分为即期付款和远期付款。即期付款的情况下，此栏一般不必填写。远期付款的情况下，此栏填上天数即可。

在此需要注意的是，远期汇票付款的时间有下列四种规定方法：

①见票后若干天付款（at...days after sight）。

②出票后若干天付款（at...days after date）。

③提单签发后若干天付款（at...days after date of Bill of Lading）。

④指定日期付款（fixed date）。

（5）收款人（payee）。它是指汇票抬头，因为"收款人"的记载通常称为"抬头"。对收款人通常有三种规定方法：

①限制性抬头（restrictive order），如"Pay to Henry Brown only"，"Pay to Henry Brown"。不可转让（not transferable）。

②指示性抬头（demonstrative order），如"Pay to the order of Henry Brown"，"Pay to Henry Brown or order"。通过背书交付可转让。

③来人抬头（payable to bearer），如"Pay Henry Brown or Bearer"，"Pay Bearer"。交付即可转让。

（6）大写汇票金额。此处的大写金额应与前面的小写一致。一般表示为："SAY...ONLY"，其中，SAY表示"计"，ONLY表示"整"。

（7）出票依据。若信用证有规定的，按信用证的原有规定填写。若信用证没有规定的，这里应分别填写开证行名称、信用证号码及开证日期。

（8）付款人的名称和地址。通常填写开证行的名称和地址。

（9）出票人签章。所谓签章，是指签名、盖章或签名加盖章，它表明行为人对其行为承担责任。

三、汇票的种类

根据汇票的出票人、付款时间等不同角度，可以把汇票分为以下四种：

（一）根据汇票出票人的不同可分为银行汇票和商业汇票

银行汇票（banker's draft）是出票银行签发的，由其在见票时按照实际结算金额无条件支付给收款人或者持票人的票据。银行汇票的出票银行为银行汇票的付款人。实际业务中，一般是汇款人将款项交存当地银行，由银行签发给汇款人，汇款人寄交给出口商或持往异地办理转账结算或支取现金。

商业汇票（commercial draft）是指出票人为企业或个人，付款人为其他企业、个人或者银行的汇票。

在国际结算中，商业汇票使用较多，通常由出口方开立，向国外进口方或银行收取货款。

（二）根据有无随附单据，汇票可分为光票汇票和跟单汇票

光票汇票（clean bill）本身不附带货运单据，银行汇票多为光票汇票。

跟单汇票（documentary bill）又称信用汇票、押汇汇票，是需要附带提单、保险单、装箱单、商业发票等单据，才能进行付款的汇票。商业汇票多为跟单汇票，在国际贸易中经常使用。

（三）根据付款时间的不同可分为即期汇票和远期汇票

即期汇票（sight bill，demand bill）又称见票即付汇票，是指持票人向付款人提示后，对方立即付款的汇票。即期汇票能够使出口商在提示时立即得到货款，因此对出口商比较有利。

即期汇票表示方法举例：At sight of ...（见票后即付）。

远期汇票（time bill，usance bill）是在将来某个时间付款的汇票。

（四）根据承兑人的不同可分为银行承兑汇票和商业承兑汇票

由银行承兑的远期商业汇票为银行承兑汇票。银行对汇票承兑后即成为该汇票的主债务人，出票人成了次债务人。因此，银行承兑汇票是建立在银行信用的基础之上，它更易于在金融市场上流通。在实际业务中，银行承兑汇票一般是由银行直接盖章签发的。由银行以外的企事业单位承兑的远期商业汇票为商业承兑汇票。它是建立在商业信用的基础之上的。

除了以上几种分类方法之外，汇票还有其他分类方法，在此不作赘述。一般一张汇票往往会同时具备几种特征，比如一张远期的商业汇票。

四、汇票的使用

1. 出票（draw）

出票即开出汇票，开出汇票的人即出票人（drawer），一般为出口商。出票行为包括缮制和交付两个步骤，缮制即出票人按照法定款式制作汇票，填写各个必要项目并签名；交付

即出票人将其交给收款人的行为。由于现在汇票都由一定机构印制，因而出口商的出票行为只是填写汇票的必要项目和签名，并交给收款人即可。

2. 提示（presentation）

提示是指收款人或持票人将汇票提交付款或承兑的行为，可分为以下两种：

提示承兑（presentation for acceptance）：远期汇票持票人向付款人出示汇票，并要求付款人承诺付款的行为。汇票被承兑前，出票人是票据的主债务人；被承兑后，承兑人即成为主债务人。

提示付款（presentation for payment）：汇票持票人向付款人或远期汇票的承兑人出示汇票要求付款人付款或承兑人付款的行为。

3. 承兑（acceptance）

承兑是指汇票的付款人承诺负担票据债务的行为。承兑为汇票所独有。出票人签发汇票，并不等于付款人就一定付款，持票人为确定汇票到期时能得到付款，在汇票到期前向付款人进行承兑提示。如果付款人签字承兑，那么他就对汇票的到期付款承担责任，否则持票人有权对其提起诉讼。

4. 付款（payment）

付款是指在持票人向付款人做付款提示时，付款人向持票人支付汇票金额的行为。即期汇票是付款人见票时即付，远期汇票是付款人于汇票到期日进行付款。持票人获得付款时，应当在汇票上签收，并交于付款人。

汇票一经付款，汇票上的一切债权债务关系即告终止。

5. 背书（endorsement）

汇票具有流通性，可以在票据市场上进行流通转让，而背书是转让汇票的一种法定手续。背书是指持票人（背书人）在转让汇票权利时，在汇票背面签上自己的名字或再加上受让人（被背书人）的名字并交付给受让人的行为。按照《票据法》的规定，在票据上的签名应当为该当事人的本名，而不能用笔名、艺名等来代替。

通过背书，这张汇票可以被继续转让下去。在整个转让过程中，对受让人而言，每一个在他之前的背书人包括出票人都称为他的前手；相反，对于背书人而言，每一个在他之后的受让人都称为他的后手。前手对后手负有担保汇票必然被承兑或付款的责任。

6. 拒付与追索（dishonour and recourse）

拒付包括拒绝承兑和拒绝付款。付款人拒付并不使他对持票人负有责任，除非对远期汇票已承兑（承兑人必须对远期汇票承担到期付款的责任，否则可被持票人和出票人追索）。

汇票被拒付，持票人可以向承兑人、所有前手直至出票人追索。行使追索权时，应将拒付事实书面通知前手，并提供被拒绝承兑或被拒绝付款的证明和退票理由书。

第二节　本票和支票

一、本票

（一）本票的含义

我国《票据法》第七十三条规定：本票（promissory notes）是出票人签发的，承诺自己在见票时无条件支付确定的金额给收款人或持票人的票据。

（二）本票的必要项目

根据我国《票据法》的规定，本票必须记载下列事项：①表明"本票"字样；②无条件支付的承诺；③确定金额；④收款人名称；⑤出票日期；⑥出票人签章。未记载上述规定事项之一的，本票无效。

（三）本票的种类

根据出票人的不同，本票可以分为商业本票和银行本票。

（1）商业本票（promissory note），也称为一般本票，即出票人是企业或个人，受票人可以是企业、个人或银行。商业本票可分为即期本票和远期本票。

（2）银行本票（casher's order），即出票人是银行的本票。银行本票的收票人也是银行。银行本票只能是即期的。

商业本票因信用保证不高，很难流通，因此在国际贸易结算中使用的本票大多是银行本票。我国《票据法》中所规定的本票仅为银行本票，并且只有经中国人民银行审定的银行及其他金融机构才能签发本票。

（四）本票与汇票的区别

本票与汇票都具有票据的一般特性，其票据行为除票据法特定的以外，均适用汇票的规定，但两种票据也存在着明显的差别，见下表：

本票与汇票的区别

	本票	汇票
当事人	出票人和收款人	出票人、付款人和收款人
份数	一式一份	一式多份（银行汇票除外）
承兑	无须承兑	远期汇票都要经付款人承兑
债务	出票人始终为债务人	承兑前出票人为主债务人，承兑后承兑人为主债务人，出票人为从债务人

二、支票

（一）支票的含义

我国《票据法》规定：支票（check/cheque）是指出票人签发，委托办理支票存款业务的银行或者其他金融机构在见票时无条件支付确定的金额给收款人或者持票人的票据。

从以上定义可见，支票是以银行为付款人的即期汇票，可以看作汇票的特例。出票人签发支票时，应在付款行存有不低于票面金额的存款。如存款不足，持票人出示支票时银行会拒付，这种支票称为空头支票。开出空头支票的出票人要负法律责任。

支票都是即期的，如果支票上另行记载付款日期，则该记载无效。

（二）支票的必要项目

根据我国《票据法》的规定，支票必须记载下列事项：①表明"支票"字样；②无条件支付命令；③确定金额；④付款银行名称；⑤出票日期和地点；⑥出票人签章。未记载上述规定事项之一的，支票无效。

案例分析

1997 年 8 月，我国某市 A 公司与新加坡 B 商签订了一份进口胶合板的合同。合同总金额为 700 万美元，支付方式为"托收"项下付款交单。合同写明，允许分批装运胶合板。按照合同规定，第一批价值为 60 万美元的胶合板准时到货。经检验后，A 公司认为质量良好，对双方合作很满意。但在第二批交货期前，新加坡 B 商向 A 公司提出："鉴于 A 公司资金周转困难，允许 A 公司对 B 商开出的汇票远期付款，汇票的支付条款为：见票后一年付 700 万美元。但要求该汇票要请中国某国有商业银行的某市分行承兑。承兑后，B 商保证将 700 万美元的胶合板在一年内交货。A 公司全部收货后，再付 B 商 700 万美元货款。A 公司对此建议欣然接受。A 公司认为只要承兑了一张远期汇票，就可以得到货物，并在国内市场销售。这是一笔无本生意，而且货款还可以投资。但令 A 公司始料不及的是，B 商将这张由中国某国有商业银行某市分行承兑的远期汇票在新加坡美国一家银行贴现了 600 万美元，从此一张胶合板都不交给 A 公司了。事实上，B 商将这笔巨款骗到手后就无影无踪了。一年后，新加坡美国银行将这张承兑了的远期票据请中国某国有商业银行某市分行付款。尽管 B 商没有交货，承兑银行却不得以此为理由拒绝向善意持票人美国银行支付票据金额。本票金额巨大，中国某国有商业银行报请上级批准，由我方承兑银行付给美国银行 600 万美元而结案。

分析：

对于这张由新加坡 B 商作为出票人和收款人的汇票，经中国某国有商业银行的某市分行承兑后成为汇票的付款人。A 公司与 B 公司之间的胶合板买卖合同是该票据的原因关系。因此 B 商向 A 公司开出远期付款命令。而 A 公司在某国有商业银行某市分行有账户往来关系，即存款于该银行。

它们之间的这种资金关系使得该行某市分行愿意向 A 公司提供信用，承兑了这张远期汇票。美国银行与 B 商之间有对价关系，美国银行善意地付了 600 万美元的对价而成为受让人，从而成为这张汇票的善意持票人。但票据的最大特点就是，票据法律关系一经形成，即与基础关系相分离。票据基础关系的存在和有效与否并不对善意持票人的票据权利产生影响。所以，B 商实际上没有交货，或者 A 公司没有足够的美元存在银行，都不影响美国银行对承兑人的付款请求权。对美国银行来说，这张票据上并没有写什么胶合板，只有一句话："见票后一年付 700 万美元。"票据法律关系应依票据法的规定加以解决，票据基础关系则应以民法规定加以解决。B 商正是利用了票据的特性才行骗得逞的。如果这张票据没有在市场流通，那么情况就不一样了。因为各国票据法都认为，票据在未投入流通前，票据的基础关系与由此而产生的法律关系便没有分离，两者是有联系的。也就是说，当票据的原因关系与票据法律关系存在于同一当事人之间时，债务人可以利用原因关系对抗法律关系。在该案中，如果是 B 商来中国某国有商业银行某市分行要求付款，该行可提出：既然卖方不交货，买方也拒绝付款。这就是买方可向卖方提出同时履约的抗辩理由。

思考与练习

1. 比较汇票、本票和支票的异同。
2. 简述汇票的几种常见票据行为。
3. 请回答以下两种情况下汇票是否有效并说明理由：
①汇票上规定"如果甲公司交付的货物符合合同规定，即支付其金额 20 000 美金"。

②汇票加注"按信用证号码 LC3456 开立"。

4. 下面三种汇票，哪种汇票可以转让？转让时有什么手续？

pay to ABC Co. only

pay to the order of ABC Co.

pay to bearer

第八章　国际结算方式

国际贸易结算即通过货币的收付结清国家之间贸易双方的债权债务关系。国际贸易结算有以下几种结算方法：①以货易货。这种方式下的货物很难匹配，主要用于补偿贸易。②现金结算。现金运送风险大、费用高，而且还有资金周转的问题及外汇管制问题。③票据结算。这种方式迅速、简便、节约现金和流通费用，并且还能加快资金的周转。因此，在国际贸易实践中，绝大多数的贸易结算都是通过票据进行的。本章将介绍以票据为支付工具的几种主要的结算方式。

国际结算方式按照支付工具和资金流向的异同，可分为顺汇和逆汇两种，顺汇是指支付工具的传递方向和资金的流向相同；逆汇是指支付工具的传递方向和资金的流向相反。目前，国际贸易中所使用的基本结算方式主要有三种，即汇付、托收和信用证。其中，汇付属于顺汇，托收和信用证属于逆汇。在我国，汇付、托收结算方式越来越普遍，但信用证结算方式的使用仍然最为普遍。此外，还有国际保理、银行保函、福费廷等结算方式。各种结算方式可以单独使用，也可视需要结合使用。

第一节　汇　付

一、汇付的含义及当事人

汇付（remittance）又称汇款，是指汇款人主动将货款交给银行，由银行根据汇款指示汇交给收款人的付款方式。在国际贸易中如采用汇付，通常是由买方按合同规定的条件和时间（如预付货款或货到付款或凭单付款）通过银行将货款汇交给卖方。在汇付方式下，货款的支付是以企业或个人的信用为保证的，属于商业信用。

汇付业务一般涉及的当事人主要有四个：

（1）付款人（remitter），又称汇款人，通常是指国际贸易中的买方，即进口方。

（2）收款人（payee/beneficiary），通常是指国际贸易中的卖方，即出口方。

（3）汇出行（remitting bank），通常是指接受汇款人申请、代其汇款的银行，一般是进口地银行。

（4）汇入行（paying bank），是指接受汇出行的委托、向收款人付款的银行，一般是出口地银行。汇入行通常是汇出行的分行或代理行。

二、汇付的种类

根据汇出行向汇入行发出汇款委托方式的不同，汇付可分为三种形式：

（1）电汇（telegraphic transfer，T/T），是指汇出行接受汇款人委托后，以电信方式委托汇入行向指定收款人支付一定款项的结算方式。

电汇因其交款迅速，在三种汇付方式中使用最广。但因银行利用在途资金时间短这一优势而收取较高的手续费，使得电汇的费用比下述信汇及票汇的费用都要高，即汇款人要承担较多的费用。

（2）信汇（mail transfer，M/T），是指汇出行应汇款人的要求以信函方式委托汇入行向收款人付款的结算方式。采用信汇方式，费用较小，但汇款的速度较慢。

电汇和信汇流程简图如图 8-1 所示：

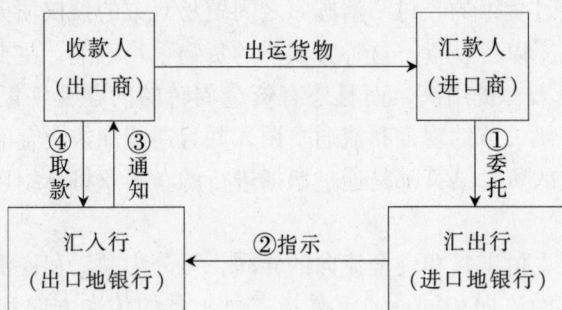

图 8-1　电汇和信汇流程简图

电汇、信汇的基本程序如下：

①进口商交付款项委托汇款。进口商（汇款人）根据合同将汇款交付银行（汇出行），并填写电汇或信汇申请书，委托汇出行汇出款项。汇出行接受汇款委托，将电汇或信汇申请书回执交给汇款人。

②汇出行通知汇入行，指示其对收款人付款。汇出行通过电信工具或邮寄汇款委托书，委托汇入行解付汇款。

③汇入行通知收款人收取汇款。汇入行收到电信通知或信汇委托书，经审核无误后，将汇款通知单交付收款人。

④出口商收取汇款。出口商（收款人）持盖章后的汇款通知单向汇入行收取汇款。

信汇和电汇的主要区别在于，信汇是指汇出行向汇入行航寄付款委托，所以汇款速度比电汇慢。因信汇方式人工手续较多，目前欧洲银行已基本不再办理信汇业务。

（3）票汇（demand draft，D/D），是指汇款人向汇出行购买银行汇票寄给收款人，由收款人据此向汇票上指定的银行收取款项的结算方式。

票汇是以银行即期汇票为支付工具的一种汇付方式，即由汇出行应汇款人的申请，开立以其代理行或分行为付款人，列明汇款人所指定的收款人名称的银行即期汇票，然后交由汇款人自行寄给收款人，最后由收款人凭票向汇票上的付款人（银行）取款的一种汇付方式。

票汇流程简图如图 8-2 所示：

票汇的基本程序如下：

①进口商交付汇款并委托汇款。进口商（汇款人）填写票汇申请书，并向银行（汇出行）交付款项，委托银行办理汇付业务。

②开立汇票。汇出行审核无误后，开立银行即期汇票并交付进口商。

③邮寄汇票。进口商将银行即期汇票邮寄给出口商（收款人）。

④指示。汇出行将汇付通知书邮寄给汇入行，指示其付款。

⑤付款。出口商凭银行汇票向汇入行收取汇款。经汇入行审核无误后，解付汇款。

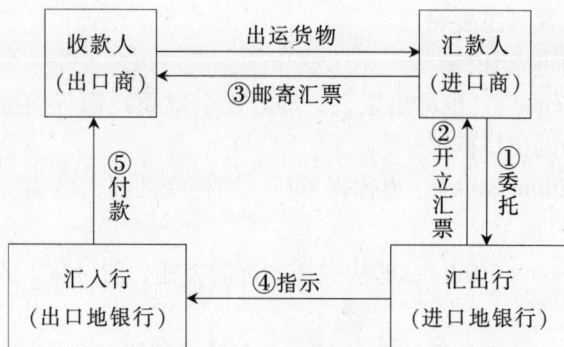

图 8 - 2　票汇流程简图

从以上的描述中，可以看出各种汇付方式的优劣，鉴于电汇的速度较快，因此目前电汇是使用最多的一种汇付方式。

三、汇付在国际贸易中的应用

对每一种结算方式，买卖双方都从手续费用、风险和资金负担的角度来考虑它的利弊。汇付的优点在于手续简便、费用低廉。但汇付也有缺点，主要有以下两个：首先是风险大。因为汇付方式属于商业信用，它完全取决于交易一方对另一方的信任，故其中提供信用的一方要承担很大的风险，这也是汇付方式最大的缺陷，因此这种结算方式只有在进出口双方高度信任的基础上才适用。此外，结算货款尾差、支付佣金、归还垫款、索赔理赔、出售少量样品等也可以采用这种方式。其次，交易双方的资金负担不平衡。因为汇付方式通常用于预付货款（payment in advance）和货到付款（payment after arrival of the goods），即赊销（open account，O/A）。预付货款是指进口商先将货款用汇付的方式交给出口商，出口商立即或在一定时间内发运货物的方式。货到付款是指出口商先发货给进口商，进口商收到货后在一定时间内付款的方式。货到付款方式对出口商不利，多用于新产品或滞销货的出口。如果是货到付款，卖方要向买方提供信用并融通资金。而预付货款则是买方向卖方提供信用并融通资金。因此，不论哪一种方式，风险和资金负担都集中在一方。在我国外贸实践中，汇付一般只用来支付订金货款尾数或佣金等项费用，不是一种主要的结算方式。而在发达国家之间，由于跨国公司的内部交易所占的比重较大，而且外贸企业在国外有可靠的贸易伙伴和销售网络，因而汇付成为主要的结算方式。

第二节　托　收

一、托收的含义

托收（collection）是指出口商开立汇票，委托银行代收款项，向国外进口商收取货款或劳务款项的一种结算方式。其基本做法是出口商先行发货，然后备妥包括运输单据（通常是海运提单）在内的货运单据并开出汇票，把全套跟单汇票交给出口地银行（托收行），委托其通过进口地的分行或代理行（代收行）向进口商收取货款。托收也属于商业信用。

二、托收的当事人及其主要责任

托收方式的基本当事人有：

（1）委托人（principal），也称出票人，即开出汇票委托银行向国外付款人收款的出票人，一般是国际贸易中的出口商。

（2）托收行（remitting bank），也称寄单行，即接受委托人的委托，转托国外银行向国外付款人代为收款的银行。

（3）代收行（collecting bank），即接受托收行的委托，向付款人收款的银行，一般是托收行在进口地的代理行。

（4）付款人（payer），即接受汇票的付款命令并进行付款的人，也就是汇票的受票人，一般是国际贸易中的进口商。

委托人与托收行，托收行与代收行之间都只是委托代理关系。

三、托收的种类

按托收项下的汇票是否附有货运单据的标准，可将托收分为光票托收和跟单托收。

（一）光票托收（clean collection）

光票托收是指出口商（委托人）仅开具汇票而不附带货运单据的托收方式。光票托收并不一定不附带任何单据，有时附有一些非货运单据，如发票、垫款清单等，但仍被视为光票托收。由于不涉及货物所有权的转移或货物的处理，光票托收的业务处理比较简单，主要适用于向进口商收取货款差额及贸易从属费用等。

在实际业务中，光票托收涉及金额一般不大，所以使用即期汇票的比较多。

（二）跟单托收（documentary collection）

跟单托收是指附带有货运单据的托收方式，即出口商将汇票和货运单据一起交给银行，委托其向进口商收取款项。出口商有时为了避免印花税，也有不开汇票，只拿商业单据委托银行代收的。

国际贸易结算中使用的托收一般都是跟单托收。根据交单条件的不同，跟单托收又可分为两种方式：付款交单和承兑交单。

1. 付款交单（documents against payment，D/P）

出口商在委托银行收款时，指示银行只有在付款人（进口商）付清货款时，才能向其交出货运单据，即交单以付款为条件，称为付款交单。

按付款时间的不同，付款交单又可分为即期付款交单（D/P at sight）和远期付款交单（D/P after sight）。

（1）即期付款交单是出口商按合同规定日期发货后，开具即期汇票（或不开汇票）连同全套货运单据，委托银行向进口商提示，进口商见票（和单据）后立即付款，付清货款后银行即交出货运单据。

（2）远期付款交单是出口商按合同规定日期发货后，开具远期汇票连同全套货运单据，委托银行向进口商提示，进口商审单无误后在汇票上承兑，于汇票到期日付清货款，然后才可从银行取得货运单据。

远期付款交单和即期付款交单的交单条件是相同的，即买方只有付清货款后才能从银行取得货运单据，这两种方式下卖方承担的风险责任基本相同。所不同的是，即期付款交单方式下卖方能尽快地得到货款；而远期付款交单是卖方给予买方的资金融通，融通时间的长短取决于汇票的付款期限。

在远期付款交单方式下，通常有两种规定期限的方式：一种是付款日期和到货日期基本一致。买方在付款后，即可提货。另一种是付款日期比到货日期要推迟许多。对于第二种情况，买方可凭信托收据借取货运单据，以先行提货。所谓信托收据（trust receipt，T/R），是进口商借单时提供的一种担保文件，表示愿意以银行受托人身份代为报关、提货、存仓、保险、出售，并承认货物所有权仍归银行，货物售出后所得货款应于汇票到期日交于银行。但凭信托收据借出单据的做法可能面临货款无法收回的风险，在此要区分两种不同性质的借出单据行为：①若是出口商授权代收行凭信托收据将单据借给进口商，出口商自行承担汇票到期拒付的风险，与代收行无关，称之为"付款交单，凭信托收据借单（D/P，T/R）"。如果遭到进口商拒绝付款，除非另外有规定，否则银行没有代管货物的义务，出口商仍需要关心货物的安全，直到对方付清货款为止。因此这种方式下，出口商面临的风险和负担是多重的。②若代收行主动同意凭信托收据向进口商借单，则由代收行承担汇票到期拒付的风险。

2. 承兑交单（documents against acceptance，D/A）

承兑交单是指出口商发运货物后开具远期汇票，连同货运单据委托银行办理托收，并明确指示银行，进口商在汇票上承兑后即可领取全套货运单据，待汇票到期日进口商再付清货款。

承兑交单是在进口商承兑之后，即可取得货运单据，并凭以提取货物。但承兑毕竟不等于付款，一旦交出单据，出口商就失去了物权，丧失了约束进口商付款的手段。一旦进口商到期不付，出口商便可能面临钱货两空的风险。因而出口商对采用此种方式应持谨慎态度。

我国外贸企业一般不采用承兑交单方式出口。在进口业务中，尤其是对外加工装配和进料加工业务中，往往对进口料件采用承兑交单方式付款。

四、托收的一般业务流程

（一）付款交单的收付程序（见图 8-3）

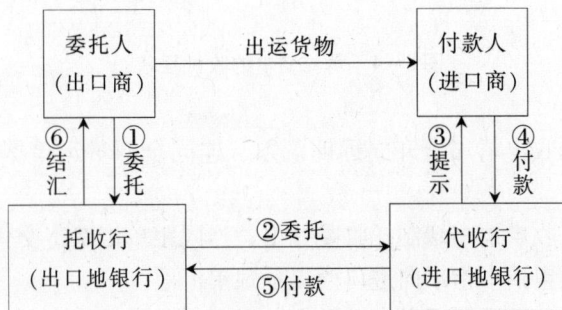

图 8-3 付款交单的收付程序

付款交单方式可分为即期付款交单和远期付款交单，这两种交单方式的业务流程大致相同。即期付款交单的收付程序如下：

（1）出口商委托托收行（出口地银行）。出口商填写托收申请书，并在托收申请书中注明交单条件，然后开立即期汇票，连同全套货运单据交给托收行，委托其代收货款。

托收申请书一般包括以下内容：代收行的名称和地址、申请人（出口商）的名称和地址及联系方式、付款人（进口商）的名称和地址及联系方式、汇票的时间和期限、合同号码、提交给银行的单据名称及数量等。

（2）托收行委托代收行（进口地银行）。托收行根据托收申请书中规定的条件缮制托收委托书，通过其在进口地的代理行或往来行（代收行）发出托收通知书、汇票及商业单据寄交代收行，要求其按照通知书的指示向进口商收取货款。

（3）代收行收到单据后，按委托书的指示，及时通知进口商（付款人）付款赎单。

（4）进口商付款，代收行将货运单据交于进口商。进口商拿到单据后即可向船公司提货。

（5）代收行办理转账手续，并通知托收行款已收妥。

（6）托收行向出口商交款。

远期付款交单是指出口商开立远期汇票，进口商见票并审单无误后，立即承兑汇票，并于汇票到期日由代收银行再次向其提示经付款后才能取得单据。在汇票到期前，汇票和货运单据由代收行保管。

远期付款交单和即期付款交单的不同之处就在于出口商开立的汇票不同。在即期付款交单方式下，出口商开立的是即期汇票；在远期付款交单方式下，出口商开立的是远期汇票，故有承兑这一票据行为的发生。

（二）承兑交单的收付程序（见图8-4）

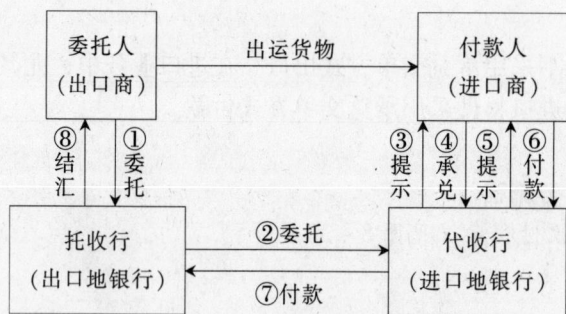

图8-4 承兑交单的收付程序

（1）出口商填写托收申请书，开立远期汇票，连同全部货运单据交给托收行，委托其代收货款。

（2）托收行根据托收申请书缮制托收委托书，连同跟单汇票寄交代收行委托代收。

（3）代收行按托收申请书指示向进口商提示跟单汇票。

（4）进口商对远期汇票进行承兑，代收行将货运单据交于进口商，进口商即可凭单据向船公司提货。

（5）代收行待汇票到期时再次向进口商提示。

（6）进口商向代收行付款。

（7）代收行办理转账手续，并通知托收行款已收妥。

（8）托收行向出口商交款。

五、托收的特点及其在国际贸易中的应用

托收有以下特点：

（1）托收属于逆汇。托收方式下，出口商签发汇票并委托银行传递给进口商，而资金的流动方向恰好相反，是由进口商流向出口商。

（2）托收方式是出口商先发货，后收取货款。因为货已发运，所以若进口商以某种原因拒付，出口商不仅收不回货款，还要承担来回运输费用的损失和货物转售的损失，故对出口商极为不利。

另外，虽然国际上处理托收业务的主要根据是国际商会制定的 1979 年 1 月 1 日起生效的《托收统一规则》，但是仍有某些国家和地区的银行采用一些特殊的规定和做法，如欧洲和拉美国家的某些银行基于当地的法律和习惯，对来自他国银行按远期付款交单方式的委托收款业务，均在进口商承兑汇票后立即把单据交给进口商，将远期付款交单（D/P）按承兑交单（D/A）处理。这给出口商带来很大的风险，使得不法商人可在未付款的情况下，凭承兑汇票提取货物，造成出口商钱货两空。

（3）托收属于商业信用。虽然托收是通过银行办理，但银行只是受出口商的委托行事，它不承担付款责任，因此，出口商能否收回货款主要取决于进口商的商业信用及进口国的法律政策。如果进口商因破产倒闭，或货物发运后进口地货物价格下跌，或事先没有领到进口许可证，或没有申请到外汇等，出口商不但无法按时收回货款，而且在承兑交单或凭信托收据借单情况下，还可能造成钱货两空的损失。如果进口商的信誉较好，出口商在国外又有自己的办事机构，风险会相对小一些。

总的来说，托收对出口商而言风险较大，而对进口商较为有利，费用低、风险小、资金负担小。但在当前出口商品市场竞争日益激烈的情况下，为推销商品和扩大出口，出口商有时也不得不采用这种方式。在采用托收方式对外出口时，出口商一定要做好以下几项调查工作：进口商的资信、进口地有关货物的市场情况（因为市价低落往往是造成经营作风不好的商人拒付的主要动因）、进口国家的贸易管制和外汇管制规定、进口商的进口许可证和进口用汇是否落实等等。此外，还要在进口地找妥代理人，以便在遭拒付时，可以委托代理人代办货物存仓、保险、转售或回运手续等。

托收条款举例：

（1）即期付款交单。

"Upon first presentation the Buyers shall pay against documentary draft drawn by the Sellers at sight. The shipping documents are to be delivered against payment only."

"买方凭卖方开具的即期跟单汇票，于第一次见票时立即付款，付款后交单。"

（2）远期付款交单。

"The Buyers shall duly accept the documentary draft drawn by the Sellers at . . . days sight upon first presentation and make payment on its maturity. The shipping documents are to be delivered against payment only."

"买方对卖方开具的见票后×天付款的跟单汇票，于第一次提示时即予承兑，并应于汇票到期日即予付款，付款后交单。"

（3）承兑交单。

"The Buyers shall duly accept the documentary draft drawn by the Sellers at … days sight upon first presentation and make payment on its maturity. The shipping documents are to be delivered against acceptance. "

"买方对卖方开具的见票后×天付款的跟单汇票，于第一次提示时即予承兑，并应于汇票到期日即予付款，承兑后交单。"

六、采用托收方式结算出口时应注意的问题

采用托收方式结算出口的最大问题在于风险不均衡。卖方只有发运货物后，才能凭运输单据办理托收，如果货物已经到达进口地，进口商借故不付款，出口商还要承担货物在目的地的提货、仓储费用和可能变质、短量、短重的风险，如果货物转售他地，会产生数量与价格上的损失；如果货物转售不出去，出口商还要承担货物运回本国的费用以及承担可能因为存储时间过长被当地政府贱卖的损失等。虽然，上述损失出口商有权向进口商索赔，但在实践中，在进口商已经破产或逃之夭夭的情况下，出口商即使可以追回一些赔偿，也难以弥补全部损失。综上所述，托收方式下，卖方的风险很大。相对而言，买方的风险则较小。尽管如此，在当今国际市场出口竞争日益激烈的情况下，出口商为了推销商品或占领市场，有时也不得不采用托收方式。因此在使用托收方式结算出口时应注意以下几个问题：

（1）对进口商的资信进行调查，适当控制交易规模。因人授信，根据其信用状况、经营作风考虑是否可以采用托收结算，必要时可以考虑从小单做起。

（2）了解进口国有关贸易管制和外汇管制的规定，避免因禁止进口或收不到外汇而造成损失。

（3）了解进口国的商业惯例和业务习惯，确保安全及时收汇。

（4）力争采用 CIF 条件成交，自己托运、自己投保以争取主动。若采用 F 组术语或 CFR、CPT 术语成交，卖方无办理货运保险的义务，买方根据情况自行办理，如果履约时行情对买方不利，买方无意履约，就有可能不办保险，那么一旦货物在途中遭受损失，买方更不愿付款，卖方将面临钱货两空的损失。

（5）为避免进口商弃货拒付时钱货两空，可在办理托收时预先规定一个在付款地的代理人，一旦发生拒付，由代理人代办报关、存仓、转售和返运等事宜。这个代理人可以是本公司、本系统或本地区驻付款地的分支机构或办事机构，或信得过的客户，或我国驻当地的使、领馆商务参赞等。

案例阅读

D/P after sight 欺诈案例

1994 年 3 月，某地出口公司与中东地区 P 公司（进口商）签订了一批劳保手套的出口合同，付款条件为 D/P 45 天。自 1994 年 5 月至同年 10 月不到半年时间，该出口公司先后委托当地 B 银行（托收行）办理托收 10 笔，托收委托书上均指定代收行为中东 M 银行（据说此为进口商所指定），付款人是 P 公司（进口商），金额总计 50 万美元。托收行根据委托人（出口公司）指示，在托收面函中列明："DELIVER DOCUMENTS AGAINST PAY-

MENT, DUE DATE/TENOR 45 DAYS SIGHT"（见票 45 天后付款交单），且印就文句："SUBJECT TO ICC322"（依据国际商会第 322 号版本）。

但 M 银行收到出口方单据后，竟陆续以承兑交单（D/A 45 天）方式将单据放给进口商，而 10 张承兑汇票逾期多天尚未见支付。托收行几次去电催收，并质疑代收行为何擅放单据，代收行最初不予理睬，后来催紧了才回电辩解："D/P 远期不合常理，且当地习惯认为 D/P 远期与 D/A 性质相同，故以 D/A 方式放单。"借此推诿放单责任，拒绝履行付款义务。此后，出口公司又直接与进口商联系，催其付款，但对方称：日前资金紧张，暂无力支付，要求延迟一段时间，并签订了"还款计划书"。

可是，一晃两个月过去了，付款还是毫无动静。于是，该出口公司不得不派人亲往中东与进口商交涉。但 P 公司一会儿说货物短装，要扣减 10 万美元；一会儿又称货物质量有问题，需索赔 20 万美元，此外还要扣去 10 万美元预付款，等等，基本上否定了全部欠款。到后来，对方干脆避而不见，寻无踪影，这 50 万美元货款也就杳无消息。

第三节 信用证

一、信用证的含义

在国际贸易活动中，买卖双方可能互不信任，若采用汇付和托收方式，必有买卖其中一方处于不利地位。信用证的出现则在一定程度上解决了买卖双方之间的这种矛盾，并且还能使买卖双方获得银行的资金融通，从而促进了国际贸易的发展。目前，采用信用证结算已成为国际贸易中的一种主要结算方式。

信用证（letter of credit，L/C）是由银行依照客户的要求和指示开立的有条件的承诺付款的书面保证文件。

信用证即银行（开证行）应买方（申请人）的要求和指示保证立即或将来某一时间内付给卖方（受益人）一笔款项。卖方（受益人）得到这笔钱的条件是向银行（议付行）提交信用证中规定的单据。例如，商业、运输、保险、政府和其他用途的单据。信用证一经开出即不可撤销，在有效期内，只要受益人提供的单据符合信用证规定，开证行就必须履行付款义务。

在我国，凡经中国人民银行批准经营结算业务的商业银行总行及经总行授权开办信用证结算业务的分支机构，均可办理信用证国际结算业务。在我国信用证也有一定程度的发展。

二、信用证的当事人

（一）信用证的基本当事人

（1）开证申请人（applicant）：指向银行申请开立信用证的人，一般为进口商，在信用证中又称开证人（opener）。

（2）开证行（opening/issuing bank）：接受开证申请人的委托开立信用证的银行，一般是进口地的银行，开立信用证后，开证行承担第一性的付款责任。

（3）受益人（beneficiary）：指信用证上所指定的有权使用该信用证的人，一般是出口商，出口商是信用证的收件人（addressee）和信用证的使用者。出口商可以按信用证要求，签发汇票向付款行索取货款。

(二) 信用证的其他当事人

（1）通知行（advising/notifying bank）：指受开证行的委托，将信用证转交出口商的银行，它仅承担通知出口商和鉴别信用证表面真实性的义务，不承担其他义务。通知行一般为出口商所在地的银行，通常是开证行的代理行。

按照国际商会《跟单信用证统一惯例》500 号出版物第七条的规定，信用证可经由通知行通知受益人，通知行无须承担责任。如该行决定通知受益人，则应合理谨慎地审核通知信用证的表面真实性。如果通知行不能够确定该证的表面真实性，它必须不延误地通知来证行，说明它不能够确定该证的真实性；而且必须对受益人说明它不能确定该证的真实性。

因此，在实际工作中，银行在通知信用证时，一般都附有"信用证通知函件"，描述信用证的主要内容，并明确说明该信用证是否真实。如果信用证通知行不能确定信用证的真实性，就会明确向受益人说明，在通知函上注明类似"信用证密押、印鉴待核，仅供参考"，并/或在信用证上直接签章"密押、印鉴待核，仅供参考"的表示。因此，出口商审核信用证时应首先审核通知行对信用证真实性的批注。

（2）议付行（negotiating bank），又称押汇银行、购票银行或贴现银行：指愿意买入受益人交来跟单汇票的银行。议付行一般由通知行担当，具体根据信用证条款。

议付是信用证的受益人利用信用证取得资金融通的一种方式，即由受益人向议付行递交信用证规定的全套单据，议付行在单证一致的前提下，扣除预付款的利息和手续费后，购进受益人出具的汇票和全套单据。俗称"买单"，又称"出口押汇"。

（3）付款行（paying bank）：开证行一般兼为付款行。当使用第三国货币支付时，可委托代付行（paying bank agent）代为付款。代付行即接受开证银行在信用证中委托代开证行偿还垫款的第三国银行。

（4）偿付行（reimbursing bank），又称清算银行（clearing bank）：是开证行的偿付代理行，有其存款账户。它对付款行或议付行的索偿予以支付，既不审核单据，也不承担单证不符的责任，发现单证不符，可以追回付款。

（5）保兑行（confirming bank）：应开证行或受益人的请求在信用证上加具保兑的银行，通常由通知行兼任。它和开证行处于相同的地位，即承担必须付款或议付的责任。

（6）受让人（transferee），又称第二受益人（second beneficiary）：是接受第一受益人转让，有权使用该信用证的人。

在实际业务中，上述当事人也可能由一家银行身兼几任，如既是通知行，又是议付行、保兑行。

信用证结算关系包括以下五种：开证申请人与受益人之间基于订立购销合同而产生的合同关系；开证申请人与开证行之间以开证申请书和承诺书建立起来的委托代理关系；开证行和通知行之间基于合同建立的委托代理关系，通知行既可依约只履行通知义务，也可依约成为保兑行或议付行；通知行与受益人之间的通知关系；开证行与受益人之间的无条件付款关系。

三、信用证的性质

（1）信用证是一种银行信用。由开证行以自己的信用作出付款保证，在受益人履行了信用证项下的相关义务后，开证行要承担向受益人付款的责任。

（2）信用证是一种自足文件，独立于买卖合同。开证申请书是依据买卖合同的内容提出的，因此，信用证与合同有一定的逻辑关系。但信用证一经开出，就成为独立于买卖合同以外的另一种契约，开证银行和参与信用证业务的其他银行只按信用证的规定办事，不受买卖合同的约束，即信用证不依附于买卖合同。

（3）信用证是纯单据的业务，遵守"单单相符，单证相符"的原则。在信用证业务中，银行只审查受益人所提交的单据是否与信用证条款相符，以决定其是否履行付款责任。只要受益人或其指定人提交的单据表面上符合信用证规定，开证行就应承担付款或承兑并支付的责任。进口商也应接受单据并向开证行付款赎单。而具体货物的完好与否，则与银行无关，进口商可凭有关的单据和合同向责任方提出损害赔偿的要求。

因此，单据成为银行付款的唯一依据。所以，在使用信用证支付的条件下，受益人要想安全、及时地收到货款，一定要认真处理单据。

四、信用证方式的一般收付程序

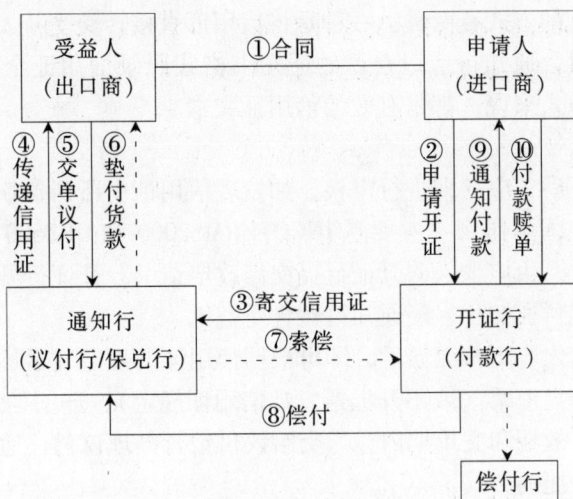

图 8 - 5 信用证方式的一般收付程序

1. 签订合同

进出口双方签署买卖合同，并在合同中规定以信用证方式支付货款。

2. 申请开证

开证申请人即合同的进口商，应按合同规定的期限向所在地银行申请开证。开证申请人应填写开证申请书，开证申请书的基本内容包括：申请人承认在付清货款前开证行对单据及其代表的货物拥有所有权，必要时，开证行可以出售货物，以抵付进口商的欠款；承认开证行有权接受"表面上合格"的单据，对于伪造单据、货物与单据不符或货物中途灭失、受损、延迟到达的，开证行概不负责；保证单据到达后如期付款赎单，否则，开证行有权没收申请人所交付的押金，以充当申请人应付价金的一部分；承认电信传递中如有错误、遗漏或单据邮递损失等的，银行不负责任。

申请人申请开证时，应向开证行交付一定比例的押金或其他担保品，押金为信用证金额的百分之几到几十，其高低由开证行规定。如果企业在银行已开设公司账户，并操作过一段时间业务（具体多长时间，视每个银行不同，一般银行需要看企业在银行的交易记录是否良好），如果该公司账户操作良好，并在公司账号存有 100% 的保证金的话，银行就可以开同等金额的信用证。

3. 寄交信用证

开证行根据开证申请书的指示拟定信用证条款，开立以出口商为受益人的信用证，然后通过航寄或电报电传等电信方式送交出口商所在地的联行或代理行，由它们通知或转交受益人。

随着国际电信事业的发展，为了争取时间、加快传递速度，上述信用证航寄的方式已越来越被"电开"及环球银行金融电信协会的方式所取代。

4. 传递信用证

通知行收到信用证后，经核对签字印鉴或密押无误后，将信用证转交受益人，并留存一份副本备查。通知行的主要责任是鉴定信用证签名或电传密押的真实性。UCP600 规定，如通知行无法鉴别信用证的表面真实性，它必须毫不迟延地通知开证行说明它无法鉴别，如通知行仍决定通知受益人，则必须告知受益人它未能鉴别该证的真实性。

通知行通知受益人的方式有两种：一种是将信用证直接转交受益人；另一种是当该信用证以通知行为收件人时，通知行应以自己的通知书格式照录信用证全文经签署后交付受益人。这两种方式对受益人来说，都是有效的信用证文本。

5. 交单议付

受益人收到信用证后，应立即进行审核，如发现信用证中所列条款内容与买卖合同不相符合，或者不符合有关国际惯例（主要是 INCOTERMS2000 和 UCP600）中的规定的，应立即通知申请人要求修改，由申请人向开证行提交修改申请书，开证行做成修改通知书后按原来信用证的传递方式交付通知行，经通知行转告受益人。

受益人对信用证的内容审核无误后，即可根据信用证的规定装运货物，缮制并取得信用证规定的全部单据，开立汇票（或不开汇票，视信用证规定），连同信用证正本和修改通知书，在信用证规定的有效期和交单期内，递交给议付银行办理议付。通常议付是受益人获取货款的一种最为安全快捷的方式。

6. 垫付货款

议付行按信用证条款审核单据无误，把贷款垫付给受益人并取得信用证规定的全套单据后，议付行即可凭单据向开证行或其指定银行请求偿付货款。

7. 索偿

议付行将全套单据寄开证行索偿。如果信用证中指定了付款行，则议付行应将单据寄交指定付款行。若开证行在信用证中指定了偿付行，则议付行应向开证行寄单，向偿付行进行索偿。

8. 偿付

开证行（或付款行）核对单据无误后，付款给议付行。开证行和付款行的付款是不可追索的。

9. 通知付款

开证行在向议付行偿付后，即通知申请人付款赎单。

10. 付款赎单

开证行通常把全套单据的复印件交给开证申请人进行审核，若单据无误，开证申请人即应付清全部货款及有关费用（如开证时曾交付押金，则应扣除押金的本息）；若单证不符，则开证申请人有权拒付。申请人付款后，即可从开证行取得全套单据。

五、信用证的主要内容

1. 对信用证本身的说明

（1）信用证的当事人。

（2）信用证的种类、性质及信用证号码（documentary credit number）。

在与开证行的业务联系中必须引用该号码。

（3）信用证的币别和金额（currency code and amount）。

（4）信用证的开证日期、到期日、交单地点和交单期限。

信用证的开证日期（date of issue），是开证行开出信用证的日期。

信用证到期日（expiry date），也即信用证的有效期，是受益人向银行提交单据的最后日期，受益人应在到期日之前或当天向银行提交信用证单据，如果过此期限提交，银行可以拒付。

UCP600 第 6 条第 d、i 款规定："信用证必须规定一个交单的到期日。信用证中规定的付款或议付的到期日将被视为交单的到期日。"据此规定，信用证未规定到期日的，则此信用证无效。如果信用证上仅规定付款或议付日期，也可以把它当作到期日看待。

信用证的交单地点（place for presentation），是受益人在有效期限内向银行提交单据的地点。

信用证的交单期限（period for presentation of documents），是信用证规定的在装运日期后的一定时间内向银行交单的期限。如果没有规定该期限，根据国际惯例，银行将拒绝受理迟于装运日期后 21 天提交的单据，但无论如何，单据不能迟于信用证的有效期提交。一般情况下，开证行和开证申请人经常规定装运日期后 10 天、15 天或 20 天为交单的最后期限，但是，如果信用证有特殊规定，交单期限也可以超过 21 天。

2. 货物描述（description of goods and/or services）

货物描述即信用证对交易货物的名称、规格、数量、包装、价格等的描述。货物描述应准确、明确和完整。

3. 装运和保险条款（shipment and insurance clause）

装运条款是对装运条件的描述，一般包括装运港或起运地、卸货港或目的地、装运期限、可否分批装运、可否转运等内容。保险条款主要是对货物保险的主要事项加以规定，内容包括保险金额和保险价值、保险责任和保险费的交付等。

4. 单据条款

单据条款说明要求提交的单据种类、份数和内容要求等，基本单据包括商业发票、运输单据和保险单；其他单据有检验证书、产地证、装箱单或重量单等。

5. 特殊条款

特殊条款视具体交易的需要而异。如要求通知行加保兑，限制由某银行议付，限装某船或不许装某船，不准在某港停靠或不准采取某条航线，俟具备某条件后信用证方始生效。

6. 开证行责任条款

开证行责任条款即开证行对受益人及汇票持有人保证付款的责任文句，通常说明根据《跟单信用证统一惯例》开立以及开证行保证付款的承诺。国外来证大多数均加注："除另有规定外，本证根据国际商会《跟单信用证统一惯例》（2007 年修订）即国际商会 600 号出版物（UCP600）办理。"

7. 开证行签字和密押

六、SWIFT 信用证

SWIFT 即环球同业银行金融电信协会（Society for Worldwide Interbank Financial Telecommunication），简称环球电协，是国际银行同业间的国际合作组织，成立于 1973 年，总部在比利时的布鲁塞尔。SWIFT 从事传递各国之间非公开性的金融电信业务，包括外汇买卖、证券交易、开立信用证、办理信用证项下的汇票业务和托收、国际财务清算和银行间资金调拨等。

SWIFT 信用证是依据国际商会制定的电信信用证格式，利用 SWIFT 网络系统设计的特殊格式，并通过该网络系统传递的信用证信息。采用 SWIFT 开证使信用证具有标准化、固定化和统一格式的特性，且传递速度快。

目前利用 SWIFT 系统进行密押传递的信用证文书在世界范围内广泛使用，传统的电传信用证以及更古老的信开信用证也仍在小范围的不发达国家地区实行，虽然费用低，但传递遗失错误的发生几率较高。

（一）SWIFT 信用证的特点

（1）SWIFT 需要会员资格。中国银行于 1983 年加入，是中国银行业中第一个 SWIFT 组织成员。目前，我国大多数专业银行都是其成员。在国际上，SWIFT 网络已遍布全球 206 个国家和地区的 8 000 多家金融机构。

（2）SWIFT 的安全性较高。SWIFT 的密押比电传的密押可靠性强、保密性高，且具有较高的自动化。

（3）SWIFT 的格式具有标准化。对于 SWIFT 电文，SWIFT 组织有着统一的要求和格式。

（二）SWIFT 电文表示方式

1. 项目表示方式

SWIFT 由项目（FIELD）组成，如 "59 Beneficiary" 是一个项目，其中，"59" 是项目的代号，"Beneficiary" 是栏位名称。项目代号有的用两位数字表示，有的用两位数字加上字母表示。不同的代号表示不同的含义。

其中有些项目是必选项目（M），即信用证中必须要具备的，如 31D DATE AND PLACE OF EXPIRY；有些项目是可选项目（O），即不是信用证中的必备项目。

2. 日期表示方式

SWIFT 电文的日期表示为 YYMMDD（年月日）。如 1999 年 5 月 12 日可表示为 990512。

请参照下面的 SWIFT 信用证样本：

ISSUE OF A DOCUMENTARY CREDIT			
SEQUENCE OF TOTAL	*	27	1/1
FORM OF DOC.	*	40	IRREVOCABLE

（续上表）

CREDIT	A		
DOC. CREDIT	* 20	372623	
NUMBER			
DATE OF ISSUE	31	030514	
	C		
EXPIRY	* 31	DATE 030705 PLACE LINZ	
	D		
APPLICANT	* 50	BELLAFLORA GARTENCENTER	
		GESELLSCHAFT M. B. H.	
		FRANZOSENHAUSWEG 50	
		A – 2040 LINZ	
BENEFICIARY	* 59	DALIAN ARTS & CRAFTS IMPORT & EXPORT CORP.	
		NO. 23 FUGUI STR. DALIAN, CHINA	
AMOUNT	* 32	CURRENCY USD AMOUNT 21,383. 93	
	B		
POS. /NEG. TOL.	39	10/10	
(%)	A		
AVAILABLE	* 41	OBKLAT2L	
WITH/BY	D	* BANK FUER OBEROEATERREICH UND	
		* SALZBURG (OBERBANK)	
		* LINZ	
		BY PAYMENT	
PARTIAL	43	NOT ALLOWED	
SHIPMENTS	P		
TRANSSHIPMENT	43	ALLOWED	
	T		
LOADING IN	44		
CHARGE	A		
		ANY CHINESE PORT	
FOR TRANSPORT	44		
	B		
		VIENNA	
LATEST	44	030601	

（续上表）

SHIPMENT	C	
DESCRIPT OF	45	
GOODS	A	
		CHRISTMAS GIFTS AS PER SALES CONFIRMATION NO. 205001 OF MAY. 9TH 2003 CIF VIENNA
DOCUMENTS	46	
REQUIRED	A	
		1. COMMERCIAL INVOICE, 5 FOLD, ALL DULY SIGNED CERTIFYING THAT THE GOODS HAVE BEEN PACKED AND MARKED SEPARATELY FOR EACH BELLAFLORA BRANCH. 2. FULL SET OF CLEAN ON BOARD ORIGINAL MARINE BILL OF LADING, MADE OUT TO ORDER, BLANK ENDORSED. NOTIFY: 1. BIRKART AUSTRIA 2. BELLAFLORA 3. CERTIFICATE OF P. R. CHINA ORIGIN AS PER GSP FORM A. ISSUED AND MANUALLY SIGNED BY AN AUTHORITY ALSO MANUALLY SIGNED BY EXPORTER, BEARING A REFERENCE NUMBER AND SHOWING AUSTRIA AS IMPORTING COUNTRY. 4. PACKING LIST, 5 – FOLD. 5. INSURANCE CERTIFICATE OR POLICY FOR THE INVOICE VALUE PLUS 10 PERCENT, BLANK ENDORSED, COVERING ALL RISKS AND WAR RISKS AND RISKS OF S. R. C. C. AS PER O. M. C. C. OF P. I. C. C. CLAUSES DD. 1981, 01, 01 FROM SELLER'S WAREHOUSE TO BUYER'S WAREHOUSE. CLAIMS PAYABLE IN AUSTRIA, MANING A CLAIM SETTLING AGENT IN AUSTRIA.
ADDITIONAL	47	
COND.	A	
		UPON RECEIPT OF DOCUMENTS STRICTLY COMPLYING WITH CREDIT TERM, WE SHALL REMIT FUNDS.
DETAIL OF	71	BANKING CHARGES, EXCEPT CHARGES OF ISSUING
CHARGES	B	BANK, ARE FOR ACCOUNT OF BENEFICIARY. IF DOCUMENTS ARE PRESENTED WITH DISCREPANCY WE SHALL DEDUCT COUNTER VALUE OF USD50. 00
PRESENTATION	48	21 DAYS

（续上表）

PERIOD		
CONFIRMATION	* 49	WITHOUT
SEND TO REC.	72	PLEASE SEND DOCUMENTS TO US IN ONE LOT
INFO.		(OBERBANK, UNTERE KONAULAENDE 28, A－2040 LINZ)

七、信用证的种类

1. 根据信用证项下的汇票是否附有货运单据，信用证可以分为跟单信用证及光票信用证

（1）跟单信用证（documentary credit）是开证行凭跟单汇票或单纯凭单据付款的信用证。单据是指代表货物或证明货物已交运的运输单据。如提单、铁路运单、航空运单等，通常还包括发票、保险单等商业单。国际贸易中一般使用跟单信用证。

（2）光票信用证（clean credit）是开证行仅凭不附单据的汇票付款的信用证，汇票如附有不包括运输单据的发票、货物清单等，仍属光票。

2. 根据有无另一银行加以保证兑付，信用证可以分为保兑信用证和不保兑信用证

（1）保兑信用证（confirmed letter of credit），指开证行开出的信用证，由另一银行保证对符合信用证条款规定的单据履行付款义务。对信用证加以保兑的银行，称为保兑行。

（2）不保兑信用证。开证行开出的信用证没有经另一家银行保兑。

3. 根据付款时间不同，信用证可以分为即期信用证和远期信用证

（1）即期信用证，指开证行或付款行收到符合信用证条款的跟单汇票或装运单据后，立即履行付款义务的信用证。

（2）远期信用证，指开证行或付款行收到信用证的单据时，在规定期限内履行付款义务的信用证。

4. 根据受益人对信用证的权利可否转让，信用证可以分为可转让信用证和不可转让信用证

（1）可转让信用证（transferable letter of credit），是指经出口商请求，进口商同意，由开证银行开立可转让信用证，并载明授权受益人（第一受益人）有权将信用证所列金额的全部或部分转让给出口商以外的第三者，即第二受益人（second beneficiary），第二受益人有权使用转让后的权力。根据 UCP600 第 38 条规定，可转让信用证是指明确表明其"可以转让"的信用证。根据受益人的请求，转让信用证可以全部或部分地转让给其他受益人。

可转让信用证必须在证中明确注明"可转让"（transferable），所以可转让信用证中一般会载明如下文句：本信用证可转让（this credit is transferable）或本信用证允许转让（transfer to be allowed）。可转让信用证只能转让一次，但允许第二受益人将信用证重新转让给第一受益人。另外，第二受益人的交单必须经转让行。

可转让信用证的受益人往往是中间商，其将信用证转让给实际出口商办理装运交货，以便从中赚取差价和利润。有的时候是由于有些出口商品由外贸总公司统一对外成交，分由各口岸分公司交货，即可在合同中规定国外进口商给总公司开来可转让信用证，再由总公司转让给有关分公司就地装运交货，就地议付结汇。

（2）不可转让信用证，指受益人不能将信用证的权利转让给他人的信用证。凡信用证中未注明"可转让"的，即都是不可转让信用证。

5. 其他种类信用证

（1）循环信用证，指信用证被全部或部分使用后，其金额又恢复到原金额，可再次使用，直至达到规定的次数或规定的总金额为止。通常在分批均匀交货情况下使用。

（2）对开信用证，指两张信用证申请人互以对方为受益人而开立的信用证。两张信用证的金额相等或大体相等，可同时互开，也可先后开立。多用于易货贸易或来料加工或补偿贸易业务中。

（3）背对背信用证，又称转开信用证，指受益人要求原证的通知行或其他银行以原证为基础，另开一张内容相似的新信用证。背对背信用证的开立通常是中间商转售他人货物，或两国不能直接办理进出口贸易时，通过第三者以此种办法来沟通贸易。原信用证的金额（单价）应高于背对背信用证的金额（单价），背对背信用证规定的装运期应早于原信用证的规定。

（4）预支信用证，指开证行授权代付行（通知行）向受益人预付信用证金额的全部或部分，由开证行保证偿还并负担利息，即开证行付款在前，受益人交单在后，与远期信用证相反。预支信用证凭出口商的光票付款，也有要求受益人附一份负责补交信用证规定单据的说明书，当货运单据交到后，付款行在付给剩余货款时，将扣除预支货款的利息。

（5）备用信用证，又称商业票据信用证、担保信用证，指开证行根据开证申请人的请求对受益人开立的承诺承担某项义务的凭证，即开证行保证在开证申请人未能履行其义务时，受益人只要凭备用信用证的规定并提交开证人违约证明，即可取得开证行的偿付。它是银行信用，对受益人来说是备用于开证人违约时，取得补偿的一种方式。

八、信用证业务中出口商应该注意的问题

（1）信用证中的软条款。所谓信用证软条款（soft clause），是指开证申请人（进口商）在申请开立信用证时，故意设置若干隐蔽性的"陷阱"条款，以便在信用证运作中置受益人（出口商）于完全被动的境地，而开证申请人或开证行则可以随时将受益人置于陷阱并以单据不符为由，解除信用证项下的付款责任。软条款的规定或要求一般是受益人无法做到的，或者是受益人要满足这些规定或要求，就要受制于开证申请人。比如类似下面的软条款，"开证行在货到目的港后通过进口商品检验后才付款"、"本证是否生效依进口商是否能取得进口许可证"。

软条款信用证的根本特征在于它赋予了开证申请人或开证银行单方面撤销付款责任的主动权，使受益人处于不利和被动地位，导致受益人履约和结汇存在风险隐患。

（2）制作单据时应做到"单单相符，单证一致"，以确保收到货款。UCP600 第 4 条说明了信用证与合同的关系，规定"就性质而言，信用证与可能作为其开立基础的销售合同或其他合同是相互独立的交易，即使信用证中含有对此类合同的任何援引，银行也与该合同无关，且不受其约束"。这就确定了信用证业务的独立性。作为受益人，在接到银行开来的信用证时，要认真审核信用证的内容，看是否与合同内容相违背、是否与 UCP600 的规定不符等。如果经审核信用证存在问题，则应及时与开证申请人（进口商）联系，提出修改意见，待收到信用证修改通知、审核无误后再发货，以确保单证一致，安全收汇。

第四节　国际保理与银行保函

以上介绍了几种基本的国际结算方式，但随着国际贸易的发展，国际保理、银行保函等结算方式也越来越凸显其重要性。

一、国际保理

在当今竞争激烈的经济环境中，出口商面对进口商不愿开信用证的情况，往往进退两难：拒绝就有可能失去生意机会，接受又可能面临到期收不回货款的风险。在这种情况下，出口商可以使用国际保理。

（一）国际保理的含义

国际保理（international factoring），又称为承购应收账款，是一项集贸易融资、结算、代办会计处理、资信调查、账务管理和风险担保等于一体的综合性金融服务业务。其一般做法是：在国际贸易中赊账（O/A）或付款交单的结算方式下，由商业银行或保理商（一般是商业银行的附属机构）从出口商那里购进以单据表示的对进口商的应收账款，从而为出口商融通资金，并且同时提供资信调查、销售分账户管理、货款回收和坏账担保等服务。在保理业务中，保理商承担第一付款责任。日后一旦发生进口商不付或逾期付款，则由保理商承担付款责任。

国际保理业务的发展，主要与国际商品交易中赊销形式的商业信用的发展有关。目前，各国都比较重视国际保理业务的发展，使得其在全球范围内快速发展，尤其是在一些发达国家，如美国、加拿大、日本、新加坡、欧盟国家等，国际保理业务相当发达。我国的国际保理业务的发展则相对较晚。

（二）国际保理的特点

国际保理最大的特点是保理商承担了信贷风险。保理方式下，出口商将全套单据卖断给保理商时，保理商就承担了出口商的全部债权，并承担了进口商的信贷风险。如果进口商到期不付款或不按期付款，保理商不能向出口商行使追索权，全部风险由保理商承担。尤其是对因货物品质、数量和交货期等问题而导致的进口商不付款，保理商都要承担责任。

随着我国对外贸易的发展，尤其是 O/A（赊销）结算方式越来越普遍，出口企业也逐渐认识到保理业务在国际贸易中的优势。近年来保理业务在我国发展迅速。从 1988 年中国银行在我国推出国际保理业务到目前为止，我国已有 12 家银行成为 FCI（国际保理商联合会）会员，包括四大国有商业银行、七家股份制商业银行和一家外资银行。但我国目前的保理业务量与自身经济规模及贸易总额相比，仍然处于相当低的水平。

二、银行保函

在国际贸易中，信用证作为银行信用为买方向卖方提供了付款保证，但不适用于卖方向买方提供担保的场合，也不适用于一般货物贸易以外的其他国际经济合作领域。然而在各种交易方式中，合同各方当事人为了维护自己的经济利益，往往需要对可能发生的风险采取一定的保障措施，银行保函就是一种以银行信用形式提供的、在更广泛领域使用的保障措施。

（一）银行保函的含义

银行保函（letter of guarantee，L/G），又称银行保证书，是指银行应申请人的请求，向受益人开立的一种书面信用担保凭证，保证在申请人未能按双方协议履行其责任或义务时，由担保银行代其履行一定金额、一定时限范围内的某种支付或经济赔偿责任。它是一种由银行开立的承担付款责任的担保凭证，银行根据保函的规定承担绝对付款责任。银行保函大多属于"见索即付"，即无条件保函。在"见索即付"情况下，银行保函的担保银行与信用证的开证银行承担同样的第一付款责任。

（二）银行保函的种类

银行保函在实际业务中的使用范围很广，它不仅适用于货物的买卖，而且广泛适用于其他国际经济合作的领域。

1. 履约保函

在一般货物进出口交易中，履约保函又可分为进口履约保函和出口履约保函。

（1）进口履约保函。

进口履约保函是指担保银行应申请人（进口商）的申请开给受益人（出口商）的保证承诺。保函规定，若出口商按期交货后，进口商未按合同规定付款，则由担保银行负责偿还。这种履约保函对出口商来说，是一种简便、及时和确定的保障。

（2）出口履约保函。

出口履约保函是指担保银行应申请人（出口商）的申请开给受益人（进口商）的保证承诺。保函规定，若出口商未能按合同规定交货，担保银行负责赔偿进口商的损失。这种履约保函对进口商有一定的保障。

此类保函除应用于货物的进出口交易外，同样适用于国际工程承包业务。比如在大型成套设备的进口合同中，为采购原材料，卖方往往要求买方在合同签订后预付5% ~ 15%的合同金额，而买方则担心付款后卖方不能交货而造成损失。为解决这个问题，在国际贸易实务中，通常采用买方凭卖方银行开立的预付款保函付款的方法。保函起着保护买方利益的作用，在卖方未按合同履行交货义务的情况下，买方可在有效期内凭保函索回预付款。

2. 还款保函

还款保函又称预付款保函或定金保函，是指担保银行应合同一方当事人的申请，向合同另一方当事人开立的保函。保函规定，若申请人不履行其与受益人合同订立的义务，担保银行则将受益人预付或支付的款项退还给受益人，担保银行向受益人退还或支付款项。

还款保函除在工程承包项目中使用外，也适用于货物进出口、劳务合作和技术贸易等业务。

3. 投标保函

投标保函指银行、保险公司或其他保证人向招标人承诺，当申请人（投标人）不履行其投标所产生的义务时，保证人应在规定的金额限度内向受益人付款。

除上述两种保函外，还可根据其他功能和用途的不同，分为其他种类的保函，如补偿贸易保函、来料加工保函、技术引进保函、维修保函、融资租赁保函、借款保函等等。

阅读资料

一、关于 UCP600 的实质性变动 1

把 UCP500 难懂的词语改变为简洁明了的语言。取消了易造成误解的条款，如"合理关注"、"合理时间"及"在其表面"等短语。有人说这一改变会减少昂贵的庭审，意指法律界人士丧失了为论证或反驳"合理"、"表面上"等所收取的高额费用。

取消了无实际意义的许多条款。如"可撤信用证"、"风帆动力批注"、"货运代理提单"、UCP500 第 5 条"信用证完整明确要求"及第 12 条有关"不完整不清楚指示"的内容也从 UCP600 中消失。

二、关于 UCP600 的实质性变动 2

新概念描述极其清楚准确。如兑付（honor）定义了开证行、保兑行、指定行在信用证项下，除议付以外的一切与支付相关的行为；议付（negotiation），强调是对单据（汇票）的买入行为，明确可以垫付或同意垫付给受益人，按照这个定义，远期议付信用证就是合理的。另外还有"相符交单"、"申请人"、"银行日"等等。

更换了一些定义。如对审单作出单证是否相符决定的天数，由"合理时间"变为"最多为收单翌日起第 5 个工作日"。又如，对于"信用证"，UCP600 仅强调其本质是"开证行一项不可撤销的明确承诺，即兑付相符的交单"。再如，开证行和保兑行对于指定行的偿付责任，强调是独立于其对受益人的承诺的。

三、关于 UCP600 的实质性变动 3

方便贸易和操作。如拒付后单据处理：增加"拒付后，如果开证行收到申请人放弃不符点的通知，则可以释放单据"；增加拒付后单据处理的选择项，包括持单候示、已退单、按预先指示行事，以利受益人、申请人及相关银行操作。

如单据在途中遗失，强调只要单证相符，即只要指定行确定单证相符，并已向开证行或保兑行寄单，不管指定行是兑付还是议付，开证行及保兑行均对丢失的单据负责。

思考与练习

1. 简述信用证的性质特点。
2. 何谓托收？托收的性质和种类有哪些？
3. D/P at 60 Days After Sight 和 D/A At 60 Days After Sight 有何区别？各有何风险？
4. 请说明信用证的有效期、交单期与装运期之间的关系。
5. 若其他条件相同，分别采用 D/P 即期、D/P 30 天和 D/A 30 天的合同，所对应的单价，哪个最高？哪个最低？为什么？
6. 我国某外贸企业与某国 A 商达成一项出口合同，付款条件为付款交单见票后 45 天付款。当汇票及所附单据通过托收行寄抵进口地代收行后，A 商及时在汇票上履行了承兑手续。货抵目的港时，由于用货心切，A 商出具信托收据向代收行借得单据，先行提货转售。汇票到期时，A 商因经营不善，失去偿付能力。代收行以汇票付款人拒付为由通知托收行，并建议由我外贸企业直接向 A 商索取货款。对此，你认为我外贸企业应如何处理？

案例分析题

1992 年 10 月，法国某公司（卖方）与中国某公司（买方）在上海订立了买卖 200 台电子计算机的合同，每台 CIF 上海 1 000 美元，以不可撤销的信用证支付，1992 年 12 月马赛港交货。1992 年 11 月 15 日，中国银行上海分行（开证行）根据买方指示向卖方开出了金额为 20 万美元的不可撤销的信用证，委托马赛的一家法国银行通知并议付此信用证。1992 年 12 月 20 日，卖方将 200 台计算机装船并获得信用证要求的提单、保险单、发票等单证后，即到该法国议付行议付。经审查，单证相符，银行即将 20 万美元支付给卖方。与此同时，载货船离开马赛港 10 天后，由于在航行途中遇上特大暴雨和暗礁，货物与货船全部沉入大海。此时开证行已收到了议付行寄来的全套单据，买方也已知所购货物全部损失的消息。中国银行上海分行拟偿付议付行支付的 20 万美元的货款，理由是其客户不能得到所期待的货物。

根据国际贸易惯例，现问：

1. 这批货物的风险自何时起由卖方转移给买方？
2. 开证行能否由于这批货物全部灭失而免除其所承担的付款义务？依据是什么？
3. 买方的损失如何得到补偿？

第九章 结算方式的选择与支付条款

第一节 现代国际结算发展特点与趋势

一、结算方式多样化，且商业信用结算方式逐渐成为主流

长期以来，信用证这种以银行信用为基础的结算方式一直处于主导地位。20世纪60~70年代，全球贸易的85%以上都是采用信用证进行结算的。但随着买方市场的形成，这种结算方式逐渐被进口商所摒弃，现在全球的信用证交易量呈下降趋势，取而代之的是托收、赊销和汇付等以商业信用为基础的结算方式，这些结算方式的共同特点是：对买方而言资金压力小、手续简单快捷、安全系数较高。同时，伴随着新的客户需求，一些新型国际结算方式也不断涌现，如日益流行的银行保函、备用信用证等。

二、结算与融资紧密结合

由于目前单笔国际贸易的金额越来越大，进出口双方对资金的需求也越来越多，因此迫切需要金融业为之提供能满足这些新需求的融资服务。在此背景下，为出口商提供的中、短期账款的收账和融资服务（保理、中长期票据的无追索权融资服务）以及包买票据等极具融资功能的辅助结算方式迅速兴起。

三、结算方式电子化、网络化

随着计算机网络和通信技术的迅猛发展，"电子数据交换（EDI）"以其快速、高效、低成本和相对安全等优点已经被普遍采用，一个最典型的例子就是SWIFT的使用，这个每天24小时持续运转的电脑系统，可以处理各种国际汇兑业务和多种货币的清算业务。

第二节 选择结算方式的考虑因素

国际经济交往中的收付行为都是通过国际结算来实现的，不同的结算方式有着不同的特点，选择和运用不同结算方式要综合考虑外汇资金的安全、货物的安全、资金的周转、费用的承担及扩大贸易往来等因素。在诸多因素中，安全收汇是最重要的问题，为此在选择结算方式时需要注意以下四方面的问题：

一、客户信用

在国际贸易中，依法订立的合同能否顺利圆满地履行，客户的信用是决定性的因素。在

出口业务中做到安全收汇,在进口业务中做到安全用汇(即收到符合合同的货物),就必须事先做好对国外客户的信用调查,以便根据客户的具体情况,选用适当的结算方式,这是选用结算方式成败的关键和基础。对于信用不是很好或者尚未充分了解的客户,在进行交易时,就应该选择风险较小的支付方式。应该注意以下四个方面:

1. 客户的信用风险评估

通过专业的咨询机构对海外客户进行全面、认真、仔细的调查,及时掌握和了解其经营状况、资信及偿付能力。企业须建立客户信用风险管理评估、监控机制,对所有客户实施针对性信用风险监测,建立客户风险管理档案并收集、记录客户的详细信息,尤其要关注客户的信用记录和公共记录。在此基础上,对所有的客户予以信用评级,作为掌握支付条件的基础依据之一。

2. 对方的国别风险

国家风险的发生会严重干扰国际汇兑和结算秩序,其破坏力要大于其他风险。鉴于此,企业须对所有外商所在国的国家风险发生的可能性、范围、程度进行综合评定及等级划分,作为择用国际结算方式的重要依据。如中东、拉美、非洲政治风险虽高,但也可以利用D/P、D/A、O/A同时投保出口信用险,既开拓市场,又防范风险。俄罗斯目前信用级别低、政策多变、银行资信差、贸易方式极不规范,暂不属于出口信用险的承保范围。

3. 国家间在银行信用、结算制度及支付传统上的差异

这种差异影响着当事人对国际结算方式的认知与实践状况。如南美、非洲、东欧等市场,银行贷款利率高、开证费用大,大多数贸易以非信用证方式成交。又如摩洛哥商人通常以银行风险较高为借口(支付传统),倾向于以商业信用方式成交,其实该国银行业务历史悠久,结算经验丰富,信誉较高。

4. 注意投保出口信用保险

出口信用保险是国家为了推动本国的出口贸易,保障出口企业的收汇安全而制定的一项由国家财政提供保险准备金的非赢利政策性保险业务。目前全球贸易额的12%～15%是在出口信用保险的支持下实现的,但从全世界的范围来看,发达国家的出口信用保险涵盖率为20%～30%。我国企业在对欧美等国出口形势严峻情况下开拓南美、非洲、东欧等国别风险较高的市场,可投保出口信用保险,出口商便可通过交纳少量保险费,将承担的收汇风险转嫁给出口信用保险机构,从而灵活采用D/P、D/A、O/A等非信用证方式发展新市场。有了出口信用保险,收汇风险转嫁给保险人,就可以在国际贸易中采用灵活多样的结算方式,从而大大提高企业竞争力,增加成交机会,发展新客户,开拓潜力巨大的新市场,减少对一个国家或一个地区的依赖。以赊销和承兑方式成交时,可选择国际保理方式,特别是那些出口业务增长性极好又急需资金的中小企业,运用保理业务,出口商把应收账款债权转让给保理商并获得银行融资,不仅可以增强产品的出口竞争力,而且还可以得到融资。它顺应了非信用证结算方式扩大化的发展趋势,是防范收汇风险的一个理想选择。

二、货物的销售情况

货物的市场销售情况是影响结算方式的另一个关键因素。在贸易磋商过程中,选择支付方式也是谈判过程中的重要问题。在订立合同中的支付条款时,正确选用货款的支付方式非常重要,往往是买卖双方反复磋商的重点问题。如果货物是畅销商品,则该商品一般求大于供,卖方处于有利地位,他可以选择对其有利的价格条件和支付方式,比如预付货款、信用

证付款或银行保函等方式。而对买方来说，涉及畅销商品的交易，在支付方式上可以作出适当让步。如果货物是滞销商品，则该商品一般供大于求，买方处于有利地位，可以选择对自己有利的价格条件和支付方式，比如赊销、托收尤其是承兑交单等方式。对卖方来说，通常只有接受这些条件，才能增强市场竞争能力，达到出口销货的目的。在选择以上方式结算时，卖方为降低出口收汇风险，可要求买方提供银行保函，或申请保理服务或包买票据服务，这些方式不仅可以提供风险担保，还可以提供融资服务。

三、贸易术语

事实证明，在出口业务中，作为卖方，根据交易的具体情况，慎重选择适当的贸易术语对于防范收汇风险、提高经济效益是十分必要的。

（1）总体来讲，在出口业务中采用 CIF 或 CFR 术语成交要比采用 FOB 有利。因为在 CIF 条件下，国际货物买卖中涉及的三个合同（买卖合同、运输合同和保险合同）都由卖方作为其当事人，他可以根据情况统筹安排备货、装运、投保等事项，一方面可以保证作业流程上的相互衔接。另一方面，还可有利于发展本国的航运业和保险业，增加服务贸易收入。当然，这也不是绝对的，应根据交易商品的具体情况首先考虑自身安排运输有无困难，并且经济上是否合算等因素。

（2）如不得已采用 FOB 条件成交时，对于买方派船到港装货的时间应在合同中作出明确规定，以免卖方货已备好，船迟迟不到，贻误装期的事情发生。

（3）对于 FOB 条件下，买方指定境外货代的情况应慎重考虑是否接受。要防止买方与货代勾结，要求船方无单放货，造成卖方钱货两空的事情发生。另外，有的货代只在装运口岸设一个小小的办事处，并无实际办理装运的能力，回过头来再通过有关机构办理，既增添了环节，降低了效率，又增加了费用。作为卖方应对买方指定的货代的资信情况有一定的了解，如认为不能接受，应及时予以拒绝。

（4）选择贸易术语时还应与支付方式结合考虑。如采用货到付款或托收等商业信用的收款方式时，应尽量避免采用 FOB 或 CFR 术语。因为这两种术语下，按照合同的规定，卖方没有办理货运保险的义务，而由买方根据情况自行办理。如果履约时行情对买方不利，买方拒绝接收货物，就有可能不办保险，这样一旦货物在途中出险就可能导致卖方钱货两空。如不得已采用这两种术语成交，卖方应在当地投保卖方利益险。

（5）即使采用信用证支付时，也应注意对托运人的规定，特别是 FOB 条件下，有些国外买方常在信用证中要求卖方提交的提单要以买方作为托运人（shipper），这种做法也同样会给卖方带来收汇的风险。在国际贸易中曾发生过这样的事情：买卖双方按 FOB 条件成交，合同规定以信用证支付。买方开来的信用证中规定卖方提交的提单要注明托运人为买方。卖方审证时发现这一问题，但认为与承运人订立运输合同的是买方，买方作为托运人也顺理成章，另外，为此再修改信用证又要增加费用开支和延误装期，所以卖方就照办了。交货后提交的提单注明买方为托运人，但结汇时因单证有不符点，被银行拒付并退单。

（6）货物在运输途中，买方以提单托运人的名义指示承运人将货物交给他指定的收货人。这样一来，卖方虽控制着作为物权凭证的提单，然而货物却已被买方指定的收货人提走。卖方向法院起诉承运人无单放货，被法院以无权起诉为由予以驳回。由此可见，在 FOB 合同下，以卖方还是买方作为托运人并非无足轻重的事情。按照《汉堡规则》的解释，托运人有两种，一种是与承运人签订海上运输合同的人，另一种是将货物交给与海上货物运输有关的承运人的人。根据上述解释，在 FOB 合同下，买方或卖方均符合作为托运人的条件。如果买方资信好，又有转售在途货物的要求，则以买方作为托运人也未尝不可。但如果不是这样，为安全起见，还是以卖方作为托运人为好。

四、运输单据

在选择支付方式时，还要注意与交货方式和运输方式相适应。不同的贸易术语所表示的交货方式和运输方式是不同的，而不同的交货方式和运输方式能适应的货款收付方式也是不同的。

在使用 CIF、CFR、CIP、CPT 等属于象征性交货或称推定交货术语的情况下，卖方交单收款、买方凭单付款，控制单据就意味着控制货物的所有权。这类交易既可使用信用证方式，也可通过跟单托收方式收取货款。但在使用 EXW、DAF、DES、DDU、DDP 等属于实际交货方式的术语的交易中，由于卖方是向买方直接交货，无法通过单据转移物权。因此，除非经约定由进口地银行收货，否则一般不宜采用托收方式。即使是以 FOB、FCA 条件达成的买卖合同，虽然在实际业务中也可凭运输单据，如凭提单和多式联合运输单据交货与付款，但这种合同的运输由买方安排，由卖方将货物装上买方指定的运输工具或交给买方指定的承运人，卖方或接受委托的银行很难控制货物，所以也不宜采用托收方式。货物通过海洋运输时，卖方发运货物后得到的运输单据是提单，提单是货物所有权凭证，只有提单的合法持有人才有权向船公司提取货物，如采用托收方式收款，在买方付款前可通过控制提单而控制物权。但如货物通过航空、铁路运输或用邮包寄送，卖方得到的运输单据是航空运单、铁路运单或邮包收据。而这些单据均非物权凭证，货抵目的地后由运输机构直接通知收货人取货，无须凭这些单据，因此采用这些方式运输货物的交易，除非收货人做成进口地银行，否则都不适宜采用托收方式收款。同样原因，如用信用证方式，通常也要求把这些运输单据的收货人做成开证行。

第三节　不同结算方式的结合使用

一、信用证与汇付相结合

这是指部分货款采用信用证，余额货款采用汇付方式结算。这种结算方式的结合形式常用于交货数量有一定机动幅度的散装货物的交易。对此，经双方同意，信用证规定凭装运单据先付发票金额或在货物发运前预付金额若干，而余额则待货到目的地（港）后，经再检验的实际数量用汇付方式支付。采用这种结合形式的结算方式，必须首先订明采用的是何种信用证与何种汇付方式以及按信用证支付的金额比例。例如，成交的合同货物是散装物，如矿砂、煤炭、粮食等，进出口商同意采用信用证支付总金额的 90%，余额 10% 待货到后经过检验，确定其货物计数单位后，采用汇付方式支付。

二、信用证与托收相结合

这是指一笔交易的货款，部分用信用证方式支付，余额用托收方式结算，即"部分信用证，部分托收"。在实际运用时，信用证规定受益人（出口商）开立两张汇票，属于信用证的部分货款凭光票支付，而余额则将货运单据附在托收的汇票项下，按即期或远期付款交单方式托收。这种做法，对出口商收汇较为安全，对进口商则可减少垫金，容易为双方接受。但信用证必须订明信用证的种类和支付金额以及托收方式的种类，也必须订明"在全部付清发票金额后方可交单"的条款。在实际使用中，通常可作如下规定："买方通过卖方可接受的银行于装运月份前××天开立并送达卖方不可撤销的即期信用证，规定发票金额的××%凭即期光票支付，余下××%用托收方式付款交单。发票金额的全套货运单据随附托收项下，于买方付清发票全部金额后取出。如买方未付清全部发票金额，则货运单据须由开证行掌握凭卖方指示处理。"

三、跟单托收与预付押金相结合

采用跟单托收并由进口商预付部分货款或一定比例的押金作为保证。出口商收到预付款或押金后发运货物，并从货款中扣除已收款项，将余额部分委托银行托收。托收采取 D/P 方式。如托收金额被拒付，出口商可将货物运回，而从已收款项中扣除来往运费、利息及合理的损失费用。至于预付金和一定数量的押金的数目，应视情况而定，经协商并在合同中明确规定。

四、汇付与银行保函或备用信用证相结合

无论是预付款，还是货到付款，都可以使用银行保函或备用信用证来防止不交货或不付款的情况出现。如果进口商预付了货款，就可以要求出口商提供银行保函或备用信用证，保证按期交货，否则应退还预付款并支付利息或罚款，如果出口商拒绝，则由担保行付款；如果是货到付款，出口商有权要求进口商提交银行保函或备用信用证，保证进口商在提货后规定的时间内按合同付款，如果进口商拒付，担保行应承担付款责任。

五、托收与国际保理相结合

当国内出口商在采用托收进行贸易并对进口商资信状况没有很大把握的情况下，为保证收汇安全，可以申请安排国际保理。尤其是对卖方风险比较大的承兑交单，可以与国际保理结合使用，将收汇风险转移给相关机构，而专心从事生产和收购等商务活动。

六、汇付与银行保函或信用证相结合

汇付与银行保函或信用证结合使用的形式常用于成套设备、大型机械和大型交通运输工具（飞机、船舶等）等货款的结算。这类产品，交易金额大，生产周期长，往往要求买方以汇付方式预付部分货款或定金，其余大部分货款则由买方按信用证规定或加开保函分期付款或延期付款。

1. 分期付款（progression payment）

分期付款是指买方预交部分定金，其余货款根据所订购商品的制造进度或交货进度分若干期支付，在货物交货完毕时付清或基本付清。

2. 延期付款（deferred payment）

延期付款是指买方在预付一部分定金后，大部分货款在交货后相当长的时间内分期摊付。

第四节　买卖合同中的支付条款

一、买卖合同中的汇付条款

合同中的汇付条款是当交易双方商定通过汇款方式进行货款交付时，合同中对货款交付的具体细节的规定。使用汇付方式时，应在买卖合同中明确规定汇付的时间、具体的汇付方式和金额等。一般而言，合同中的汇付条款可规定如下：

（1）买方应不晚于×年×月×日前将全部货款用电汇（信汇或票汇）方式，预付给卖方。

The Buyers shall pay the total value to the Sellers in advance by T/T (M/T or D/D) not later than...

（2）买方应于合同签署后30天内电汇货款的10%给卖方。

The Buyers shall pay 10% of the slaes proceeds in advance by T/T to reach the Sellers within 30 days after signing this contract.

二、买卖合同中的托收条款

合同中的托收条款是当交易双方商定通过托收方式进行货款交付时，合同中对货款交付的具体细节的规定。使用托收方式时，应在买卖合同中明确规定交单条件、买方的付款和/或承兑责任以及付款期限等。一般而言，合同中的托收条款可规定如下：

1. 即期付款交单

在合同中应规定："买方应凭卖方开具的即期跟单汇票，于第一次见票时立即付款，付款后交单。"

"Upon first presentation the Buyers shall pay against documentary draft drawn by the Sellers at sight. The shipping documents are to be delivered against payment only."

2. 远期付款交单

在合同中应规定："买方对卖方开具的见票后××天付款的跟单汇票，于第一次提示时应予承兑，并应于汇票到期日即预付款，付款后交单。"

"The Buyers shall duly accept the documentary draft drawn by the Sellers at ... days sight upon first presentation and make payment on its maturity. The documents are to be delivered against payment only."

3. 承兑交单

在合同中应规定："买方对卖方开具的见票后××天付款的跟单汇票，于第一次提示时应予承兑，并应于汇票到期日即预付款，承兑后交单。"

"The Buyers shall duly accept the documentary draft drawn by the Sellers at ... days sight upon first presentation and make payment on its maturity. The shipping documents are to be delivered agsinst acceptance."

三、买卖合同中的信用证条款

合同中的信用证条款是当交易双方商定通过信用证方式进行货款交付时，合同中对货款交付的具体细节的规定，信用证支付条款的订法因进出口合同种类的不同而各异，又因信用证种类的各异而不同。一般而言，合同中的信用证条款可规定如下：

（1）即期信用证支付条款："买方应于装运月份前××天通过卖方可接受的银行开立并送达卖方不可撤销的即期信用证，有效期至装运月份后 15 天在中国议付。"

"The Buyers shall open through a bank acceptable to the Sellers an irrevocable Sight Letter of Credit to reach the Sellers... days before the month of shipment, valid for negotiation in China until the 15th day after the month of shipment. "

（2）远期信用证支付条款："买方应于×年×月×日前（或接到卖方通知后×天内或签约后×天内）通过××银行开立以卖方为受益人的不可撤销（可转让）的见票后××天（或装船日后××天）付款的银行承兑信用证，信用证议付有效期延至上述装运期后 15 天在中国到期。"

"The Buyers shall arrange with ... bank for opening an irrevocable (transferable) banker's acceptance Letter of Credit in favor of the Sellers before ... (or within ... days after receipt of Sellers advice; or within... days after signing this contract). The said Letter of Credit shall be available by draft(s) at sight (or within... days after the date of shipment) and remain valid for negotiation in China until the 15th day after the aforesaid time of shipment. "

思考与练习

1. 现代国际结算有什么特点？
2. 试述选择结算方式要考虑哪几个因素。
3. 简述支付方式综合运用的两种情形。
4. 将汇付、托收和信用证结算支付方式进行比较，谈谈在国际贸易中支付方式的选择与综合运用的问题。
5. 托收与国际保理相结合的主要作用有哪些？

案例分析题

宁波市某进出口公司对外推销某种货物，该商品在新加坡市场的销售情况日趋看好，逐渐成为抢手货。新加坡某公司来电拟大批订购这类商品，但坚持要用汇付方式支付。此时，在宁波公司内部就货款支付方式问题产生不同的意见，一些业务员认为汇付的风险较大，不宜采用，主张使用信用证方式，但有些人认为汇付方式可行，还有一部分业务员认为托收可行。

试问，如果你是该进出口公司的业务员，应如何选择恰当的支付方式？并说明理由。

第十章 国际商品检验

第一节 商品检验的意义

在国际货物买卖中，商品检验（commodity inspection）是指对卖方交付货物的质量、数量和包装进行检验或鉴定，以确定卖方所交货物是否符合买卖合同的规定。因此，商品检验工作是国际货物买卖中交易双方交接货物时不可缺少的业务环节。

商品检验的作用是为了鉴定商品的品质、数量和包装是否符合合同规定的要求，借以检查卖方是否已按合同履行了其交货义务，并在发现卖方所交货物与合同要求不符时，给予买方以拒收货物或提出索赔的权利。因此，商品检验对保护买方的利益是十分重要的。在交易磋商中，如何订定检验条款，往往是买卖双方争论较多的问题之一。

商品可以由买卖双方自行检验，但在国际贸易中，大多数场合下买卖双方不是当面交接货物，而且在长途运输和装卸过程中，可能由于各种风险和承运人的责任而造成货损，为了便于分清责任，确认事实，往往需要由权威的、公正的商检机构对商品进行检验并出具检验证书以资证明。这种由商检机构出具的检验证书，已成为国际贸易中买卖双方交接货物、结算货款、索赔和理赔的主要依据。根据各国的法律、国际惯例及国际公约规定，除双方另有约定外，当卖方履行交货义务后，买方有权对所收到的货物进行检验，如发现货物不符合合同规定，而且确属卖方责任，买方有权要求卖方损害赔偿或采取其他的补救措施，甚至可以拒收货物。

国际货物买卖合同中检验条款的主要内容包括检验时间和地点、检验机构以及检验证书等。

第二节 检验时间和地点

根据国际上的习惯做法和我国的业务实践，关于买卖合同中检验时间和地点的规定方法，主要有以下几种：

（一）在出口国检验

1. 在产地检验

在产地检验，即货物离开生产地点（如工厂、农场或矿山）之前，由卖方或其委托的检验机构人员或买方的验收人员对货物进行检验或验收。在货物离开产地之前的责任，由卖方承担。

2. 在装运港/地检验

在装运港/地检验，即以离岸质量、重量（或数量）（shipping quality，weight or quantity as final）为准。货物在装运港/地装运前，由双方约定的检验机构对货物进行检验，该机构出具的检验证书作为决定交货质量、重量或数量的最后依据。按此做法，货物运抵目的港/地后，买方如对货物进行检验，即使发现质量、重量或数量有问题，也无权向卖方提出异议和索赔。

（二）在进口国检验

1. 在目的港/地检验

在目的港/地检验，即以到岸质量、重量（或数量）为准（landing quality，weight or quantity as final）。在货物运抵目的港/地卸货后的一定时间内，由双方约定的目的港/地的检验机构进行检验，该机构出具的检验证书作为决定交货质量、重量或数量的最后依据。如果检验证书证明货物与合同规定不符并确属卖方责任，卖方应予负责。

2. 在买方营业处所或最终用户所在地检验

对一些需要安装调试进行检验的成套设备、机电仪产品以及在卸货口岸开件检验后难以恢复原包装的商品，双方可约定将检验时间和地点延伸和推迟至货物运抵买方营业处所或最终用户所在地后的一定时间内进行，并以双方约定的该地的检验机构所出具的检验证书作为决定交货质量、重量或数量的依据。

（三）出口国检验、进口国复验

这种做法是装运港/地的检验机构进行检验后，出具的检验证书作为卖方收取货款的依据，货物运抵目的港/地后由双方约定的检验机构复验，并出具证明。如发现货物不符合同规定，并证明这种不符情况系属卖方责任，买方有权在规定的时间内凭复验证书向卖方提出异议和索赔。这种做法对买卖双方来说，比较公平合理，它既承认卖方所提供的检验证书是有效的文件，可作为双方交接货物和结算货款的依据之一，又给予买方复验权。因此，我国进出口贸易中一般都采用这种做法。

近年来，在检验的时间、地点及具体做法上，国际上也出现了一些新的做法和变化，例如，在出口国装运前预检验，在进口国最终检验，即在买卖合同中规定货物在出口国装运前由买方派员自行或委托检验机构人员对货物进行预检验，货物运抵目的港/地后，买方有最终检验权和索赔权。采用这一做法，有的还伴以允许买方或其指定的检验机构人员在产地或装运港/地实施监造或监装。对进口商品实施装运前预检验，是当前国际贸易中较普遍采用的一种行之有效的质量保证措施。在我国进口交易中，对关系到国计民生、价值较高、技术又复杂的重要进口商品和大型成套设备，必要时也应采用这一做法，以保障我方的利益。

第三节　检验检疫机构

在国际货物买卖中，商品检验工作通常都由专业的检验机构负责办理。各国的检验机构，从组织性质来分，有官方的，有同业公会、协会或私人设立的，也有半官方的；从经营的业务来分，有综合性的，也有只限于检验特定商品的。

在具体交易中，确定检验机构时，应考虑有关国家的法律法规、商品的性质、交易条件和交易习惯等。检验机构的选定还与检验时间、地点有一定的关系。一般来讲，规定在出口国检验时，应由出口国的检验机构进行检验；在进口国检验时，则由进口国的检验机构负责检验。但是，在某些情况下，双方也可以约定由买方派出检验人员到产地或出口地验货，或者约定由双方派员进行联合检验。

除政府设立的官方商品检验机构外，世界上许多国家还有由商会、协会、同业公会或私人设立的半官方或民间商品检验机构，担负着国际贸易货物的检验和鉴定工作。由于民间商品检验机构承担的民事责任有别于官方商品检验机构承担的行政责任，所以，在国际贸易中更易被买卖双方所接受。民间商品检验机构根据委托人的要求，凭自己的技术、信誉以及对国际贸易的熟悉，为贸易当事人提供灵活、及时、公正的检验鉴定服务，受到对外贸易关系人的共同信任。

一、我国的检验机构及其任务

在我国，中华人民共和国国家质量监督检验检疫总局（General Administration of Quality Supervision, Inspection and Quarantine of the People's Republic of China），简称国家质检总局（英文简称为 AQSIQ），是主管全国出入境卫生检验、动植物检疫、商品检验、鉴定、认证和监督管理的行政执法机构。其设在各地的出入境检验检疫直属机构，即地方出入境检验检疫机构管理其所辖地区内的出入境检验检疫工作。根据我国《商检法》的规定，我国商检机构在进出口商品检验方面的基本任务有三项：实施法定检验；办理检验鉴定业务；对进出口商品的检验工作实施监督管理。中国出入境商品的检验检疫和监督管理工作由国家出入境检验检疫局及其设立在全国各地的分支机构负责。

根据《商检法》的规定，凡列入目录的进出口商品，按照国家技术规范的强制性要求进行检验；国家技术规范没有强制性要求的，可以参照国家商检部门指定的国外有关标准进行检验。法律、行政法规规定由其他检验机构实施检验的进出口商品或者检验项目，依照有关法律、行政法规的规定办理。此外，买卖合同中规定的质量、数量和包装条款通常也是进出口商品检验的重要依据。商品检验的方法主要有感官检验、化学检验、物理检验、微生物检验等。

二、国际官方检验机构

世界各国为了维护本国的公共利益，一般都要制定检疫、安全、卫生、环保等方面的法律，由政府设立监督检验机构，依照法律和行政法规的规定，对有关进出口商品进行严格的检验管理，这种检验称为"法定检验"、"监督检验"或"执法检验"。以下简单介绍三个主要经济发达国家和地区的官方检验机构。

1. 美国的官方检验机构

美国商品检验，严格立法，各项检验有章可循。美国政府将产品和服务基础上检验、出证的法律、条例和规定均载入《联邦法规汇编》（CFR），每年修订补充，重新出版供政府主管部门依照执行。《联邦法规汇编》由政府书店统一经销。每一主管机关实施的法律、条例和规定都有一个特定的卷号，查阅极为方便。

在美国，习惯上很少说"商品检验"，而称"产品检验"。除"产品检验"外，还有"服务项目"检验。联邦政府设立的产品检验机构基本上都是进口、出口、内销产品检验三位一体的主管机关。在美国，官方检验机构检验进出口商品的权限实行专业化分工，分别由14个部、委、局的有关主管部门负责。

2. 欧盟的官方检验机构

欧洲联盟国家的官方检验机构，其组织形式与美国类似，也是按商品类别，由政府各部门分管，按有关法律授权或政府认可实施检验和监督管理。如德国技术检验代理机构网（TUV）获得官方承认并主管市场的商品质量；英国标准协会（BSI）负责制定标准和实施检验、认证等工作；荷兰卫生部主管药品和食品，经济部主管电器和计量器具，农渔部主管水产品和农产品，环保部主管建材、化工品和危险品，运输部主管车辆和飞机，社会安全部主管核能的检验和监督管理。各部下设相应的检验机构，如卫生部下设食品检验局、肉品检验局，农渔部下设农产品检验局等。

欧盟为监控所有的技术法规而建立了一个官方、私人机构联合体系。官方机构负责制定法规，并按产品类别定义其标准及样品审查制度。私人或半官方机构负责制定强制性及非强制性标准，并执行大部分测试、检验、管理任务。法定范围的活动主要有测试、检验及认证、认可。

3. 日本的官方检验机构

根据日本国家行政体制，政府各部门在自己分工权限范围内，对有关进出口商品检验工作实行分工管理。通商产业省（分管全国所有工业生产和商业、外贸等事务），负责进出口工业品的检验管理；农林水产省（分管全国农林牧渔和食品等的生产），负责全国进出口农林水产品和食品的检验和检疫管理；厚生省（分管全国医疗卫生事务），负责进出口食品、医药品等卫生方面的检验和管理；运输省（分管海、陆、空客货运输事务），负责进出口商品运载计量和安全方面的检验管理。

日本政府对进出口商品检验管理主要有三个方面：

（1）通过国家立法进行管理。

（2）对重点进出口商品实行强制性检验。

（3）对民间检验机构实行监督管理。

日本《出口检验法》规定，每一种指定的出口商品都由行政法规规定其检验标准，一旦出口商品质量达不到这些标准规定，不管出口商或进口商担保与否，都不准出口。指定的商品未经法定检验而出口的，将对出口人签发制止令，并处以罚款。伪造或涂改检验机构证书的，将被视为特别严重的"伪造公文罪"，其受到的处罚远远重于一般的伪造公文罪。

三、国际民间检验机构

目前在国际上比较有名望、有权威的民间商品检验机构有：瑞士通用公证行（SGS）、英国英之杰检验集团（IITS）、日本海事检定协会（NKKK）、新日本检定协会（SK）、日本海外货物检查株式会社（OMIC）、美国安全试验所（UL）、美国材料与试验学会（ASTM）、加拿大标准协会（CSA）、国际羊毛局（IWS）、中国商品检验公司（CCIC）、英国劳氏船级社（LR）、德国技术监督协会（TÜV）、美国保险商实验室（UL）、美国SGS检验公司。

第四节 检验证书

检验证书（inspection certificate）是商检机构对进出口商品实施检验或鉴定后出具的证明文件。常用的检验证书有品质检验证书、重量检验证书、数量检验证书、兽医检验证书、卫生检验证书、消毒检验证书、植物检疫证书、价值检验证书、产地检验证书等。在具体业务中，卖方究竟需要提供哪些证书，要根据商品的种类、性质、贸易习惯以及政府的有关法律法规而定。

商品检验证书的作用主要有：

1. 作为买卖双方交接货物的依据

国际货物买卖中，卖方有义务保证所提供货物的质量、数（重）量、包装等与合同规定的相符。因此，合同或信用证中往往规定卖方交货时须提交商检机构出具的检验证书，以证明所交货物与合同规定相符。

2. 作为索赔和理赔的依据

如合同中规定在进口国检验，或规定买方有复验权，则若经检验货物与合同规定的不符，买方可凭指定检验机构出具的检验证书，向卖方提出异议和索赔。

3. 作为买卖双方结算货款的依据

在信用证支付方式下，信用证规定卖方须提交的单据中，往往包括商检证书，并对检验证书名称、内容等作出了明确规定。当卖方向银行交单，要求付款、承兑或议付货款时，必须提交符合信用证要求的商检证书。

4. 检验证书还可作为海关验关放行的凭证

凡属于法定检验的商品，在办理进出口清关手续时，必须提交检验机构出具的合格检验证书，海关才准予办理通关手续。

第五节　买卖合同中的检验条款

在国际贸易合同中，进出口商检条款十分重要。出口商品能否顺利地履约交货，进口商品是否符合合同要求，以及发生问题时能否对外索赔以挽回损失，都与合同中的检验条款密切相关。在国际贸易合同中，商检条款必须订得合理且比较完整，以避免事后发生纠纷时缺乏明确的依据。因此，需要注意以下七个方面的问题。

（1）订立进口商品检验条款时，商检条款要订得详细、明确。有关外文商品的名称要准确；订购通知单上所注明的品质保证期以及索赔期要与合同正本一致；进口机械、仪器等商品的配套工具时，每套元器件的品名、数量、规格以及品质等，应在合同中或合同附件上订得明确无误，以便于验收；进口化工产品时，应把主要的理化项目指标注明，有的还要注明技术规格、抗拉强度、抗裂强度以及检验方法等，以便货物到达后的检验或索赔；进口有色及黑色类商品时，每批货号不宜过多过杂，在一定重量内货号也应有一定的限制。

（2）订立出口商品检验条款时，出口商品的品质规格条款要订得明确、具体，避免出现"品质正常"、"无致命物质"等模糊指标；同时品质规格要避免订得绝对化，应避免检验条款中的技术指标订得过高，超出我国现行标准和实际生产的可能，造成生产困难，导致不能保证对外交货；对于某些出口商品品质规格的理化指标不宜订得过死或只有一个绝对值，应规定有上下幅度；凭样品成交的商品，成交样品必须能代表实际的货物，如果小样不能说明问题，应在合同中辅以文字说明，成交样品最好订明一式三份，买卖双方各一份，另外一份送商检机构检验。

（3）合同中检验条款必须明确规定检验时间、地点，如有复验的，必须订明复验时间和复验地点。复验时间的确定应结合商品检验的难易、港口的装卸能力以及港口的拥挤情况而定，而且要明确复验期是从何时算起，是从进口日起算、从到货日起算还是卸毕日起算。进口时，我方应争取复验时间从卸毕日起算。

（4）订立进口商品的品质、规格条款时，可以直接订明对商品的品质要求，也可以说明它必须符合某个标准或技术文件的规定，避免使用"大约"、"左右"、"良好品质"、"先进设备"等模糊规定；如果是凭样成交，要在合同中订明成交品的特征，确实不能用文字描述的，要对成交品作上各种标记或封识，并在合同中加以说明；对于进口原材料，应根据国内生产和使用的需要，订明具体的品质、规格和成分，订好理化方面的主要项目指标，并明确上下幅度的具体数据；有关进口商品的安全、卫生等方面的要求，要按国家法律和相关法规的规定在合同中订明；对于进口的有色金属和黑色金属材料，要在合同中订明其品质、规格和成分的具体要求以及物理性能实验和化学分析实验的数据要求。

（5）订立数量条款时，合同中的数量条款应当完整、准确。具体来说，首先必须在合同中明确规定交易货物的具体数量和计量单位，要注意不同计量单位之间的换算。其次，还必须在合同中订明计量方法，是"净重"还是"毛重"，是"衡器计重"、"水尺计重"还是"容量计重"。国际上，粮食、糖类等大多用"衡器计重"，大宗产品多用"水尺计重"，而液体散装则用"容量计重"。另外，在合同中规定"溢短装条款"，也就是交货数量的机动幅度，"溢短装条款"应以订明百分数为妥，即规定交货数量可以比合同数量多或少百分之几，而对于溢短装数量的计价方法一般按合同单价计算，也可在合同中规定其他办法。

（6）订立包装条款时，规定也要具体明确。对不同性质商品的包装应予以不同的规定，避免使用有可能引起争议的包装术语如"适合海运包装"、"习惯包装"等；对于精密机械仪器和贵重商品，应增加防潮、防锈、防震乃至防盗等具体要求；包装费用一般包含在货价内，但如果买方要求特殊包装，则可增加包装费用，此时必须在合同中订明如何计费以及何时收费；如果包装材料或运输标志由买方提供，则合同应明确包装材料或运输标志到达时间以及逾期不到时买方应负的责任。

（7）订立运输条款时，要在合同中明确装运时间、装运港和目的港、装运通知、分批以及转船等内容。

例如：

买卖双方同意以装运港（地）中国出入境检验检疫局（中华人民共和国国家质量监督检验检疫总局/中国进出口商品检验局）签发的质量和重量（数量）检验证书作为信用证项下议付提交的单据的一部分，买方有权对货物的质量和重量（数量）进行复验，复验费由买方负担。

但若发现质量和/或重量（数量）与合同规定不符时，买方有权向卖方索赔，并提供经卖方同意的公证机构出具的检验报告。索赔期限为货物到达目的港（地）后××天内。

It is mutually agreed that the Certificate of Quality and Weight (Quantity) issued by the China Exit and Entry Inspection and Quarantine Bureau (by the AQSIQ, by the China Import and Export Commodity Inspection Bureau) at the port/place of shipment shall be part of the documents to be presented for negotiation under the relevant L/C. The Buyers shall have the right to reinspect the quality and weight (quantity) of the cargo. The reinspection fee shall be borne by the Buyers.

Should the quality or weight (quantity) be found not in conformity with that of the contract, the Buyers are entitled to lodge with the Sellers a claim which should be supported by survey reports issued by a recognized surveyor approved by the Sellers. The claim, if any, shall be lodged within... days after arrival of the cargo at the port/place of destination.

思考与练习

1. 商品检验的主要内容是什么?
2. 商品检验在对外贸易中有什么作用?
3. 为什么"装运港检验、目的港复验"在进出口业务中应用较广?为什么货物要在装运港检验?
4. 商品检验证书的主要作用有哪些?
5. 在国际贸易合同中,制定进出口商检条款的重要性体现在哪几个方面?

案例分析题

2000年1月20日,香港甲公司和大陆乙公司签订合同,双方约定乙公司向甲公司购买韩国生产的手机零配件,合同的总金额为8万美元,最迟不应晚于2月10日发运。甲公司对产品的质量保证期为货物到达目的地后12个月。2月7日,甲公司向乙公司提供合同规定的产品。

2月20日货到后,乙公司请检验公司进行了检验,出具了检验证明。2001年3月25日,乙公司在使用过程中,发现部分产品有质量问题,致函甲公司,要求换货,如不能换货,则要求退货,并要求甲公司承担有关费用损失。甲公司回函称,乙公司在货物入库前已详细检查、核对,且已投入使用,因而拒绝赔偿。

由于乙公司对合同项下货物的品质存在异议,2001年4月2日,在收货13个月后,自行将合同项下的货物送交中国商品检验机构检验。检验机构出具的检验证书证明,该批货物有5项存在缺陷,发货前已存在,是制造不良所致。4月5日,乙公司据此提起仲裁,要求甲公司赔偿5万美元。甲公司认为,乙公司不能证明第二次送检的产品是交货时的产品,且第二次商检的时间已经超过索赔有效期,商检证书不能发生效力。

问:如果你是仲裁员,应如何审理判决?

第十一章　索　赔

国际货物买卖合同一经成立，买卖双方当事人就要受合同的约束，严格按合同规定的各项交易条件履行自己的义务。然而，国际货物买卖合同的履行需要一段时间和经历许多环节，任何一个环节出问题都会影响到合同的顺利履行。加上市场情况千变万化，如汇率的波动、市场行情的变化以及双方当事人之间资信和经营状况的变动等，一旦出现了对一方当事人不利的变化，就有可能导致其不履行合同或不完全履行合同的义务，而给另一方当事人造成损害，从而引起争议。所以，合同当事人如何利用有关法律的规定有效地保护自身的权利是非常重要的。为此，本章就违约、一方当事人违约后另一方当事人可以采取的救济措施以及国际贸易中最常用的救济方法损害赔偿加以介绍。

第一节　违约责任

一、违约的含义

违约，又称为违反合同，是指合同一方当事人没有履行或没有完全履行合同中规定的义务的行为。

国际货物买卖合同是确定双方当事人权利和义务的法律文件。任何一方当事人如不履行合同义务，或者不完全履行合同义务，在法律上就构成违约，除合同或法律上规定属于不可抗力原因造成的外，违约方必须承担违约责任。

根据国际条约和各国法律的规定，不同性质的违约行为，其承担的违约责任是不一样的。但各国法律对于违约行为性质的划分有很大的差异：有的国家是以合同中交易条件的主次为依据进行划分，有的国家是以违约所造成的后果为依据进行划分。

二、违约的分类

（1）英国法律将违约分为"违反要件"和"违反担保"。所谓"违反要件"是指违反合同中带实质性的主要交易条件，如卖方交货的质量或数量不符合同规定，或不按合同规定的期限交货等。如当事人一方是"违反要件"，则受损害的一方除可要求损害赔偿外，还有权解除合同。如违反的是合同中的次要条件，称为"违反担保"或"违反随附条件"，则受损害一方不能解除合同，但有权请求违约的一方给予损害赔偿。

（2）美国法律将违约分为"重大违约"和"轻微违约"。所谓"重大违约"是指一方当事人的违约，致使另一方当事人无法取得该交易的主要利益。在此情况下，受损害的一方有权解除合同，并要求损害赔偿。如果一方违约，并未影响到对方在该交易中取得的主要利益，则为"轻微违约"，受损害的一方只能请求损害赔偿，而无权解除合同。

（3）《联合国国际货物销售合同公约》将违约分为"根本违约"和"非根本违约"。所谓"根本违约"是指一方当事人违反合同的结果，如使另一方当事人蒙受损害，以至于实际剥夺了他根据合同规定有权期待得到的利益，即为根本违反合同。如一方违反合同构成根本违反合同时，受损害的一方就有权宣告合同无效，同时有权向违约方提出损害赔偿的要求。如违约的情况尚未达到根本违反合同的程度，则受损害的一方就只能请求损害赔偿而不能宣告合同无效。

各国法律及国际条约对违约行为的区分有不同的方法，对于不同的违约行为应承担的违约责任或受损害方可以采取的救济措施也有不同的规定。因此，在了解各国法律及国际条约规定的基础上，订好合同中的索赔条款，并在合同的履行中正确运用法律规定来保障自身的权益，是十分必要的。

第二节　违约的救济方法

在实际业务中不可避免地会发生一方当事人违约的情形。一旦一方当事人违约，另一方当事人可以采取何种救济措施，各国法律和国际条约都作了明确的规定。由于目前世界上最主要的贸易大国，如美国、德国、法国、意大利、荷兰、加拿大、澳大利亚以及中国等国，均是《联合国国际货物销售合同公约》（以下简称《公约》）的成员国。所以，以下将重点介绍《公约》关于违约救济方法的规定。

一、卖方违约的情形及救济方法

《公约》规定，卖方的基本义务为按合同规定的时间交付符合合同规定的货物，移交一切与货物有关的单据并转移货物的所有权。在实践中，卖方违反合同主要是指卖方不交货或延迟交货或交付的货物不符合同的规定。《公约》对卖方违约时买方可以采取的救济方法作了如下规定。

（一）要求卖方实际履行合同

《公约》第46条第（1）款规定："买方可以要求卖方履行义务，除非买方已采取与此要求相抵触的某种补救办法。"《公约》的这一规定主要是针对卖方不交货而采取的一种救济方法。按此规定，如果卖方不交付货物，买方可以要求卖方继续履行其交货的义务。但如果买方已采取宣告合同无效，另行购买货物等相抵触的救济方法，则不能向卖方提出此项要求。

（二）要求卖方交付替代货物

《公约》第46条第（2）款规定："如果货物不符合同，买方只有在此种不符合同情形构成根本违反合同时，才可以要求交付替代货物。"《公约》的这一规定主要是针对卖方交付货物不符合同规定，并且货物不符合同的情形已构成根本违约时而采取的一种救济方法。《公约》之所以规定只有在根本违约的情形下才可以要求交付替代的货物，主要是考虑到公平原则。因为国际货物买卖往往要经过长途运输并办理许多手续，在采用交付替代货物这种救济方法后，卖方首先要对不符合同货物进行处理，然后，再将另一批替代货物运送给买方。如果不是在根本违约的情形下而要求卖方采取该项救济方法，则有可能产生卖方因交付替代货物而支付的费用超过了买方的损失，这样显然对卖方不公平。

（三）要求卖方修理货物

《公约》第46条第（3）款规定："如果货物不符合同，买方可以要求卖方通过修理对不符合同之处作出补救，除非他考虑了所有情况之后，认为这样做是不合理的。"这一救济方法主要适用于货物不符合同，但尚未严重到构成根本违反合同程度的情形。但是如果情况表明，买方要求卖方对货物进行修理是不合理的，则买方不能采取该救济方法。如货物的不符明显轻微，只要稍作修理即可做到符合合同的规定，这时买方可自行或请人代为修理，由此而产生的费用可以要求卖方赔偿。

（四）规定一段合理的额外时间让卖方履行合同义务

《公约》第47条第（1）款规定："买方可以规定一段合理时限的额外时间，让卖方履行其义务。"这是《公约》针对卖方延迟交货的情况对买方可以采取的补救措施而作出的规定，只要卖方延迟交货的情形尚未构成根本违反合同，买方就不能立刻宣告合同无效，而是应给予卖方一段合理的额外时间。同时，《公约》第47条第（2）款还规定："除非买方收到卖方的通知，声称他将不在所规定的时间内履行义务，否则，买方在这段时间内不得对违反合同采取任何补救办法。但是，买方并不因此丧失他对迟延履行义务可能享有的要求损害赔偿的任何权利。"

（五）要求卖方减低货物价格

《公约》第50条规定："如果货物不符合同，不论价款是否已付，买方都可以减低价格，减价按实际交付的货物在交货时的价值与符合合同的货物在当时的价值两者之间的比例计算。"此项规定主要是针对卖方交付货物不符合同规定的情形而定的。同时《公约》还规定："如果卖方已根据规定对任何不符之处作出补救，或者买方拒绝接受卖方所作的补救，则买方不得要求减低价格。"

（六）宣告合同无效

《公约》第49条第（1）款规定，买方在以下情形下可以宣告合同无效：

（1）卖方不履行其在合同或本公约中规定的任何义务，构成根本违反合同。

（2）如果发生不交货的情况，卖方不在买方规定的额外时间内交付货物，或卖方声明他将不在所规定的时间内交付货物。

（七）请求损害赔偿

卖方违约后买方有权请求损害赔偿。《公约》第45条第（2）款规定，买方可能享有的要求损害赔偿的权利，不因他行使采取其他补救方法的权利而丧失。

二、买方违约的情形及救济方法

《公约》规定，买方的基本义务是按合同规定支付货物价款和收取货物。在实践中，买方违约主要是买方不付款、延迟付款、不收取货物以及延迟收取货物。《公约》对买方违约时卖方可以采取的救济方法作了如下规定。

（一）要求买方实际履行合同

《公约》第62条规定，卖方可以要求买方支付价款、收取货物或履行他的其他义务，除非卖方已采取与此要求相抵触的某种补救办法。此项规定主要是针对买方不付款或不收取货物的情形，卖方可以采取的救济方法。

（二）规定一段合理的额外时间让买方履行合同义务

《公约》第63条第（1）款规定，卖方可以规定一段合理时限的额外时间，让买方履行义务。此项规定主要是针对买方不按时付款或收取货物时，卖方可以规定一段合理的额外时间让买方履行其义务。同时《公约》也规定，除非卖方收到买方的通知，声称他将不在所规定的时间内履行义务，否则，卖方不得在这段时间内对违反合同采取任何补救办法。但是，卖方并不因此丧失他对迟延履行义务可能享有的要求损害赔偿的任何权利。

（三）宣告合同无效

《公约》第64条第（1）款规定，卖方在以下情形下可以宣告合同无效：

（1）买方不履行其在合同或本公约中的任何义务，构成根本违反合同。

（2）买方不在卖方规定的额外时间内履行支付价款的义务或收取货物，或买方声明他将不在所规定的时间内履行支付价款的义务或收取货物。

（四）请求损害赔偿

买方违约后卖方有权请求损害赔偿。《公约》第61条第（2）款规定，卖方可能享有的要求损害赔偿的权利，不因他行使采取其他补救方法的权利而丧失。

三、损害赔偿

从上述买卖双方违约后对方可以采取的救济方法来看，损害赔偿是《公约》规定的主要违约救济方法，它既可以单独使用，也可以与其他救济方法一起使用。

关于损害赔偿的范围，《公约》第74条规定，一方当事人违反合同应负的损害赔偿额，应与另一方当事人因他违反合同而遭受的包括利润在内的损失额相等。这种损害赔偿不得超过违反合同一方在订立合同时，依照他当时已知道或理应知道的事实和情况，对违反合同预料到或理应预料到的可能损失。

关于损害赔偿的计算方法，《公约》第75条规定，如果合同被宣告无效，而在宣告无效后一段合理时间内，买方已以合理方式购买替代货物，或者卖方已以合理方式把货物转卖，则要求损害赔偿的一方可以取得合同价格和替代货物交易价格之间的差额以及按照第74条规定可以取得的任何其他损害赔偿。同时第76条规定：

（1）如果合同被宣告无效，而货物又有时价，要求损害赔偿的一方，如果没有根据第75条规定进行购买或转卖，则可以取得合同规定的价格和宣告合同无效时的时价之间的差额以及按照第74条规定可以取得的任何其他损害赔偿。但是，如果要求损害赔偿的一方在接收货物之后宣告合同无效，则应适用接收货物时的时价，而不适用宣告合同无效时的时价。

（2）为上一款的目的，时价指原应交付货物地点的现行价格，如果该地点没有时价，则指另一合理替代地点的价格，但应适当地考虑货物运费的差额。

另外，《公约》第77条还规定，受损害的一方，必须按情况采取合理措施，减轻由于另一方违反合同而引起的损失，包括利润方面的损失。如果他不采取这种措施，违反合同一方可以要求从损害赔偿中扣除原可以减轻的损失数额。

第三节　索　赔

如上节所述，损害赔偿是《公约》规定的主要救济方法，但在实际业务中，一旦发生争议，索赔也是主要和首选的解决争议的办法。

一、索赔的含义

索赔（claim）是指买卖合同的一方当事人因另一方当事人违约致使其遭受损失而向另一方当事人提出要求损害赔偿的行为。所以索赔实际上是损害赔偿这种救济方法在实际业务中的运用。

一方当事人对于另一方当事人提出的索赔进行处理即为理赔。有索赔就必然会有理赔，索赔和理赔是一个问题的两个方面。

二、索赔的注意事项

在对外索赔和理赔工作中，索赔的依据、索赔的期限以及如何约定索赔的金额都是在合同中应加以明确规定的问题。

（一）索赔的依据

一方当事人向另一方当事人提出索赔时必须有充分的依据。索赔的依据包括法律依据和事实依据。法律依据是指买卖合同的相关规定和适用的法律条款；事实依据是指违约的事实及其书面证明。索赔时，如果证据不全、证据不足以及出证机构不符合要求等，都有可能遭到拒赔。在实际业务中，在签订合同时一般都在合同中规定索赔时应具备的证据以及出证机构。

（二）索赔的期限

索赔的期限是指一方当事人违约后另一方当事人有权向对方提出索赔的期限。

按照有关法律和惯例的规定，受损害的一方只能在规定或法定的期限内向对方提出索赔，否则，即丧失索赔的权利。索赔的期限有法定和约定两种。法定索赔期限是指根据有关法律规定，受损害的一方有权向对方索赔的期限；约定索赔期限是指买卖双方经磋商后在合同中明确规定的索赔期限。在合同中约定索赔期限时一般要考虑货物的性质、运输的方式和线路的长短等。关于法定索赔期限，不同的法律有不同的规定。《公约》第39条第（2）款规定，自买方始即收到货物之日起两年之内。《中华人民共和国合同法》规定，涉及货物买卖合同提起诉讼或者申请仲裁的期限为四年，自当事人知道或理应知道其权利受到侵犯之日起算。由于法定索赔期限只能是在买卖合同未约定索赔期限时才起作用，而且约定索赔期限的效力可超过法定索赔期限，因此，在买卖合同中根据商品的性质以及运输等实际情况约定索赔的期限是十分必要的。同时，对于有质量保质期的商品，如在质量保质期出现质量问题，买方有权凭相关的证明文件向卖方索赔，而不受索赔期限的限制。

（三）索赔金额

如果买卖双方在合同中约定了损害赔偿的金额或计算损害赔偿金额的方法，则应按约定的金额或根据约定的计算方法计算出的金额进行索赔。如果买卖双方当事人在合同中未作具体规定，则依有关法律规定办理。如上节所述，《公约》对损害赔偿的范围以及计算方法作了明确的规定。

国际货物买卖履约时间长、涉及面广、业务环节多，一旦在货物的生产、采购运输、支付等任何一个环节发生意外，都有可能导致合同不能顺利履行。再加上国际市场上汇率、行情多变，一旦发生对一方当事人不利的变化时，他就有可能不履行或不完全履行合同义务，致使另一方当事人的权利受到损害，从而导致索赔。因此，在实际业务中，本着公平合理、实事求是的原则，在充分调查研究、查清事实、分清责任的基础上，依据合同和有关法律的规定，正确处理好索赔、理赔工作是关系到企业和国家权益及声誉的重要工作。

第四节　买卖合同中的索赔条款

为了便于在履行合同的过程中一旦出现违约而产生索赔时有所依据，买卖双方在商订合同时一般都会在合同中订立索赔条款。在实际中，索赔条款可根据不同的需要作出不同的规定，其形式主要有两种，一种是"异议与索赔条款"，一种是"罚金条款"。

一、异议与索赔条款

异议与索赔条款（discrepancy and claim clause）一般是针对卖方交货品质、数量或包装不符合同规定而订立的。它主要包括以下内容：

（1）明确一方如违反合同，另一方有权提出索赔。

（2）索赔依据，规定索赔时需提供的证明文件及其出证机构。

（3）索赔期限，包括索赔有效期和品质保证期。

（4）赔偿损失的估损办法和金额等。如规定所有退货或索赔所引起的一切费用（包括检验费）及损失均由卖方负担等。

例如，有的合同规定："在货到目的口岸45天内如发现货物品质、规格和数量与合同不符，除属保险公司或船方责任外，买方有权凭中国商检出具的检验证书或有关文件向卖方索赔。"

"Within 45 days after the arrival of the goods at the destination, should the quality, specification or quantity be found not in conformity with the stipulations of the contract except those claims for which the insurance company or the owners of the vessel are liable, the Buyers shall, have the right on the strength of the inspection certificate issued by the C. C. I. C and the relative documents to claim for compensation to the Sellers. "

异议与索赔条款通常与商检条款结合使用，异议索赔条款中所规定的索赔期限也就是商检条款中买方有权对货物进行复验的有效期限。

二、罚金条款

罚金条款（penalty clause），也称为违约金条款（liquidated damage clause），是指合同中规定如由于一方未履约或未完全履约，应向对方支付一定数量的约定金额。金额的多少视延误时间长短而定，并规定最高罚款金额。这一条款的规定一般适用于卖方延期交货或买方延期接货或延期开立信用证等情况。它的特点是在合同中预先约定赔偿金额或赔偿的幅度。

例如，有的合同规定："如卖方不能按期交货，在卖方同意由付款行从议付货款中扣除罚金的条件下，买方可同意延长交货。但是因延期交货的罚金不得超过货物总金额的5%，罚金按每7天收取0.5%，不足7天按7天计算。如卖方未按合同规定的装运期交货，延长10周时，买方有权撤销合同，并要求卖方支付上述延期交货罚金。"

"Should the Sellers fail to make delivery on time as stipulated in the contract, the Buyers shall agree to postpone the delivery on the condition that the Sellers agree to pay a penalty which shall be deducted by the paying bank from the payment under negotiation. But the total amount of penalty, however, shall not exceed 5% of the total value of the goods involved in the late delivery. The rate of penalty is charged at 0.5% of the total value of the goods whose delivery has been delayed for every seven days. Odd days less than seven days should be counted as seven days. In case the Sellers fail to make delivery ten weeks later than the time of shipment stipulated in the contract, the Buyers shall have the right to cancel the contract and the Sellers, in spite of the cancellation shall still pay the aforesaid penalty to the Buyers without delay. "

在订立罚金条款时, 要注意各国的法律对于罚金条款持有不同的态度和不同的解释与规定。在法国、德国等国家的法律上, 对合同中的罚金条款是予以承认和保护的。由于罚金是对违约的惩罚, 因此, 这些国家的法律认为, 罚金的支付, 并不能解除卖方的交货义务。如卖方根本不履行交货义务, 仍要承担因此而给买方造成的损失。但在美国、英国等英美法系国家的法律上则有不同的解释。例如, 在英国的法律上, 对合同中订有固定赔偿金额条款的, 按其情况分为两种性质: 一种是作为 "预定损害赔偿金额" (liquidated damage), 是指双方当事人在订立合同时, 根据估计可能发生违约所造成的损害, 事先在合同中规定赔偿的百分比。另一种是作为 "罚款", 是指当事人为了保证合同的履约, 对违约一方征收的罚金。对上述性质的区分是根据当事人在合同中表示的意思由法官来确定, 即对于双方当事人预先约定的赔偿金额, 究竟属于预定损害赔偿金额还是罚金, 全凭法院根据具体案情作出它认为适当的解释, 而不在于双方当事人在合同中采用什么措辞。按照英国法院的主张, 如属预定损害赔偿金额, 不管损失金额的大小, 均按合同规定的固定金额判付; 反之, 如属罚金, 则对合同规定的固定金额不予承认, 而根据受损方所遭受的实际损失来确定赔偿金额。因为这些国家的法律认为对于违约只能要求损害赔偿, 而不能予以惩罚。因此, 在与英、美等国家订立国际货物买卖合同时应慎用罚金条款。

《中华人民共和国合同法》规定, 当事人可以在合同中约定, 一方当事人违约时, 向另一方当事人支付违约金; 也可以约定因违约产生的损害赔偿额的计算方法。合同中约定的违约金, 视为违反合同的损害赔偿。因此, 我国《合同法》还规定: "约定的违约金低于造成损失的, 当事人可以请求人民法院或者仲裁机构予以增加; 约定的违约金过分高于造成的损失的, 当事人可以请求人民法院或者仲裁机构予以适当减少。" 违约金的约定并不是毫无限制的自由约定, 而要受到国家法律的正当干预。这种干预是通过法院或仲裁机构适当减少或者增加的方法来实施的。违约一方支付违约金并不当然免除继续履行义务, 受害方要求履行合同, 而违约方有继续履行能力的, 必须继续履行。

思考与练习
1. 卖方违约后, 买方可采取哪些救济方法?
2. 买方违约后, 卖方可采取哪些救济方法?
3. 何谓 "根本违约" 和 "非根本违约"?
4. 《公约》关于损害赔偿的范围和损害赔偿的计算方法有何规定?
5. 如何签订合同中的索赔条款?

案例分析题
中国某进出口公司与某外商签订了 1 亿条沙包袋出口合同, 交货期限为合同成立后的 3 个月内, 价格条款为 1 美元 CIF 香港, 违约金条款为: 如合同一方在合同履行期内未能履行合同规定的义务，则必须向另一方支付合同总价 3.5% 的违约金。中方公司急于扩大出口，赚取外汇，只看到合同利润优厚，未实际估计自己是否有能力履行合同，便与外商订立了合同。而实际上中方公司并无在 3 个月内加工 1 亿条该类沙包袋的能力。合同期满，中方公司能够向外商交付的沙包袋数量距 1 亿条还相差很远。中方公司无奈，只得将已有的沙包袋向外商交付并与之交涉合同延期。外商态度强硬，以数量不符合同规定拒收，并以中方公司违约而要求按合同支付违约金。双方协商未果，最后中方某进出口公司只得向对方支付违约金 300 多万美元，损失巨大。

问：我方应从此案例中吸取什么教训？

第十二章　不可抗力

国际贸易合同是双方当事人在特定的环境条件下签订的。如果在合同的履行过程中，合同赖以存在的环境条件发生了非常人所不能预见和控制的变化，使得合同的履行受阻，那么依据法律规定，不能履行合同义务的一方当事人可以免责。但在实践中，究竟哪些事件的发生可以构成当事人的免责，双方当事人容易发生分歧，而且各国法律的解释也不完全一致。因此，双方当事人需要在合同中拟定一项条款，即不可抗力条款。

不可抗力条款是一种免责条款，即免除由于不可抗力事件而违约的一方的违约责任。一般应规定的内容包括：不可抗力事件的范围、事件发生后的通知期限、出具证明文件的机构以及不可抗力事件的处理。

第一节　不可抗力的含义和范围

一、不可抗力的含义

不可抗力（force majeure），又称人力不可抗拒，它是指签订合同以后，不是由于当事人的过失，而是由于发生了当事人不能预见、不能避免而且不能克服的情况，以致不能履行合同或不能按期履行合同，有关当事人即可根据合同或法律的规定免除不履行合同或不能按期履行合同的责任。不可抗力在各国法律中都是免责事由，因此，不可抗力条款是一种免责条款。

所谓"不能预见"，是指在该种具体情况下，合同当事人对这个事件是否发生是不可能预见的。"不能避免"是指尽管当事人对可能出现的意外情况采取了及时、合理的措施，但客观上仍不能防止这一意外情况的出现。如果该事件的发生完全可以通过当事人及时、合理的作为而避免，则不属于不可抗力，如发生盗窃。"不能克服"则是针对该事件所造成的损失结果而言，即这种损失是无法挽回和缩小的。

从国际贸易的角度讲，确立不可抗力制度的意义有两方面，一是不可抗力制度有利于保护无过错当事人的利益；二是可以促使买卖双方在从事交易时，充分预测未来可能发生的风险，并在风险发生后合理地解决风险损失的分担问题，从而达到合理规避风险、鼓励交易的目的。

二、不可抗力的范围

根据国际贸易惯例和多数国家有关法律的解释，不可抗力主要包括自然因素和社会因素两部分，自然因素如火灾、水灾、雪灾、旱灾、冰灾、地震、台风、洪水、海啸、山体滑坡、泥石流等；社会因素如战争、动乱、罢工、政府禁令等。其中对于自然因素引起的各种灾害以及战争、严重的动乱作为不可抗力事件，国际上的解释比较一致；而将罢工、政府禁令等作为不可抗力事件，各国在解释上经常产生分歧。

在国际贸易实践中，对不可抗力的认定是很严格的，某些事故，例如签约后的价格上涨和下跌、货币的突然升值和贬值，虽然对当事人来说是无法控制的，但这是交易中常见的现象，并不是不可预见的，所以不属于不可抗力的范畴。只有签约后发生了当事人不可预见、无法预防和避免的自然力量或社会力量造成的自然灾害和意外事件才属于不可抗力事故。因此，不可抗力必须具备以下三个方面的特征：①意外事件必须发生在合同签订以后；②不是因为当事人双方自身的过失或疏忽而导致的；③意外事件是当事人双方所无法预见、无法预防、无法避免和无法控制的。

另外，如果在合同履行中遇到不能预见、不能避免和不能克服的客观事件，但并没有导致当事人不能履行合同的，则此种事件不应被视为不可抗力事件。

值得注意的是，有的卖方总是力图扩大不可抗力的范围，以便日后发生问题时，有更多的理由为自己开脱责任。所以有时候卖方除了把各种自然灾害列入外，还把爆炸、操作过程中的意外事故，政府禁令、各种限制性的国家行为，战争预兆、战争状态、战争行为，停船命令，罢工、怠工、关闭工厂等劳资纠纷，流行病，货物集运中的事故，原材料缺乏，原配件供应不及时等生产过程中的事故，以及航运及陆运公司的怠慢，出航没有按预定日期等，统统归入不可抗力的范围。对此，作为买方就应该认真分析研究，区别不同情况，作出不同处理，不能无原则地接受。对于确实属于不可抗力的，理应接受；而对于一些含义不清或根本不属于不可抗力范围的事件，如战争预兆、航运公司怠慢等解释上很容易引起分歧、没有确定标准的概念，则不应列入不可抗力范围。

第二节 不可抗力条款的规定

不可抗力条款一般应规定的内容有：不可抗力事件的范围、事件发生后通知对方的期限、出具证明文件的机构以及不可抗力事件的后果等。

我国进出口合同中的不可抗力条款，主要有以下三种规定方式：

（1）概括式，即对不可抗力事件作笼统的提示。这种规定方式容易引起争议。因为对于不可抗力的范围，国际上并没有统一的规定，一旦发生争议，只能由法院对当事人的意思进行解释。

例如：If either party is delayed or prevented from performing its obligations under this Contract by circumstances beyond the reasonable control of either party, such performance shall be suspended, and if it cannot be completed within a reasonable time and after the due date as specified in the Purchase Order, then the Contract may be cancelled by either party.

由于发生超出任何一方合理控制范围之外的情形，阻碍或使任一方延迟履行合同项下的义务，这时应暂缓对义务的履行，如果不能在合理的时间内完成且在订单规定的到期日之后，则任一方可以取消合同。

（2）列举式，即把属于不可抗力的事件——罗列出来，并说明如发生合同列明的事件使当事人无法履约时，可予免责。这种列举方式，虽明确具体但文字烦琐，而且由于把不可抗力限制在合同约定的范围之内，就意味着双方当事人在订约时，已把其他意外事件排除在不可抗力范围之外。由于不可抗力事件较多，就有可能出现遗漏情况。

例如：Parties shall not be responsible in part or in full for the performance of obligations contained in the present Contract if this non-performance is the result of Force Majeure circumstances which may arise after the conclusion of the Contract as a result of extraordinary conditions which the Parties could neither foresee nor prevent with reasonable measures.

These circumstances include: flood, fire, earthquake and other natural phenomena, acts or actions of governmental bodies.

当出现不可抗力时，各方不能预见或实施合理的预防措施时，各方不承担部分或全部合同中应履行的义务。这些情况包括洪水、火灾、地震等自然现象或政府当局的行动。

（3）综合式，即在合同中既概括不可抗力的具体含义，又列举属于不可抗力范围的事件，这种规定办法，既明确具体，又有一定的灵活性，是最为常用的一种方式。我国一般都采取这种规定办法。

例如：Any event or circumstance beyond control shall be regarded as Force Majeure but not restricted to fire, wind, flood, earthquake, explosion, rebellion, epidemic, quarantine and segregation. In case either party that encounters Force Majeure fails to fulfill the obligation under the contract, the other party should extend the performance time by period equal to the time that Force Majeure will last.

如果遭遇无法控制的时间或情况应视为不可抗力，但不限于火灾、风灾、水灾、地震、爆炸、叛乱、传染、检疫、隔离。如不可抗力一方不能履行合同规定的义务，另一方应将履行合同的时间延长，所延长的时间应与不可抗力事件的时间相等。

第三节 不可抗力的通知和证明

一、不可抗力的通知

不可抗力发生后，发生事故的一方负有及时通知对方的责任。对此，《联合国国际货物销售合同公约》明确规定，不履行义务的一方必须将障碍及其对他履行义务能力的影响通知另一方，如果当事人一方未及时通知而给对方造成损害的，则应负赔偿责任。根据我国《合同法》的规定，当事人一方因不可抗力不能履行合同的，应在合理期限内提供证明。因此，发生不可抗力时，事故的一方应当在合理的期间内或者在合同约定的时间内取得遭遇不可抗力的证明文件，并将有关资料和该证明及时提供给对方，以证明不可抗力事件发生及影响当事人履行合同的具体情况。因此，合同中的不可抗力条款应明确规定发生不可抗力后通知对方的期限和方式；另一方接到不可抗力事件的通知和证明文件后，应根据事件性质，决定是否确认其为不可抗力事件，并把处理意见及时通知对方。

二、不可抗力的证明

不可抗力的证明应当采取书面形式。作为法定的免责事由，不可抗力是合同违约之诉中相当有力的抗辩理由，因此，有关不可抗力的证明是关键性的证据。不可抗力的证明书（force majeure certificate）一般由专门机构出具，在国外，大多由当地的商会或登记注册的公证行出具；在我国，可通过中国国际贸易促进委员会（即中国国际商会）出具。必要时，应在合同中明确规定出证机构。

例如，2008 年初我国南方地区发生特大雪灾，中国国际贸易促进委员会及地方分支会出证认证部门，及时为企业出具雪灾证明，涉及合同金额 3.3 亿元人民币，其中除一家欧洲客户不接受中方出具的任何形式免责证明外，其他国外客户均接受了中国国际贸易促进委员会出具的雪灾证明，同意中方企业延期履行合同或解除合同，并免除中方企业逾期履行合同或不履行合同的责任。

第四节　不可抗力的处理

不可抗力事件发生后对合同产生实质影响的情况可以分为三种：其一，造成合同完全不能履行；其二，造成合同部分不能履行；其三，造成合同不能按时履行。因此，发生不可抗力事件后，主要有两种处理方式，一种是解除合同，一种是变更合同。所谓变更合同，是指由一方当事人提出并经另一方当事人同意，对合同内容作适当修改，包括延期履行、分期履行、替代履行等，其中延期履行是变更合同的最主要的一种方式。究竟采用何种方式处理，应视事故的原因、性质、规模及其对履行合同所产生的实际影响程度而定，也可以由双方当事人在合同中作具体规定。因为解除合同和延迟履行对当事人的影响是不一样的，如果解除合同或延迟履行的条件规定得不明确，在市场行情发生变化时，就会出现一方当事人主张只能延期履行的情况。如果合同中未作规定，一般解释是，如果不可抗力事件致使合同履行成为不可能，则可解除合同；如不可抗力事件只是暂时阻碍了合同的履行，则延期履行合同。

另外，根据我国《合同法》的规定，当事人延迟履行后发生不可抗力事件的，不能免除违约责任。也就是说，若当事人未能在合同约定的期间内履行合同义务，逾此期限发生不可抗力事件，该当事人仍应对此不可抗力事件造成的损失承担责任，这也是对当事人延期履行的加重责任。

《联合国国际货物销售合同公约》规定，一方当事人享受的免责权利只对履约障碍存在期间有效，如果合同未经双方同意宣告无效，则合同关系继续存在，一方履行障碍消除，双方当事人仍须继续履行合同义务。

思考与练习

1. 什么是不可抗力？不可抗力的认定需具备哪些条件？
2. 合同中的不可抗力条款有哪几种规定方式？最好采用哪一种方式？为什么？
3. 我公司与国外一家大公司签订一笔进口精密机床合同，该公司在欧盟区内共有 3 家工厂生产这种机床。临近装运日期时，对方一工厂突然发生火灾，机床被烧毁，该公司以不可抗力为由要求撤销合同。请问：该公司可否撤销合同？并说明理由。

案例分析题

1. 1985 年 2 月 13 日，大陆某公司 A 和香港某公司 B 签订了醋酸纤维素板的来料加工和补偿贸易合同。合同的主要内容是中方 A 公司利用港方 B 公司和另外两家香港的金融机构共同提供的设备为港方 B 进行来料加工，每生产 1 吨板材的加工费为 1 600 美元，港方 B 负责提供给中方 A 的来料即醋酸纤维素板的数量为：1985 年不少于 80 吨，1986 年不少于

150 吨，1987 年不少于 200 吨，以后每年不少于 200 吨。中方 A 以来料加工费偿还设备贷款的本息。但在实际运行中，港方 B 仅在 1985 年 12 月 30 日提供来料 34 吨，1986 年 9 月 4 日来料 17 吨，1987 年 2 月 16 日来料 1.1 吨，合计来料 52.1 吨。1987 年 10 月，双方签订补充协议，再次规定了港方 B 提供来料的义务和数量。结果该补充协议仍未履行，致使中方引进的设备无法得到充分利用，只偿还了设备贷款的本息的一小部分。中方提请仲裁，要求港方 B 赔偿包括设备贷款在内的经济损失。港方 B 答辩称：B 公司未能履行合同的全部义务，是因为国际市场发生重大变化，原料价格上涨，数量短缺，无法买到原料所致。最后致使生产该原料的工厂停产，B 公司更是无法买到。这是不可抗力事故，港方不应承担责任。

试分析本案中，港方应不应该承担责任？

2. 1992 年 6 月，我国北方某粮油进出口公司（以下简称我方公司）与澳大利亚 PM 公司（以下简称澳方公司）成交油炸花生米 200 公吨、每公吨 CFR 悉尼 400 美元，总金额为 80 000 美元，交货期为 1992 年 9 月至 12 月。合同规定，双方发生争议时先协商解决，如协商不能解决，提交仲裁机构解决，仲裁地点为中国，仲裁机构为中国对外经济贸易仲裁委员会。

我方公司签订合同后，开始组织货源，但由于供应货的加工厂加工能力所限，致使货源不足，我方公司当年只交了 50 公吨，其余 150 公吨经双方协商同意延长至下一年度内交货。

1993 年，我国部分花生产地发生自然灾害，花生减产，又加上供应货的加工厂停止生产这种产品，我方公司无力组织货源，于是，于 1993 年 9 月 26 日函电澳方公司，以"不可抗力"为理由，要求免除交货责任。

澳方公司于 9 月 29 日回电，认为自然灾害并不能成为卖方解除免交货物责任的"不可抗力"理由，并称该商品市场价格已上涨，由于我方公司未交货已使其损失 2 万美元，因而要求我方公司无偿供应其他品种同类食品抵偿其损失。

我方公司对此项要求不同意，坚持以"不可抗力"为不能交货的理由，因而不承担不能交货责任，也无义务对澳方公司进行其他补偿。

在协商不成的情况下，澳方公司根据仲裁条款向中国仲裁机构提出仲裁。仲裁申请书中强调，中方公司所称"不可抗力"的理由不能成立，迟延交货的原因是加工能力不足，而这之后出现的自然灾害是不能作为"不可抗力"的理由免除交货的责任的，并提出中方公司如不愿以商品抵偿其损失，澳方公司就坚持索赔 2 万美元。

仲裁机构在执行仲裁程序时，经调查发现，自然灾害的确不是造成不能交货的唯一原因。在仲裁机构的调解下，双方经过多次协商，以我方公司赔偿澳方公司 4 000 美元结案。

试分析本案中，仲裁机构的仲裁结果是否合理？

第十三章　仲　裁

在国际贸易履约过程中，买卖双方由于某些原因发生争议是在所难免的。争议（disputes）是指交易的一方认为另一方未能全部或部分履行合同规定的责任而引起的业务纠纷。产生争议的原因主要有：买方迟开信用证或不按时付款赎单或不派船接货、卖方未按合同规定交货、买卖双方对合同条款理解不一致等等。

如果买卖双方的争议不能合理解决，不仅直接影响到买卖双方的利益，也会影响到国家和企业的声誉。因此，选择合理解决买卖双方争议的方式，是一个重要问题。国际贸易中解决争议的方式主要有以下四种：①友好协商；②调解；③仲裁；④诉讼。争议发生以后，买卖双方一般首先会进行友好协商，如果协商不成，则双方可以根据争议的情况，采取调解、仲裁或诉讼的方式进行解决。其中，调解方式是指在争议双方自愿的基础上，由第三者出面从中调解；仲裁方式是双方当事人将案件提交给仲裁机构进行裁决；诉讼方式是一方当事人向法院起诉，控告合同的另一方，一般要求法院判令另一方当事人以赔偿经济损失或支付违约金的方式承担违约责任，也有要求对方实际履行合同义务的。由于仲裁方式的优越性，目前已逐渐发展成为国际贸易中解决争议的首选方式。

第一节　仲裁的含义

仲裁（arbitration）是指由买卖双方当事人在争议发生之前或在争议发生之后，达成书面协议，自愿将他们之间友好协商不能解决的争议交给双方同意的仲裁机构进行裁决（award）。仲裁机构作出的裁决是终局的，对双方都有约束力。

仲裁与调解相比，调解不具有法律强制约束力，完全由当事人自己凭良知行事。如果一方当事人对双方约定的事项不予执行，则另一方当事人没有任何强制手段可以要求其予以履行。而采用仲裁方式时，仲裁机构作出的裁决具有强制执行力，如果当事人一方不执行裁决义务时，另一方当事人有权申请司法机关强制其执行仲裁裁决。当然如果是在仲裁庭的主持下进行，并最终由仲裁庭制作出调解书的调解，也同样具有法律约束力。

仲裁与诉讼相比，首先，仲裁的效率要高于诉讼。由于诉讼有其法律规定的必经程序，就使得诉讼的时间比较长，尤其是涉外诉讼，往往是经年累月；而仲裁则可由仲裁庭灵活掌握，程序繁简不同，仲裁一般都是一审终局，因此效率要高得多。其次，仲裁具有保密性。仲裁案件不公开审理，对争议双方继续发展贸易关系的影响较小，也可以有效地保护当事人的商业秘密和商业信誉。再次，仲裁以双方当事人的自愿选择为前提。双方当事人享有选定仲裁员，选择仲裁地、仲裁语言以及适用法律的自由。这从一定程度上避免了某些法院的地方保护主义。此外，仲裁费用比诉讼费用低，可大大节约开支。最后，仲裁裁决可在世界多数国家获得承认和执行。

第二节　仲裁协议

一、仲裁协议的含义和形式

仲裁协议是指双方当事人表示愿意将他们之间已经发生或将来可能发生的争议提交仲裁机构裁决，并且有义务履行裁决的一种书面表示。

仲裁协议有两种形式：一种是在争议发生之前订立的，它通常是作为合同中的一项仲裁条款出现，这是一种最常用且方便易行的订立仲裁协议的方式。合同中对仲裁事项或者仲裁机构没有约定或约定不明确的，当事人可以订立补充协议，这也构成合同中仲裁条款的一部分。另一种是在争议发生之后订立的，它是把已经发生的争议提交仲裁的协议，一般是经过双方函电往来而订立。

这两种形式的仲裁协议，其法律效力是相同的。但是，发生争议之前双方容易达成仲裁协议，一旦发生争议，双方达成仲裁协议就比较困难。所以，仲裁作为一项合同条款就很重要。

二、仲裁协议的作用

（1）约束双方当事人只能以仲裁方式解决其争议，且不得向法院起诉。

（2）排除法院对有关案件的管辖权。各国法律一般都规定法院不受理双方签订书面仲裁协议的争议案件，包括不受理仲裁裁决的上诉。因此，如果一方背弃仲裁协议，自行向法院起诉，另一方可根据仲裁协议要求法院不予受理，并将争议案件交仲裁庭裁断。

（3）使仲裁机构取得对争议的管辖权。仲裁协议是仲裁机构受理案件的依据，任何仲裁机构都无权受理没有书面仲裁协议的案件。

上述三项作用的中心是第（2）条，即排除法院对争议案件的管辖权，因此双方当事人不愿将争议提交法院审理时，就应该在争议发生前在合同中规定出仲裁条款，以免未来发生争议后，由于达不成仲裁而不得不诉诸法院。

第三节　仲裁机构及程序

一、仲裁机构

根据仲裁是否附着于固定的仲裁机构，仲裁可以分为临时仲裁和机构仲裁。临时仲裁是当事人根据仲裁协议，临时组成仲裁庭，根据一定的仲裁规则与程序对特定争议进行的仲裁。临时仲裁庭处理完争议案件即自动解散。不过，我国现行仲裁法律法规排除了对临时仲裁的采用。临时仲裁是仲裁的最初形式，但随着仲裁制度的不断发展，机构仲裁已经成为当今仲裁的主要形式。

机构仲裁是当事人根据其仲裁协议，将他们之间的纠纷提交给某一常设仲裁机构所进行的仲裁。常设仲裁机构是指依据国际条约和一国国内立法所成立的，有固定的组织、固定的地点和固定的仲裁程序规则的永久性机构，一般都备有仲裁员名册供当事人选择。世界上绝大多数国家都设有商事常设仲裁机构。

（一）国际仲裁机构

目前，在国际上比较著名的国际常设仲裁机构主要有以下几个：

（1）国际商会仲裁院（The International Court of Arbitration of International Chamber of Commerce，ICC），设立于 1923 年，总部在巴黎，是国际商会常设仲裁机构。国际商会的仲裁员来自世界各个国家，其仲裁的一个主要特点是可以在世界的任何一个地方进行仲裁程序。该仲裁院是目前世界上提供国际经贸仲裁服务较多、具有重大影响的国际经济仲裁机构。

（2）瑞典斯德哥尔摩仲裁院（The Arbitration Institute of the Stockholm Chamber of Commerce，SCC），设立于 1949 年，地点在斯德哥尔摩。瑞典作为中立国家与国际社会的协调关系，使得瑞典斯德哥尔摩仲裁院享有很好的国际声誉，特别以解决涉及远东或中国的争议而著称。该院与中国国际经济贸易仲裁委员会有业务联系，中国对外经济贸易促进委员会建议，我国当事人在选择第三国仲裁机构时，可优先考虑该仲裁院。

（3）美国仲裁协会（American Arbitration Association，AAA），于 1926 年设立，总部在纽约，在一些主要州都设有分部，是美国主要的国际商事仲裁机构。该协会受理的案件多数为美国当事人与外国当事人之间的争议，其仲裁员来自很多国家，当事人可以在其仲裁员名册之外指定仲裁员，在没有约定的情况下，所有案件只有一名仲裁员。

（4）香港国际仲裁中心（The Hong Kong International Arbitration Center，HKIAC），于 1985 年设立，地点在香港。香港国际仲裁中心主要受理两类仲裁案件，即国际商事仲裁案件和香港的区内仲裁案件，这两类案件分别适用不同的仲裁规则，国际商事仲裁案件适用《联合国国际贸易法委员会仲裁规则》，而香港的区内案件则适用香港国际仲裁中心制定的仲裁规则。

（5）英国伦敦国际仲裁院（The London Court of International Arbitration，LCIA），成立于 1892 年，地点在伦敦，是世界上最古老的仲裁机构，也是英国最有国际影响力的国际商事仲裁机构。该院是由伦敦市政府、伦敦商会和女王特许仲裁协会共同组成的联合委员会管理。

（二）我国的仲裁机构

我国涉外仲裁机构由中国国际贸易促进委员会设立，目前有两个：一是中国国际经济贸易仲裁委员会（Chinese International Economic and Trade Arbitration Commission，CIETAC）；二是中国海事仲裁委员会。中国国际经济贸易仲裁委员会（中国国际商会仲裁院），是中国国际商会的常设仲裁机构，于 1956 年设立，总部在北京，目前的仲裁规则是 2000 年 10 月开始实施的《中国国际经济贸易仲裁委员会仲裁规则》。仲裁委员会设立仲裁员名册，仲裁员的来源是，由中国国际贸易促进委员会从具有国际经济贸易、科学技术、法律等有关专业知识的专家和实际经验的中外人士中聘任。

在国内，CIETAC 有深圳、上海和重庆三个分会以及大连、长沙、重庆、成都、福州等地方办事处，形成了广泛的网络。在国际上，中国国际经济贸易仲裁委员会不断发展同其他国际仲裁机构的友好合作关系，先后与瑞典斯德哥尔摩仲裁院、英国伦敦国际仲裁院、埃及开罗地区仲裁中心、俄罗斯工商会、蒙古工商会、克罗地亚商会仲裁院、英国皇家御准仲裁员协会等机构签订了仲裁合作协议。中国国际经济贸易仲裁委员会在作为一个国际商事仲裁机构的同时，也受理纯中国国内性质的各类具备仲裁性质的纠纷。随着我国进出口贸易量的迅速增长，国际国内贸易纠纷越来越多，企业乐于选择仲裁作为解决纠纷的方式，仲裁案件逐年增多。

中国海事仲裁委员会成立于 1959 年 1 月，主要职责是以仲裁的方式，解决产生于国际远洋、沿海和与海相通可航水域的运输、生产及航行过程中产生的契约或非契约性海事争议。中国海事仲裁委员会的仲裁员由中国国际贸易促进委员会从具有航运、保险、法律等方面专业知识和实践经验的中外知名人士中聘任。目前的仲裁规则是 2001 年 1 月 1 日起开始实施的《中国海事仲裁委员会仲裁规则》。中国海事仲裁委员在国内外航运、保险、贸易、法律界赢得了良好的信誉。目前，中国海事仲裁委员会作出的涉外仲裁裁决可以在世界上 140 多个国家和地区得到承认和执行。

二、仲裁程序

仲裁程序（arbitration procedure）指仲裁机构在进行仲裁审理中，仲裁机构与争议的当事人和参与人必须遵循的程序。它主要包括提出仲裁申请、组织仲裁庭、仲裁审理、仲裁裁决等几个程序。各国仲裁机构几乎都订立了自己的仲裁程序法规或规则。按我国仲裁法的规定，基本程序如下：

1. 提出仲裁申请（arbitration application）

这是仲裁程序开始的首要手续。各国法律对申请书的规定不一致。在我国，《中国国际经济贸易仲裁委员会仲裁规则》规定，向中国国际经济贸易仲裁委员会申请仲裁，双方当事人的合同中必须有仲裁条款，或者双方达成书面仲裁协议。同时，需向中国国际经济贸易仲裁委员会提交仲裁申请书、授权委托书以及申请人营业执照复印件、法定代表人身份证明书等文件，并且要按照仲裁规则中仲裁费用表的规定交纳仲裁费预付金。

2. 组织仲裁庭

根据我国《仲裁法》的规定，仲裁庭由仲裁员组成，仲裁员的产生是根据当事人的意愿而定的。仲裁庭可以由三名仲裁员或者一名仲裁员组成。仲裁委员会有仲裁员名册供当事人选择，仲裁员的产生主要有以下方式：

（1）参加仲裁的双方当事人可以约定由三名仲裁员组成仲裁庭，双方可以各自选定一名仲裁员，第三名仲裁员则可以由双方当事人共同选定。第三名仲裁员是首席仲裁员。由三位仲裁员共同审理案件。

（2）如果当事人约定由一名仲裁员成立仲裁庭，则应由双方共同选定一名仲裁员。由此仲裁员单独审理案件。

（3）如果当事人双方未能在收到仲裁通知书之日起 15 日（涉外案件为 20 日，简易程序为 10 日）内约定仲裁庭组成方式，并未从仲裁员名册中选定仲裁员，那么，则由仲裁委员会主任指定该仲裁庭的组成方式及选定仲裁员。

3. 仲裁审理

仲裁庭审理案件的形式有两种：

一是开庭审理，是指按照仲裁规则的规定，在当事人和其他仲裁参与人的参加下，由仲裁庭主持，对案件进行审理的活动。开庭审理有利于当事人充分陈述意见，有利于查明案情，公正仲裁。这种审理采取不公开审理，以保护当事人的商业机密。如果双方当事人要求公开进行审理时，则由仲裁庭作出决定。开庭审理是普遍采用的一种方式。

二是书面审理，是经当事人申请，或由仲裁庭征得双方当事人同意，只依据书面文件进行审理并作出裁决。仲裁庭根据当事人的申请，可以依据仲裁申请书、答辩书及当事人提供的其他书面材料直接进行裁决。一般对于案情比较简单，对事实争议不大的案件，或由于其他因素，如当事人不在仲裁机构所在地，并且书面材料已很充分，等等，双方当事人可以协议进行书面审理。

4. 仲裁与调解相结合

仲裁与调解相结合，是指仲裁庭在进行仲裁程序过程中，可以根据双方当事人的意愿对案件进行调解；在仲裁与调解相结合时，主持调解的调解员就是同一案件仲裁庭的仲裁员。如果调解成功，双方当事人自愿达成和解协议，则仲裁庭可以依据和解协议作出调解书或裁决书结案，调解书与裁决书具有同等的法律效力。如果调解不成，则仲裁庭可以恢复仲裁程序继续进行仲裁审理。

调解并非仲裁的必经程序，不能带有任何强制性。

5. 仲裁裁决

仲裁裁决是由仲裁庭作出的，是仲裁程序的最后一个环节。裁决作出后，审理案件的程序即告终结，因而这种裁决被称为最终裁决。如果仲裁庭由三名仲裁员组成，则由三名仲裁员集体作出仲裁裁决。根据不同的情况，有两种方式：

（1）按多数仲裁员的意见作出仲裁裁决。这是仲裁通常使用的方式，即按照少数服从多数的原则。我国《仲裁法》规定：裁决应当按照多数仲裁员的意见作出，少数仲裁员的不同意见可以记入笔录。所谓多数仲裁员的意见是指仲裁庭的三名仲裁员中至少两名仲裁员的意见一致，如果三名仲裁员各执己见，无法形成多数意见时，即无法以此种方式作出仲裁裁决。

（2）按首席仲裁员的意见作出仲裁裁决。在仲裁庭无法形成多数意见的情况下，则按首席仲裁员的意见作出仲裁裁决。我国《仲裁法》规定：仲裁庭不能形成多数意见时，裁决应当以首席仲裁员的意见作出。

另外，根据我国的仲裁规则，仲裁裁决必须于案件审理终结之日起45天内以书面形式作出，仲裁裁决除由于调解达成和解而作出的裁决书外，应说明裁决所依据的理由，并写明裁决是终局的和作出裁决书的日期、地点，以及仲裁员的署名等。

第四节 仲裁裁决的执行

仲裁裁决一经作出，就具有法律效力，对双方当事人都有约束力。双方当事人对于仲裁裁决书，应依照其中所规定的时间自动履行，裁决书未规定期限的，应立即履行。仲裁机构自身不具有强制执法的能力，若一方当事人逾期不予执行的，另一方当事人可向法院申请强制执行。

但如果一方当事人在国外，就会涉及一个国家的仲裁机构所作出的裁决要由另一个国家的当事人执行的问题。因此，为了解决是否承认和执行外国仲裁裁决的问题，1958年6月联合国在纽约通过了《承认和执行外国仲裁裁决公约》（The New York Convention on the Recognition and Enforcement of Foreign Arbitral Awards），简称《1958年纽约公约》。该公约规定，各缔约国必须承认和执行外国的仲裁裁决。我国于1987年4月正式加入这一公约，我国加入时作出了商事保留和互惠保留的规定。到2005年2月28日止，世界上已有130多个国家和地区加入了《1958 年纽约公约》，这为承认和执行外国仲裁裁决提供了保证和便利，为进一步开展国际商事仲裁活动起到了推动作用。

按照各国仲裁规则的一般规定，仲裁裁决如果是在无仲裁协议的情况下作出的，或以无效（或过期）的仲裁协议为据作出的裁决，或因仲裁员的行为不当或越权所作出的裁决，或以伪造证据为依据所作出的裁决，或裁决的事项是属于仲裁地法律规定不得提交仲裁处理的裁决等，当事人可在法定期限内，请求仲裁地的管辖法院撤销仲裁裁决，并宣布其为无效。因此，若当事人能证明该裁决不符合法律程序的要求，可以向法院起诉，要求法院撤销裁决，并宣布其为无效。

第五节　买卖合同中的仲裁条款

国际货物买卖合同中的仲裁条款应该明确具体，一般应包括仲裁地点、仲裁机构、仲裁规则、裁决的效力等内容。

各国的仲裁机构都有自己的仲裁规则。按照国际仲裁的一般做法，对争议进行仲裁时采用仲裁所在地的仲裁规则，所以对合同中仲裁地点的规定一般是交易双方都非常关心的问题。我国对外贸易合同中，对仲裁地点的规定有以下几种方法：

（1）规定在我国进行仲裁。

（2）规定在被申请一方所在国进行仲裁。

（3）规定在双方同意的第三国进行仲裁。选用这种方法时，应选择允许受理双方当事人都不是本国公民的争议案的仲裁机构，而且该机构具备一定业务能力、态度公正。

仲裁地点不同，仲裁规则就可能不同，对买卖双方的权利义务的解释就会有差别，其结果也会不同。我国企业与外商商订仲裁条款时，应尽量争取在我国仲裁。

但仲裁规则与仲裁地点也并非绝对一致，法律上允许根据双方当事人约定，采用仲裁地点以外的其他国家或地区的仲裁机构的仲裁规则。若双方当事人约定在中国仲裁，通常采用《中国国际经济贸易仲裁委员会仲裁规则》。中国现行仲裁规则规定："凡当事人同意将争议提交仲裁委员会仲裁的，均视为同意按照该仲裁规则进行仲裁。"但是，若当事人约定使用其他仲裁规则并征得仲裁委员会同意的，原则上也可适用其他仲裁规则。

仲裁裁决对双方当事人具有法律约束力，任何一方都不能向法院起诉要求变更。虽然各国法律一般都对仲裁裁决的效力有此规定，但订立仲裁条款时，为了强调并利于最终执行，仲裁条款都会规定裁决是终局性的。

仲裁条款：

"All disputes arising from the execution of this agreement shall be settled through friendly consultations. In case no settlement can be reached, the case in dispute shall then be submitted to the Foreign Trade Arbitration Commission of the China Council for the Promotion of International Trade for Arbitration in accordance with its Provisional Rules of Procedure. The decision made by this commission shall be regarded as final and binding upon both parties. Arbitration fees shall be borne by the losing party, unless otherwise awarded."

"在履行协议过程中，如产生争议，双方应友好协商解决。若通过友好协商未能达成协议，则提交中国国际贸易促进委员会对外贸易仲裁委员会，根据该会仲裁程序暂行规定进行仲裁。该委员会决定是终局的，对双方均有约束力。仲裁费用，除另有规定外，由败诉一方负担。"

阅读资料

中国国际经济贸易仲裁委员会

中国国际经济贸易仲裁委员会（CIETAC，以下简称仲裁委员会）是以仲裁的方式，独立、公正地解决契约性或非契约性的经济贸易等争议的常设商事仲裁机构。仲裁委员会是中国国际贸易促进委员会根据中华人民共和国中央人民政府政务院 1954 年 5 月 6 日的决定，于 1956 年 4 月设立的，当时名为对外贸易仲裁委员会。中国国际贸易促进委员会还制定了仲裁委员会的仲裁程序暂行规则。对外贸易仲裁委员会于 1980 年改名为对外经济贸易仲裁委员会，又于 1988 年改名为中国国际经济贸易仲裁委员会，自 2000 年 10 月 1 日起同时启用"中国国际商会仲裁院"名称。

仲裁委员会总会设在北京。根据业务发展的需要，仲裁委员会分别于 1989 年和 1990 年在深圳和上海设立了中国国际经济贸易仲裁委员会深圳分会（以下简称深圳分会）和中国国际经济贸易仲裁委员会上海分会（以下简称上海分会）。2004 年 6 月 18 日深圳分会更名为中国国际经济贸易仲裁委员会华南分会（以下简称华南分会）。2008 年 5 月 7 日在重庆设立了中国国际经济贸易仲裁委员会西南分会（以下简称西南分会），仲裁委员会北京总会及其华南分会、上海分会和西南分会是一个统一的整体，是一个仲裁委员会。总会和分会使用相同的《仲裁规则》和《仲裁员名册》，在整体上享有一个仲裁管辖权。

仲裁委员会以其独立、公正、高效的仲裁工作在国内外享有广泛的声誉，赢得了中外当事人的普遍信赖，现已成为世界上重要的国际商事仲裁机构之一。仲裁委员会的受案量自 1990 年以来居于世界其他仲裁机构的前列，案件当事人涉及除中国之外的 45 个国家和地区，仲裁裁决的公正性得到了国内外的一致认可，仲裁裁决在香港的执行率达到了 99% 以上，仲裁裁决可以依据联合国《承认和执行外国仲裁裁决公约》（《1958 年纽约公约》）在世界上 140 多个国家得到承认和执行。

思考与练习

1. 解决争议的办法有哪些？
2. 何谓仲裁？仲裁有何特点？
3. 仲裁协议有哪些类型？仲裁协议有何作用？
4. 合同中的仲裁条款主要包括哪些内容？
5. 出口商甲与进口商乙订立买卖合同并提供样品，由乙开出以甲为抬头的信用证，又由甲与制造商丙订立与买卖契约内容完全相同的合同，厂商丙于订货后自行包装交货，而甲因与乙、丙的合同内注明"以制造厂检验为最后标准"，同时甲与丙的合同内也订明如规格品质不符时，由丙负责调换或赔偿，因此没有另外送样检验及验货。现货物到达国外，进口商发现品质规格皆不符合要求而提出索赔要求。请问：

（1）甲是否应负完全赔偿责任，或可将责任推给厂商丙？

（2）甲与乙曾多次与丙交涉均未获同意赔款，丙声称信用证并非直接开给丙，在此情况下，乙能否直接控告丙，或必须先告甲再由甲告丙？

（3）如由国际仲裁协会仲裁，则赔款项应由何方负担？

案例分析题

中国技术进出口总公司（以下简称中技总公司）与挪威一公司达成一笔合同，购买9 000多吨钢材。1985年3月14日，卖方首先向中技总公司发出电传称"货物已在装运港备妥待运"，要求买方开出信用证。买方于4月19日通过中国银行上海分行开出以卖方为受益人，金额为2 295 000美元的不可撤销信用证后，卖方随即将全套单证提交中方公司；提单上载明钢材数量为9 161吨。同年6月1日中国银行上海分行根据提单和发票将货款229.5万美元付给了卖方。然而，事实证明，卖方根本没有将钢材装船，向买方提交的提单、钢材质量检验证书、重量证书和装箱单等单证，都是伪造的。买方在经过多次催促交涉没有结果的情况下，向上海中级人民法院提起侵权诉讼。上海中级人民法院认为被告（卖方）负有侵权的民事责任，判决原告中技总公司胜诉。卖方对此不服，向上海市高级人民法院上诉，其理由之一是："双方签订的购销钢材合同中有仲裁条款，原审法院无管辖权。"上海市高级人民法院审理后认为，"上诉人（合同中的卖方）利用合同形式进行欺骗，侵占被上诉人的巨额货款，已非合同权利义务争议，而是侵权损害赔偿纠纷。依据《中华人民共和国民事诉讼法（试行）》第一百八十五条和第二十二条的规定，原审法院对本案具有管辖权。上诉人以中国已加入《承认及执行外国仲裁裁决公约》为由，否认原审法院的管辖权，这是对该公约的片面理解，不予采纳"。法院驳回了上诉人挪威公司的上诉，维持原判。

请运用仲裁及仲裁承认方面的知识，分析这一案例，并作出自己的判断。

第十四章　交易磋商和合同订立

交易磋商是买卖双方为买卖商品，对交易的各项条件进行协商以达成交易的过程，通常称为谈判。在国际贸易中，这是一个十分重要的环节。因为交易磋商是签订合同的基础，没有交易磋商就没有买卖合同。交易磋商工作的好坏，直接影响到合同的签订及以后的履行，关系到双方的经济利益，必须认真做好这项工作。

第一节　交易磋商

一、交易磋商的形式
交易磋商在形式上可分为口头磋商（by word of mouth）和书面磋商（by writing）两种形式。

（一）口头磋商

口头磋商主要指在谈判桌上面对面的谈判，如参加各种交易会、洽谈会，以及贸易小组出访、邀请客户来华洽谈交易等。此外，还包括双方通过国际长途电话进行的交易磋商。口头磋商方式由于是面对面的直接交流，便于了解对方的诚意和态度而采取相应的对策，并根据进展情况及时调整策略，达到预期的目的。口头磋商比较适合谈判内容复杂、涉及问题较多的业务，如大型成套设备的交易谈判。

（二）书面磋商

书面磋商是指通过信件、电报、电传等通信方式进行的洽谈交易。目前，多数企业使用传真进行洽谈，有的已开始使用电子邮件进行磋商交易。随着现代通信技术的发展，书面洽谈越来越简便易行，且成本费用低廉。国际贸易中，买卖双方通常采用以书面方式进行的磋商交易。

随着我国对外开放的日益扩大，各国商人通过函电与我国建立业务关系，探询业务的函件越来越多。我们对国外商人发来的函电，必须及时认真地进行研究，迅速、妥善地处理，并给予恰当的答复。函电措辞要简练，要注意函电的时间因素，函电的内容不能泄密。我国过去有些企业在业务中，经常发生不及时答复国外函电的情况，国外商人屡有不良反映。

不论是当面洽谈还是通过函电洽商，都是买卖双方各自提出自己的交易条件以及各自的想法，经过一再协商，取得一致意见，从而达成交易。

二、交易磋商的内容
交易磋商的内容一般包括交易的标的、交易标的的价格、交易双方的责任划分、预防争议的发生以及争议发生时的处理办法等。其涉及拟签订的买卖合同的各项条款，包括品名、品质、数量、包装、价格、装运、支付、保险、检验、索赔、仲裁及不可抗力等。其中以前七项为主要内容或主要交易条件，买卖双方欲达成交易、订立合同，必须至少就这七项交易条件进行磋商并取得一致意见（特殊情况可以例外）。至于其他五项交易条件，特别是检验、索赔、不可抗力和仲裁，它们虽非成立合同不可缺少的内容，但是为了提高合同质量，减少和防止争议的发生以及便于解决可能发生的争议，买卖双方在交易磋商时也不容忽视。

三、交易磋商的一般步骤

交易磋商的整个过程主要有四个环节，即询盘、发盘、还盘和再还盘及接受。其中，发盘和接受是达成交易的决定性环节。

（一）询盘

询盘（inquiry）指交易的一方准备购买或出售某种商品，向对方询问买卖该商品的有关交易条件。询盘的内容可涉及价格、规格、品质、数量、包装、装运以及索取样品等，但多数只是询问价格。所以，业务上常把询盘称作询价。

在国际贸易业务中，有时一方发出的询盘表达了与对方进行交易的愿望，希望对方接到询盘后及时发出有效的发盘，以便考虑接受与否。也有的询盘只是想探询一下市价，询问的对象也不限于一人，发出询盘的一方希望对方开出估价单。这种估价单不具备发盘的条件，所报出的价格也仅供参考。

询盘往往是交易的起点，它对买卖双方都没有约束力，接受询盘的一方可给予答复，亦可不作答。在国际贸易中，有买方询盘，即买方主动发出的向国外商家寻购所需货物的函电，如"请电告贵方手工地毯的最低价格"；也有卖方询盘，即卖方向买方发出征询其购买意愿的函电，如"可供一级铝锭，请递盘"。在实际业务中，由买方主动询盘的较多。

（二）发盘

发盘（offer）又称发价，法律上称为"要约"，是卖方或买方向对方提出一定的交易条件，并愿意按照这些条件达成交易的一种肯定表示。在国际贸易中，发盘通常是卖方在收到买方询盘之后提出的，也可由卖方主动提出。当由买方向国外的卖方提出上述表示时，我们习惯称之为"递盘"（bid）。发盘的方式有口头发盘和书面发盘两种。书面发盘可以用书信、电报、电传、传真等。发盘是发盘人向受盘人提出各项主要交易条件，并愿意按这些条件达成交易的肯定表示，是对发盘人具有约束力的"要约"，发盘人在发盘的有效期限内不得撤回或修改其发盘。发盘，一经对方在有效时限内表示无保留的接受，交易即成立。

1. 发盘的定义及具备的条件

《联合国国际货物销售合同公约》（以下简称《公约》）第14条第2款对发盘的解释为："向一个或一个以上特定的人提出的订立合同的建议，如果十分确定并且表明发盘人在得到接受时随约束的意旨，即构成发盘。一个建议如果写明货物并且明示或暗示地规定数量和价格或规定如何确定数量和价格，即为十分确定。"从这个定义可以看出，一个发盘的构成必须具备下列四个条件：

（1）向一个或一个以上的特定人提出：发盘必须指定可以表示接受的受盘人。受盘人可以是一个，也可以指定多个。不指定受盘人的发盘，仅应视为发盘的邀请，或称邀请作出发盘。

（2）表明订立合同的意思：发盘必须表明严肃的订约意思，即发盘应该表明发盘人在得到接受时，将按发盘条件承担与受盘人订立合同的法律责任。这种意思可以用"发盘"、"递盘"等术语加以表明，也可不使用上述或类似上述的术语和语句，而按照当时谈判情形，或当事人之间以往的业务交往情况或双方已经确立的习惯做法来确定。

（3）发盘内容必须十分确定：发盘内容的确定性体现在发盘中所列的条件是否是完整的、明确的和终局的。

（4）发盘必须送达受盘人，发盘于送达受盘人时生效。

上述四个条件，是《公约》对发盘的基本要求，也可称为构成发盘的四个要素。

2. 发盘的撤回和撤销

《公约》第 15 条对发盘生效时间作了明确规定："发盘在送达受盘人时生效。"那么，发盘在未被送达受盘人之前，如发盘人改变主意，或情况发生变化，这就必然会产生发盘的撤回和撤销的问题。在法律上，"撤回"和"撤销"属于两个不同的概念。撤回是指在发盘尚未生效时，发盘人采取行动，阻止它的生效。而撤销是指发盘生效后，发盘人以一定方式解除发盘的效力。

《公约》第 15 条第 2 款规定："一项发盘，即使是不可撤销的，也可以撤回，如果撤回的通知在发盘到达受盘人之前或同时到达受盘人。"

根据《公约》的规定，发盘可以撤销，其条件是：发盘人撤销的通知必须在受盘人发出接受通知之前传达到受盘人。但是，下列情况下，发盘不能撤销：

（1）发盘中注明了有效期，或以其他方式表示发盘是不可撤销的。

（2）受盘人有理由信赖该发盘是不可撤销的，并且已本着对该发盘的信赖行事。

这一条款规定了不可撤销的两种情况：一是发盘人规定了有效期，即在有效期内不能撤销。如果没有规定有效期，但以其他方式表示发盘不可撤销，如在发盘中使用了"不可撤销"字样，那么在合理时间内也不能撤销。二是受盘人有理由信赖该发盘是不可撤销的，并采取了一定的行动。

3. 发盘的失效

《公约》第 17 条规定："一项发盘，即使是不可撤销的，也于拒绝通知送达发盘人时终止。"这就是说，当受盘人不接受发盘的内容，并将拒绝的通知送到发盘人手中时，原发盘就失去效力，发盘人不再受其约束。

此外，在贸易实务中还有以下三种情况造成发盘的失效：

（1）发盘人在受盘人接受之前撤销该发盘。

（2）发盘中规定的有效期届满。

（3）其他方面的问题造成发盘失效。这包括政府发布禁令或限制措施造成发盘失效。另外还包括发盘人死亡、法人破产等特殊情况。

需要指出的是，在发盘中，如果发盘人有保留地愿按所提条件达成交易的一种不肯定表示（offer without engagement），应被视为一种发盘邀请或询盘。我们向国外新客户初次推销，或应新客户的询盘，大多对外寄送报价单（quotation sheet）、价目单（price list），这些都应属于发盘邀请，报价单往往仅列出商品品名、规格、包装、单价，不提数量或装运期限。更主要的是，在报价单上，均声明"价格得随时变更，无须通知"（the prices are subject to change without notice）或"以我方确认后有效"（subject to our final confirmation）。有些国家要求我们提供形式发票（proforma invoice），它是非正式的参考性发票，也属于发盘邀请。我们在形式发票上均会注明"以我方确认后有效"字样。

（三）还盘和再还盘

所谓还盘（counter offer），是受盘人对发盘内容不完全同意而要求更改的表示。在交易磋商中，还盘是对发盘的拒绝，也是受盘人以发盘人的地位提出的新发盘。因此，一方的发盘经对方还盘以后即失去效用，受盘人不得再接受原发盘。所谓再还盘（counter counter offer），就是对还盘的还盘。与上述还盘的性质一样，再还盘是对还盘的拒绝，是还盘人针对还盘而发出的新发盘，是双方考虑成交的新的基础。一方发盘，另一方如对其内容不同意，可以进行还盘。同样，一方的还盘，另一方如对其内容不同意，也可以进行再还盘。一笔交易往往经过还盘及往返多次的再还盘才能达成。还盘与再还盘不仅可以就商品价格的高低提出意见，也可以就交易的其他条件提出意见。

在我国出口业务中，对国外商人所作的还盘与再还盘，应作认真的分析：①从结构上判断其是实盘还是虚盘。是虚盘一般只作参考，不一定要作答复；是实盘，则必须进一步与原盘认真核对，分析其变更和新添的内容。②结合市场动态、客户经营作风以及其他客户的还盘，摸清对方的真实意图之后，便可针锋相对地对国外商人就还盘或再还盘中所提出的问题进行磋商，争取按照符合我们经营意图的条件达成交易。

（四）接受

所谓接受（acceptance），就是交易的一方在接到对方的发盘或还盘后，以声明或行为向对方表示同意。法律上称为"承诺"。

构成法律上有效的接受必须具备四个要件：

1. 接受必须由指定的受盘人作出才具有法律效力

一项有效的发盘必须是向一个或一个以上特定的人作出。因此，对发盘表示接受，也必须是发盘中所指明的特定的受盘人，而不能是其他人。

2. 接受必须表示出来

接受必须由受盘人以某种方式表示出来（包括声明或行为）。如果受盘人在思想上已愿意接受对方的发盘，但保持缄默或不做出任何行为，通常不能构成接受。但也有例外，例如，交易双方是老客户，根据原定协议、惯例或习惯做法，卖方一直按买方的定期订货单发货，并不需要另行通知对方表示接受其订单，若卖方收到买方订货单后，既不发货，也不通知买方表示拒绝其订货单，则卖方的缄默就等于接受，买方仍可据此控告卖方违约。

3. 接受通知要在发盘的有效期内送达发盘人才能生效

发盘中通常都规定有效期。这一期限有双重意义：一方面，它约束发盘人，使发盘人承担义务，在有效期内不能任意撤销或修改发盘的内容，过期则可不再受其约束；另一方面，发盘人规定有限期，也是约束受盘人，只有在有效期内表示接受才有法律效力。

在国际贸易实践中，由于各种原因，致使受盘人的接受通知有时晚于发盘人规定的有效期送达，这在法律上称为"迟到的接受"或"逾期的接受"。"接受"迟到或逾期可能是受盘人造成的，也可能是传递接受通知的失误所致。对于这种迟到的接受，发盘人不受其约束，不具法律效力。但也有例外的情况。《公约》第21条规定过期的接受在下列两种情况下仍具有效力：

（1）如果发盘人毫不迟延地用口头或书面的形式将此种意思通知受盘人。

（2）如果载有逾期接受的信件或其他书面文件表明，它在传递正常的情况下是能够及时送达发盘人的，那么这项逾期接受仍具有接受的效力，除非发盘人毫不迟延地用口头或书面方式通知受盘人，他认为发盘已经失效。

4. 接受必须与发盘内容相符

这是指接受应该是无条件的，即没有附带任何条件，且完全同意发盘人所提出的各项交易条件。无条件的接受，在有效期内，肯定是有效的接受。

但是，在实际业务中，受盘人在表示接受时，对发盘作出某些添加、限制或其他更改，即"有条件的接受"，那么区分"有条件的接受"是否有效应根据受盘人所提更改条件的性质来划分，如果更改内容属于实质性的改变（如价格、付款、货物、质量和数量、交货时间和地点以及争议的解决等），则"有条件的接受"通常无效，它应属于一种还盘，是新的发盘。但若更改内容属于非实质性的（如只是增加某些单据种类或份数，或要求分批装运等），那么它是否有效，就取决于发盘人是否反对。如果发盘人不表示反对，则可认为是"有效接受"。

第二节　合同订立

一、合同有效成立的条件

1. 贸易合同当事人应具备行为能力和合法资格

各国的法律都规定，具有行为能力的自然人和法人都有签订合同的能力。但是什么样的自然人才算有行为能力的人，各国规定不同。一般规定，神智正常的成年人具有行为能力，可以签订合同。法人的订约能力就是法人的行为能力。法人的行为能力由法人所具有国籍的国家的公司来决定。因为法人是按照有关国家的法律正式批准并登记注册的公司或组织，它们经营的业务和进行的法律行为必须符合法人章程的规定。法人行为能力的行使必须由其法定代表或授权代表进行。如公司董事长、总经理或其他代表。因此，在签订进出口贸易合同时就要求审查法人的行为能力和代表资格，看它有否超越了它的业务范围和章程，它的代表人是否为法定代表或合法代理人，有否超越了他的代理权限。

所谓贸易当事人的合法资格是指有订立合同能力的当事人在签订进出口贸易合同时，有无权力和能力从事该项活动。进出口贸易合同的当事人绝大多数都是法人。法人签订贸易合同必须在其经营业务范围之内，那些超越经营范围的贸易合同是无效的合同。所以，在签订贸易合同时，要十分重视对方的履约能力。

一般在签订合同前要求对方提供有关的资信证明，例如，对方所在国或所在地政策登记注册的合法证件；企业经注册会计师证明的证书；经公证机构证明的担保证书；企业对其签约代表或委托代理人的授权证书或委托书；对方的名称、性质、详细地址、电话、电报号码、银行账号、董事长或总经理的姓名，等等。在进出口贸易实务中，如果只凭一张名片，一番口头介绍订立合同付诸履约，往往容易受骗上当而蒙受重大损失。

2. 贸易合同必须合法

进出口贸易合同必须合法，是指双方当事人经过协商所达成的协议的内容必须符合有关国家的法律规定，维护公共秩序，否则合同无效。

贸易合同是私人之间的协议，只要双方贸易当事人经过协商，作出了一致的意思表示，在他们之间就产生了权利与义务的关系。从这点来说，贸易合同似乎与他人无关。但是，如果贸易合同的内容违反了有关国家的法律，就不能受到有关国家的法律保护。当事人所确立的权利与义务也就没有法律的约束力，合作归于无效。并且这种贸易合同的签订和履行还会给国家利益造成损失。那么，当事人也应负一定的法律责任。

贸易合同必须合法的理由有二，首先，从理论上讲，签订贸易合同是一种法律行为。这种法律行为当然应该是一种合法的行为。任何违反有关国家法律和社会公共利益的行为，都是法律所禁止的，是非法行为。其次，当事人签订贸易合同的目的是要达到预期的经济目的。这种经济目的必须和有关进出口国的经济利益一致，否则就不能受到有关国家法律的保护，也是难以履行的。

贸易合同必须合法，包括两方面的内容：一是贸易合同的内容不得违反进出口国家的法律、法令和一些政策性规定。贸易当事人不得以私人协议变更国家的法律和法令。进出口国家的法律、法令是由立法机关或政府颁布的，是强制性的法律规范，当事人只有服从、遵守的义务。二是贸易合同不得违背社会公共利益。何谓社会公共利益？社会公共利益也称公共秩序和善良风格。各国对此有不同的解释。它既是个法律概念，又是一个政治概念，一般认为，如果合同不利于国家的安全，有损于国家的利益和社会道德风尚，有碍于社会的进步和人类的健康等都属于违背社会公共利益。例如，贸易双方订立合同要瓜分市场、垄断技术、维持高额利润，甚至订立合同销售毒品等都属于违背公共秩序。

3. 当事人的意思表示真实且无瑕疵

各国合同法一般都认为贸易双方当事人必须协商一致。如果协商不一致，一方强加于另一方，贸易合同便不能成立。贸易合同当事人的意思表示必须是真实且无瑕疵的。凡在他人欺诈或胁迫下作出的意思表示是虚假的、不真实的，因而在这种情况下签订的贸易合同是无效的。

所谓"欺诈"，是指以使他人发生错误为目的的故意行为。英、美法把欺诈称为"欺骗性的不正确说明"。一个当事人订立合同之前，为了吸引对方，达到订立合同的目的，而对重要事实进行隐瞒、夸大或者应披露而不披露，都属于欺诈。各国法律都认为，凡因欺诈而订立合同的，受欺骗的一方可以撤销合同，主张合同无效，甚至可以请求赔偿损失。在国际经济贸易中，这种欺诈性的行为时有发生。例如，在保险合同中，保险人故意隐瞒真相，如标的物已经发生险情而不如实地告诉保险人，就属于欺诈。

所谓"胁迫"，是指以使人发生恐怖为目的的一种故意行为。大陆法认为，胁迫是指对当事人施加心理上的压力，而并不仅仅是肉体上的。在这种情况下，受胁迫人不能表示其真实的意思，从而违反自己的意志而签订合同，其中，已实际施加的或者威胁将要施加的行为，都被视为胁迫。在目前的进出口贸易实务中，一方当事人对另一方当事人施加肉体上的暴力极为罕见，但是，一方当事人利用其雄厚的财力、物力以及所拥有的先进技术和管理经验，对另一方当事人施加精神上的威胁或要挟仍有发生。如有的当事人利用自己在已控制的国际市场，迫使对方接受其包销的条件，在技术贸易合同中，以拒绝提供技术相威胁实行强行的搭卖等。

4. 须具备法律形式

各国法律对贸易合同成立形式的要求不尽相同。多数国家的法律对贸易合同的形式无特殊的要求，即无论以口头方式、书面方式还是行动来表示均无不可，听凭贸易当事人自愿，也就是采取"不要式原则"。

《联合国国际货物销售合同公约》对于进出口贸易合同的形式，原则上也采取"不要式原则"。该公约第 11 条规定，销售合同无须以书面订立或书面证明，在形式方面也不受任何其他条件的限制，销售合同可以采用包括人证在内的任何方法证明。但该公约为了照顾某些国家的实际情况，允许缔约国对包括第 11 条在内的某些条款提出声明以予保留。如果订约的贸易当事人的任何一方的营业地处于作出保留声明的缔约国境内，则该公约第 11 条的规定将不予适用。

我国涉外的经济合同法规定,进出口贸易合同必须以书面形式订立。该法还规定"当事人就合同条款以书面形式达成协议并签字,即为合同成立。口头方式签订的进出口贸易合同不会受到中国法律的保护"。

5. 贸易合同的订立必须以约因或对价为根据

在某些国家,签订贸易合同需要有约因或对价。约因是法国等某些大陆法国家从罗马法中借用来的合同成立要件。按照法国法制解释,债的约因是指订约的当事人产生该项债务所追求的最接近和最直接的目的。例如,在贸易合同中,卖方的交货最接近和最直接的目的是换取金钱,同样卖方的付款是为了取得货物。因此,在这样的双方合同中,存在着两个约因,即买方付款是卖方交货的约因,而卖方交货又是买方付款的约因。双方当事人之间也是相对给付的关系。

对价则是英、美法中的术语,它的基本含义是相对给付。这是指当事人一方与另一方都是付者,都承担给付的责任。例如,在贸易合同中,卖方交货是为了取得买方支付货款,就是买卖双方的"相对给付",也就是贸易合同的对价。但是,对价并非等价,对价仅仅指互为有偿。至于对价是否公平、合理、适当,则由双方当事人自行考虑,法律一般不加以干涉。对价可以是钱、物或行为。

二、书面合同的签订

按照一般的法律规则,合同的成立取决于一方的发盘和另一方对发盘接受的程序。签订书面合同不是合同有效成立的必备条件。《公约》规定:"销售合同无须书面订立或书面证明,在形式方面也不受任何其他条件的限制。"但在国际贸易实践中,在当事人双方经过磋商一致,达成交易之后,一般都要另行签订书面合同。这样才能使其既受到法律的约束,又得到法律的保护。

1. 书面合同可以作为合同成立的证据

根据法律要求,凡是合同必须能得到证明,提供证据,包括人证和物证。我们通常所说的"空口无凭,立字为据"、"重合同、守信用"等从某一侧面说明了书面合同的作用及其重要性。在用信件、电报或电传磋商时,书面证明必不可少。即使口头磋商达成的合同,如果不用一定的书面形式加以确认,就不能得到法律上的保障和监督,甚至无效。《中华人民共和国经济合同法》对涉外经济合同的成立明确规定"当事人就合同条款以书面形式达成协议并签字,即为合同成立",即我国在加入《公约》时对此点提出了保留,在我国对外贸易实践中,只有签下正式的书面合同,才是交易达成的标志。

2. 书面合同有时是合同生效的条件

如果买卖双方磋商时,一方曾声称以签订书面合同为准时,即使双方已对交易条件全部协商一致,在书面合同签订之前,合同也不能生效。《中华人民共和国涉外经济合同法》规定:"……通过信件、电报、电传达成协议,一方当事人要求签订确认书的,签订确认书时,方为合同成立。"此外,按规定须经一方或双方政府机构审核批准的合同,也必须是有一定格式的书面合同。只有正式签订书面合同,合同方开始生效,双方才可履行合同。

3. 书面合同可作为履约的依据

在国际贸易中,进出口合同履行涉及企业内外的众多部门和单位共同合作,涉及面广、环节多。无论是口头还是书面达成的协议,如果没有一份包括各项条款的合同,则给履行带来许多不便。所以，在实际业务中，均须把已达成一致的交易条件综合起来，全面、清楚地列明在一份具有标准格式的书面合同上，以便进一步明确双方的权利义务，保证合同顺利履行，同时作为正确履行的依据。

三、书面合同的形式

在国际贸易中，各国进出口贸易书面合同的名称和形式，没有固定的格式。我国对外贸易业务中主要使用合同和确认书。

1. 合同（contract）

合同的内容比较全面、详细，除了包括交易磋商的主要条件，如品名、规格、数量、包装、价格、装运、保险、支付外，还包括一般交易条件，如商品检验、索赔、仲裁、不可抗力等条款。卖方草拟出的合同称为"销售合同"，买方草拟出的合同称为"购货合同"。合同中一般使用第三人称的语气。

2. 确认书（confirmation）

确认书是合同的简化形式。卖方出具的确认书称为"销货确认书"，买方出具的确认书称为"购货确认书"，使用的文字多以第一人称的语气，法律效力与合同完全相同。

3. 协议书（agreement）

当双方当事人把经协商达成一致的交易条件归纳为书面形式时，称之为"协议"。其内容中对买卖双方当事人的权利和义务作了明确、具体和肯定的规定，具有法律效力。

4. 订单和委托订购单（orders）

订单是由进出口商与实际购买者拟定的货物订购单。委托订购单是由代理商或中间商拟定代理买卖货物的订购单。

订单和委托订购单，在实际进出口贸易中可以区别为两种性质。一种是经过双方磋商的达成交易之后，对方寄来的订单或委托订购单，这是国外客户的购货合同或购货确认书，具有法律效力。另一种是事先双方当事人并未进行过磋商，而是出口商单方面的行为，这只是一种发盘或递盘，不具有法律效力。

当面或经电话口头磋商达成的交易，在取得口头协议后，都应经双方合法代表正式签署书面合同。

5. 意向书（intention letter）

意向书只是买卖双方当事人为了达成某项协议所作出的一种意愿的表示，它不是法律文件，对有关当事人没有约束力。但根据意向书，有关当事人道义上的责任，在进一步洽谈中，一般不应与意向书中所作的规定偏离太远。

四、书面合同的内容

一份完整的国际货物买卖合同一般由三部分组成：

1. 约首

约首即合同的首部，是合同的序言部分，通常包括合同的名称、合同的编号、合同签订的日期和地点、订约双方当事人的名称和地址等。

2. 本文

本文是合同的主体部分，一般以合同条款的形式具体列明交易的各项条件，规定双方的权利义务。本文部分一般包括下列合同条款：品名、数量、包装、价格、支付、运输、保险等。此外，出口合同或确认书中通常还在一般交易条件或备注栏中列明有关预防及处理有关争议的条款。

3. 约尾

约尾即合同的尾部，主要列明合同的份数、附件及其效力、使用的文字、合同生效的时间、合同适用的法律以及缔约双方当事人（法人代表或其授权人）的签字。我国出口合同的订约地点一般都写在我国。

思考与练习

1. 构成一项法律上有效的发盘必须具备哪些条件？
2. 签订书面合同应注意哪些问题？
3. 一项有效接受必须具备哪些条件？
4. 在国际贸易中，买卖双方以口头或书面磋商达成的交易，为什么还需签订一份书面合同？
5. 发盘在哪些情况下失效？
6. 为什么说交易磋商是对外贸易的一个重要环节？

案例分析题

某年 9 月 12 日，国内 T 公司向国外新客户 K 公司发盘，报某商品 300 吨，每吨 CIF 伦敦 850 英镑。K 公司 3 天后回电表示接受，但要求按 ICC（B）险投保。T 公司对商品一直是按中国人民保险公司的《海洋货物运输保险条款》投保水渍险，并以此为基础核算报价。收到客户的回电后，业务员觉得如投保 ICC（B）险，重新核算报价太麻烦，且要多付保险费，此外该商品又属畅销货，报价又比市场价格低 20～30 英镑，对方不可能仅为了投保险别这种小事而放弃成交机会，故未多加思索，当即回电表示拒绝按 ICC（B）险投保。

第二天，客户来电称："我公司多年来在与中国客户交易时，一直都要求按 ICC（B）险投保，从未被拒绝，况且不会给你方造成任何不便，不知你方为何不予同意。对此，我方深表遗憾。"

9 月 17 日，T 公司回电："我公司在与你国其他客户交易时，一直都是按水渍险投保，他们也从未提出异议。我方产品与市场上的同类商品相比，品质上佳，且价格要低 20～30 英镑，望你方不要固执己见，错过大好机会。"

此后，K 公司再未回电。后 T 公司得知，K 公司以同样的价格与另一家公司成交。而 T 公司这批货物在 3 个月后才觅得客户，但此时市价已跌，成交价只有每吨 838 英镑。

请运用交易磋商和合同订立方面的知识，分析这一案例。

第十五章　进出口合同的履行

进出口合同的履行是指签约的买卖双方分别完成合同约定的义务，同时享受其赋予的权利的过程，即卖方向买方提交符合合同规定的货物，并移交一切与货物有关的单据和转移货物的所有权；买方按照合同规定支付货款，并收取货物。

在国际贸易中，经过买卖双方交易磋商而达成的进出口合同，对双方的权利和义务都具有约束力，合同一经有效成立，双方必须严格履行合同的规定。可以说，在进出口贸易中履行合同阶段比合同的磋商和签订阶段更为重要，这是因为：

（1）履行合同是交易双方实现各自经济目的的前提条件。

（2）履行合同是交易双方必须遵守的法律和规则。

（3）履行合同是检验当事人资信的一个重要方面。

"重合同，守信誉"是我国开展外贸工作的基本原则，也是我们履行进出口合同的原则。我国企业在对外签订进出口合同时要极为慎重，因政策（如受配额及许可证限制的出口商品，该企业无法取得配额和许可证）或实际生产能力的限制不能或难以做到的事项，则不要轻易作出允诺。因为一旦允诺并在合同中以书面形式定下的内容，企业就必须严格按合同办事，不能以各种借口或理由单方面修改或变更合同的条款。同时，我国企业在履行进口合同时，也要注意随时督促对方按合同履行其交货义务，防止对方拖延履约或借故毁约。

第一节　出口合同的履行

出口合同的履行是指货物交易中卖方按照合同的规定履行交货等一系列的责任，直至其收回货款的整个过程。在出口业务中，卖方履行合同的基本义务是向买方提交符合合同规定的货物，并移交一切与货物有关的单据和转移货物的所有权。采用不同的价格术语和支付方式，卖方履行合同就会产生不同的做法。在我国的外贸业务中，广为使用的是以 L/C 作支付方式和 CIF 或 CFR 价格术语成交的合同。在 CIF 或 CFR 条件和凭 L/C 支付的方式下，履行合同一般需经过下列各环节：备货（商品检验），落实信用证（催证、审证、改证），租船、订舱（投保、报关、装运、发装通知），制单结汇（制单、交单、结汇），收汇核销和出口退税，以及违约的处理。其中以货、证、船、款四个环节最为重要。

```
        ←——— 交易磋商和签订合同 ———→  ←————————— 合同的履行 —————————→

    ┌────┐  ┌────┐              ┌────┐
    │询价 │  │还盘 │              │商检 │
    └────┘  └────┘              └────┘
                                  ↑
  ┌────┐ ┌────┐ ┌──┐ ┌────┐ ┌──┐  ┌──┐  ┌──┐ ┌────┐ ┌───┐ ┌────┐ ┌────┐ ┌────┐
  │发  │ │接  │ │备│ │催开 │ │托│  │装│  │装运│ │制单、│ │结汇 │ │售后 │ │索赔 │
  │盘  │ │受  │ │货│ │信用 │ │运│  │运│  │通知│ │审单、│ │或押 │ │服务 │ │或理 │
  │    │ │    │ │  │ │证  │ │  │  │  │  │    │ │交单 │ │汇  │ │    │ │赔  │
  └────┘ └────┘ └──┘ └────┘ └──┘  └──┘  └──┘ └────┘ └───┘ └────┘ └────┘ └────┘

         ┌────┐ ┌──┐ ┌──┐ ┌──┐  ┌──┐
         │签订 │ │验│ │审│ │租船│ │保│
         │书面 │ │收│ │证│ │、订│ │险│
         │合同 │ │进│ │  │ │舱 │ │  │
         │    │ │仓│ │  │ │  │ │  │
         └────┘ └──┘ └──┘ └──┘  └──┘

┌──┬──┬──┐          ┌──┐  ┌──┐
│组│准│准│          │改│  │报│
│织│备│备│          │证│  │关│
│货│仓│仓│          └──┘  └──┘
│源│储│  │
└──┴──┴──┘
```

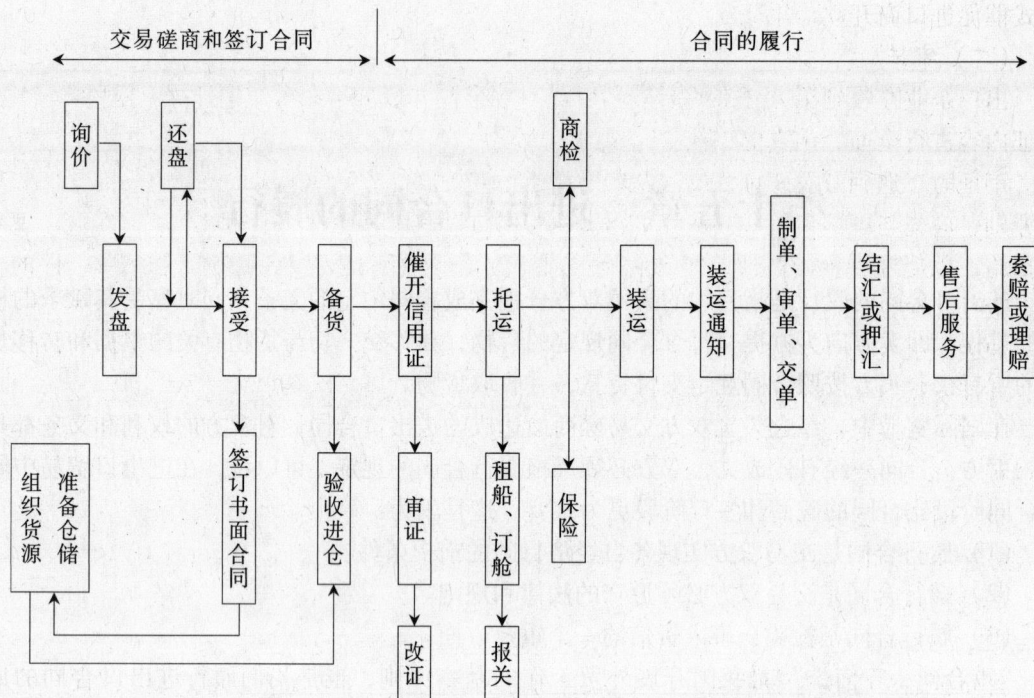

图 15 – 1   出口业务程序简图（以 FOB 并以信用证支付方式为例）

一、备货

备货是指卖方根据出口合同的规定，按时、按质、按量地准备好应交的货物，并做好申请报验和领证工作。

备货的主要内容包括：及时向生产、加工或供货部门安排货物的生产、加工、收购和催交，核实应交货物的品质、规格、数量和交运时间，并进行必要的包装和刷制唛头等工作。

备货应符合下列要求：

（1）保证货物的品质、规格、花色与合同和信用证规定的相符。

（2）货物的数量与合同和信用证的规定相符。

（3）货物的包装方式、包装材料必须符合合同和信用证的规定及运输的要求。

（4）应按照合同和信用证的规定刷制唛头。

（5）备货的时间应与合同和信用证规定的装运期限、与船期紧密衔接，防止交货脱期，同时又要注意适当留有余地，以免造成延误。

凡属国家规定或合同规定必须经中国进出口商品检验局检验出证的商品，在货物备齐后，应向商检机构申请检验，只有取得商检机构的合格检验证书后，海关才能放行。凡经检验不合格的货物，一律不得出口。

二、落实信用证

（一）催证

在采用 L/C 支付的情况下，当进口商未按合同规定的时间开立信用证，或合同装运期较长，卖方想提前装运，或原合同规定的开证期已到，等等，卖方往往会通过信函、电传等方式催促进口商开立信用证。

（二）审证

出口企业在收到买方开来的 L/C 后，应对照合同并依据《跟单信用证统一惯例》，对信用证内容进行全面、认真的审核。

审证时，遇到有关政策性的问题，因对于不同国家、不同地区以及不同银行有不同的掌握原则，应先与中国银行共同研究，根据我国的方针政策，区别问题的性质，决定统一的对外措施，以使银贸步调一致。如果属于品质、数量、金额、交货期、港口等交易条件的不符，责任在对方的，不能为我方接受时，应立即要求对方修改。有时由于舱位及备货发生变化等原因不能按期装运，责任在我方的，也应及时商请对方改证，并在收到对方的修改书后，才能安排装运交货。这里要注意的是，对于一张信用证中的问题，应尽可能一次提出修改，不应一次只修改一项，造成多次修改的现象，改证过多也会引起不良的政治影响和经济上的损失。

审证时应注意审查以下主要内容：开证行的资信情况、L/C 的性质和开证行的责任、L/C 的金额与货币、装运期、L/C 的有效期及到期地点、交易条件、单据、L/C 的各方当事人、其他特殊条款。

（三）改证

经审证后，发现有不符合，或不能接受之处，应立即请开证申请人通过开证行进行修改。

改证时应注意以下事项：

（1）修改的各项内容，应尽量一次性提出，避免多次修改，以免增加双方的手续和费用，浪费双方的时间。

（2）凡能办到而又不增加费用的，应尽量不修改。

（3）修改应及时提出，以避免因拖延时间过长，造成银行认为我方已接受的误解。

（4）对信用证的修改书也应认真审核，防止国外客户趁机修改、添加、删除一些重要内容。

（5）修改书应由原通知行传递。

三、租船、订舱

1. 租船、订舱

在 CIF 或 CFR 条件下，租船、订舱是卖方的责任之一。如出口货物数量较大，需要整船载运的，则要对外办理租船手续；对出口货物数量不大，不需整船装运的，则安排洽订班轮或租订部分舱位运输。

订舱工作的基本程序大致如下：

（1）各进出口公司填写托运单（booking note，B/N），作为租船或订舱的依据。

（2）船公司或其代理人在接受托运人的托运单证后，即发给托运人全套装货单（shipping order，S/O），俗称下货纸。

（3）货物装船之后，即由船长或大副签发收货单，即大副收据（mate's receipt）。托运人凭收货单向船公司或其代理人交付运费并换取正式提单。

（4）货物装船并取得提单后，出口企业应根据合同向买方发出已装船通知，以便其了解装运情况和进行接货准备。

2. 报关

报关是指出口货物装船出运前，向海关申报的手续。按照我国《海关法》的规定，凡是进出国境的，必须经由设有海关的港口、车站、国际航空站进出，并由货物所有人向海关申报，经过海关放行后，货物才可提取或者装船出口。

出口企业在装船前，须填写"出口货物报关单"，连同其他必要的单证，如装货单、合同副本、信用证副本、发票、装箱单、商检证书等送交海关申报。海关查验货、证、单相符无误，并在装货单上加盖放行章放行后，货物才可以凭以装船。

3. 投保

凡是按 CIF 价格成交的出口合同，卖方在装船前，须及时向保险公司办理投保手续，填制投保单。出口商品的投保手续，一般都是逐笔办理的，投保人在投保时，应将货物名称、保额、运输路线、运输工具、开航日期、投保险别等一一列明。保险公司接受投保后，即签发保险单或保险凭证。

4. 装运

按"四排"、"三平衡"原则进行。"四排"是指以买卖合同为对象，根据进程卡片反映的情况，其中包括信用证是否开到、货源能否落实，进行分析排队，并归纳为四类，即"有证有货、有证无货、无证有货、无证无货"。通过排队，发现问题及时解决。

"三平衡"是指以信用证为依据，根据信用证规定的货物装船期和信用证的有效期远近，结合货源和运输能力的具体情况，分别轻重缓急，力求做到证、货、船三方面的衔接和平衡。尽力避免交货期不准、拖延交货期或不交货等现象的产生。

5. 发装通知

货物装船后，出口方应及时向对方发出"装运通知"（shipment advice）及提供相关证明，以便对方准备付款、赎单、办理进口报关和接货手续。尤其是对合同规定需在装船时发出装船通知的，应及时发出，这里主要指由买方自办保险的贸易术语（FOB 和 CFR）。如因卖方延迟或没有发出装船通知，致使买方不能及时或没有投保而造成损失的，卖方应承担责任。

装船通知的内容一般有：订单号或合同号、信用证号、数量、总值、唛头、船名、航次、预计开航日和预定到达日等。

四、制单结汇

出口货物装运之后，出口企业应按信用证的规定，缮制各种单据，并在信用证规定的有效期内，送交银行办理议付结汇手续。这些单据主要是发票、汇票、提单、保险单、装箱单、商品检验证书、产地证明书等。开证行只有在审核单据与信用证规定完全相符时，才承担付款的责任，为此，各种单据的缮制是否正确完备，与安全迅速收汇有着十分重要的关系。

对结汇的单据，要求做到以下几点：

（1）单据与信用证要求一致，单据与单据之间要一致。

（2）单据的份数和单据本身的项目必须完整无缺。

（3）在信用证有效期内，及时将单据送交议付银行。

（4）单据的内容应按信用证要求和国际惯例填写，力求简明。

（5）单据缮写或打印的字迹要清楚，单据表面要清洁。

（一）结汇方式

1. 收妥结汇

收妥结汇指信用证议付行收到出口企业的出口单据后，经审查无误，将单据寄交国外付款行索取货款的结汇做法。在这种方式下，议付行都是待收到付款行的货款后，即从国外付款行收到该行账户的贷记通知书（credit note），才按当日外汇牌价，按照出口企业的指示，将货款折合成人民币拨入出口企业的账户。

2. 押汇

押汇又称买单结汇，即指议付行在审单无误的情况下，按信用证条款贴现受益人（出口公司）的汇票或者以一定的折扣买入信用证下的货运单据，从票面金额中扣除从议付日到估计收到票款之日的利息，将余款按议付日外汇牌价折合成人民币，拨给出口企业。议付行向受益人垫付资金、买入跟单汇票后，即成为汇票持有人，可凭票向付款行索取票款。银行之所以作出口押汇，是为了给出口企业提供资金融通的便利，这有利于加速出口企业的资金周转。

3. 定期结汇

定期结汇是指议付行根据向国外付款行索偿所需的时间，预先确定一个固定的结汇期限，并与出口企业约定该期限到期后，无论是否已经收到国外付款行的货款，都将主动将票款金额折合成人民币拨交出口企业。

（二）出口单据

出口单据种类很多，根据其作用和性质不同，可以分为主要单据和辅助单据两种。主要单据包括汇票、商业发票、提单、保险单等；辅助单据包括商检证书、出口许可证、产地证、装箱单和重量单等。按其签发人的不同，可以分为出口商签发的单据和有关单位、政府机关、社会团体签发的单据。前者如汇票、发票、装箱单、重量单等，后者有提单、保险单、商检证书、出口许可证等。

下面就几种主要单据概述如下：

1. 汇票

汇票是由一个人向另一个人签发的，并给另一个人的一张无条件的书面支付命令，要求对方立即或在将来的某个时间或某一期间内支付一定金额给特定的人或其指定的人或持票人。在采用托收和信用证支付的情况下，汇票是主要出口单据之一。

在缮制汇票时，应严格按照信用证规定办理。具体应注意以下几点：

（1）汇票的出具依据应严格按照来证的要求填写，一般须在汇票上加注开证行、开证地点、信用证号码等。

（2）付款人姓名和地址。汇票的付款人即汇票的受票人，应按照信用证的规定填写，写在汇票上"此致_____（TO...）"之处。

（3）受款人名称。除非另有规定，在我国，受款人一般是议付银行，即我国出口口岸银行。

（4）汇票的金额。填写汇票所使用的货币名称缩写和金额小写数字（阿拉伯数字）。对于大写金额，应在金额后面加"only"（即"整"），货币名称不能缩写。大写金额与小写金额必须一致。汇票的金额必须明确、肯定，且不得大于信用证的最大金额。

（5）付款期限。对于即期汇票，应在付款期限一栏内填写"AT SIGHT"。对于远期汇票，须根据来证规定分别填写"见票若干天付款"（AT ... DAYS SIGHT）、"出票后若干天付款"（AT ... DAYS AFTER DATE OF DRAFT）、"提单签发后若干天后付款"（AT ... DAYS AFTER DATE OF B/L）。

（6）出票人签章。应打印出口公司的全称，并由公司经理签字。汇票须经出票人签章方能有效。

（7）出票日期和出票地点。出票日期即交单日期，向银行交单时填写；出票地点一般为议付地点。汇票必须加列出票日期和出票地点，以便确定付款到期日，计算利息金额，同时确定适用的法律。

2. 发票

（1）商业发票（commercial invoice）。

商业发票是卖方开给买方的载明货物名称、数量、价格等内容的清单，是全套出口单据的核心，其他单据都须以它为依据缮制。

商业发票的作用如下：

①它是买卖双方交接货物和结算货款的凭证。

②它是进出口货物报关纳税的凭证。

③它是缮制其他出口单据的依据。

商业发票的基本内容包括：

①注明"Invoice"或"Commercial Invoice"字样。

②卖方、买方的详细名称和地址。

③起运地和目的地。

④货物详细名称、规格、数量、重量（毛重或净重）、体积。

⑤货物的单价、总值。

⑥唛头和件号、批号。

⑦发票、信用证、合同号码。

⑧卖方的正式签章。

（2）海关发票（customs invoice）。

海关发票是进口国海关制定的一种固定格式的发票，要求卖方填制。它是进口商向海关办理进口报关、纳税等手续的主要凭证，进口国海关根据海关发票来确定进口税款。

海关发票的主要内容包括：

①商品的生产成本，如 FOB 价、运费、保险费等。

②产品的生产国家。

③出口国的国内市场价格。

（3）形式发票（proforma invoice）。

形式发票是卖方应买方的要求开立的一种非正式发票，发票上载明拟出口货物的名称、单价等内容，主要供进口商申请进口许可证或申批外汇时使用。发票上的价格仅仅是根据当时情况估算的，对买卖双方都无约束力。形式发票不能作为结汇单据。

（4）领事发票（consular invoice）。

领事发票是进口国领事馆制定的一种固定格式的发票，出口商填写后由领事馆签章证实，供进口商凭以代替产地证明书向海关办理报关、纳税等手续。

（5）厂商发票（manufacturer's invoice）。

厂商发票是由出口货物的制造厂商所出具的以本国货币计算价格、用来证明出口国国内市场的出厂价格的发票，其作用是供进口国海关作为纳税的依据。

3. 提单（bill of lading）

提单是货物所有权的象征，是一种物权单据，因而也是出口的主要单据之一。国外来证一般都要求提供"全套清洁已装船做成凭指示和空白背书的提单"（full set of clean on board B/L made out to order and endorsed in blank）。在制作提单时必须注意提单的各项内容应与 L/C 相符。

4. 保险单（insurance certificate）

在 CIF 价格条件下，保险单也是主要出口单据之一。保险单内所列的险别、保险金额应严格符合信用证的规定。

5. 辅助单据

国外来证有时需要卖方提供装箱单（packing list）、重量单（weight list）、产地证明书（certificate of origin）和出口许可证（export license）等单据。

（1）产地证明书。

这是一种证明货物原产地或制造地的证件。

（2）普惠制单据。

普惠制简称 GSP。入世前，已有新西兰、加拿大、日本、欧盟国家等，给予我国以普惠制待遇。对这些国家的出口货物，须提供普惠制单据，作为进口国海关减免关税的依据。

目前使用的普惠制单据有：

①表格 A 产地证（GSP Certificate of Origin Form A）。

②纺织品产地证（Certificate of Origin of Textile Products）。

③纺织品出口许可证（Export Licence of Textile Products）。

④手工制纺织品产地证（Certificate in regard to Handlooms Textile Handcrafts and Traditional Textile Products of the Cottage Industry）。

⑤纺织品装船证明（Shipment Certificate of Textile Products）。

（3）装箱单和重量单。

这两种单据是用来补充商业发票内容的不足，便于国外买方在货物到达目的港时，供海关检查和核对货物。装箱单又称花色码单，列明每批货物的逐件花色搭配；重量单则列明每件货物的毛、净重。

（4）检验证书。

各种检验证书是分别用以证明货物的品质、数量、重量和卫生条件的。在我国，这类证书一般由中国进出口境商品检验检疫总局及其各地商检机构出具，如合同或信用证无特别规定，也可以分不同情况，由进出口公司或生产企业出具。但应注意证书的名称及所列项目或检验的结果，应与合同及信用证规定相同。

五、收汇核销和出口退税

（一）收汇核销

为加强对出口收汇的管理，避免国家的外汇流失，我国从 1991 年 1 月 1 日起，对出口商品实行"跟踪追汇"的办法。由国家外汇管理局制定了《出口收汇核销管理办法及实施细则》，进出口企业在办理出口报关和结汇时均应按照执行。具体做法如下：

（1）进出口企业于出口货物报关前，应到当地外汇管理部门申领经外汇管理部门加盖

"监督收汇"章的"出口收汇核销单"（简称"核销单"），并在核销单上填妥有关规定的内容。

（2）进出口企业在向海关申报时，必须出示核销单，并凭有核销单编号的报关单办理报关手续，否则海关不予受理。海关对其进行审核无误后，加盖"放行"章，退回进出口企业。

（3）进出口企业在货物报关出口后，必须在规定的时间内将核销单存根、发票、报关单和有关汇票副本送原发放核销单的当地外汇管理部门，以备核销。

（4）进出口企业在货物报关出口后，在向结汇银行递交单据时，必须附上与该票出口单据有关的核销单，否则，结汇银行将拒绝受理单据。结汇银行收妥货款后，即在核销单上填写寄单日期、BP/OC 号（BP 号指信用证项下议付通知编号，OC 号指托收项下委托书编号）并盖章，然后将结汇水单/收账通知与核销单一并退回进出口企业。

（5）进出口企业不论采用何种方式收汇，必须最迟在收款日期后的 30 个工作日内，凭结汇银行签章的核销单、结汇水单/收账通知以及有关的证明文件到当地外汇管理部门办理出口收汇核销手续。

如逾期未能收妥外汇货款，进出口企业必须及时向外汇管理部门以书面形式申报原因，外汇管理部门可视情况处理。进出口企业必须遵守《出口收汇核销管理办法》的规定，否则，外汇管理部门有权视情节给予警告、通报、罚款或暂停有关外汇账户的使用等处罚。凡采用各种方式进行逃汇或套汇的，按国家外汇管理局 1985 年 4 月 5 日公布的《违反外汇管理处罚施行细则》处理。

（二）出口退税

为鼓励出口，我国实行出口退税政策。出口退税的申请程序和所需凭证如下：

1. 出口退税的申请程序

（1）出口企业应持对外贸易经济合作部或其授权单位批准的企业专有出口经营权的批件和工商营业执照于批准之日起 30 日内向所在地主管退税业务的税务机关办理退税登记证。未办理退税登记的出口企业一律不予办理出口货物的退税或免税。出口企业如发生撤并、变更情况，应于批准撤并或变更之日起 30 日内向所在地主管出口退税业务的税务机关办理注销或变更退税登记手续。

（2）出口企业应在货物报关出口并在财务上作销售处理后，按月填报出口货物退（免）税申报表，并提供办理出口退税的有关凭证，先报外经贸主管部门稽核签章后，再报主管出口退税业务的税务机关申请退税。

2. 企业办理出口退税必须提供的凭证

（1）购进出口货物的增值税专用发票（税款抵扣联）或普通发票。申请退消费税的企业，还应提供由工厂开具并经税务机关和银行（国库）签章的"税收（出口产品专用）缴款书"（简称"专用税票"）。

（2）出口货物销售明细账。主管出口退税的税务机关必须对销售明细账与销售发票等认真核对后予以确认。

出口货物的增值税专用发票、消费税专用税票和销售明细账，必须于企业申请退税时提供。

（3）盖有海关验讫章的"出口货物报关单（出口退税联）"。"出口货物报关单（出口退税联）"原则上应由企业于申请退税时附送。但对少数出口业务量大、出口口岸分散或距离较远而难以及时收回报关单的企业，经主管出口退税的税务机关审核财务制度健全且从未发生过骗税行为的，可以批准延缓在三个月期限内提供。逾期不能提供的，应扣回已退（免）税款。

（4）出口收汇单证。企业应将出口货物的银行收汇单证按月装订成册并汇总，以备税务机关核对。

下列出口货物可不提供出口收汇单：

①易货贸易、补偿贸易出口的货物。

②对外承包工程出口的货物。

③经省、自治区、直辖市和计划单列市外经贸主管部门批准远期收汇而未逾期的出口货物。

④企业在国内采购并运往境外作为在国外投资的货物。

六、违约的处理

在履行出口合同过程中，如因买方未按合同规定履行义务，致使卖方遭受损失，卖方可根据不同对象、不同原因以及损失大小，实事求是地向买方提出索赔。买方对卖方提出的索赔，应当认真处理。应当指出的是，在履行出口合同时，往往因卖方交货与合同规定不符而引起买方索赔的情况居多。如果卖方交货的品质、数量、包装不符合同的规定，在买方享有复验权的情况下，买方即使已经支付货款，仍可向卖方提出索赔。

卖方在处理索赔时，应注意下列几点：

（1）要认真细致地审核国外买方提出的单证和出证机构的合法性。

（2）要认真做好调查研究，弄清事实，分清责任。

（3）要合理确定损失程度、金额和赔付办法。

第二节 进口合同的履行

在我国的进口业务中，一般按 FOB 价格条件成交的情况较多，如果是采用即期信用证支付方式成交，履行这类进口合同的一般程序是：开立信用证、租船订舱、催装、办理保险、审单付款、接货报关、检验、拨交、索赔。这些环节的工作是由进出口公司、运输部门、商检部门、银行、保险公司以及用货部门等各有关方面分工负责、紧密配合而共同完成的。

交易磋商和签订合同　　　　　　　合同的履行

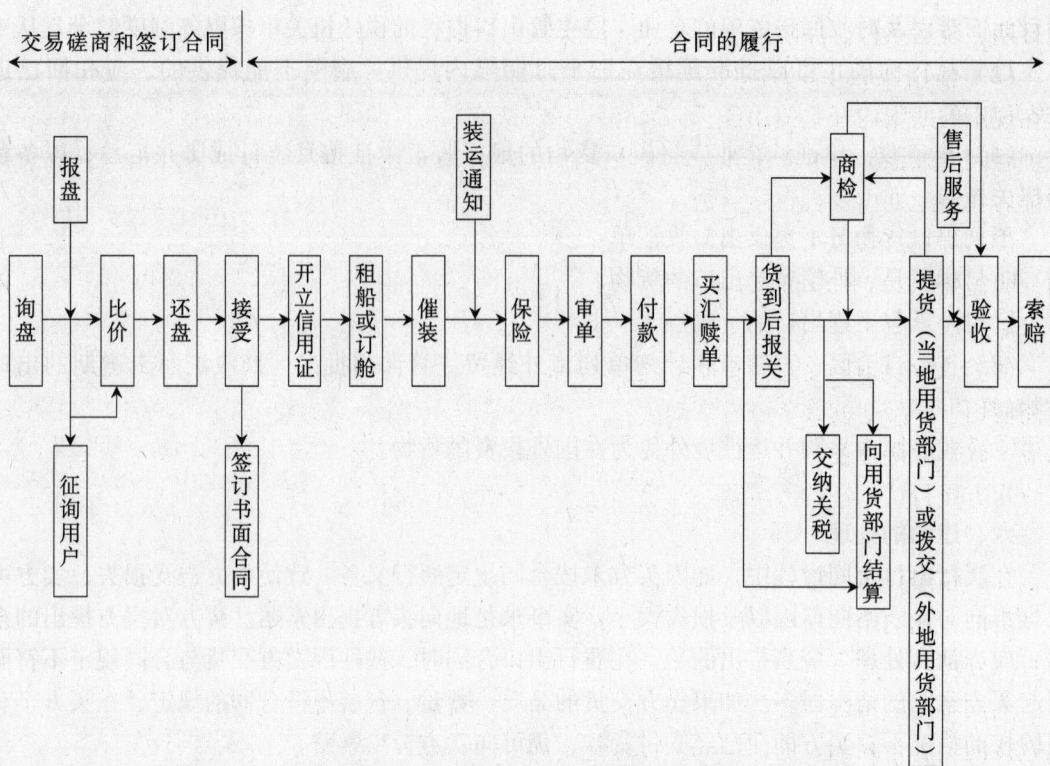

图 15－2　进口业务程序简图（以 CIF 并以信用证支付方式为例）

一、开立信用证

1. 开立信用证的手续

在采用信用证支付方式的进口业务中，履行合同的第一个环节就是进口商向银行申请开立信用证。进口合同签订后，进口商按照合同规定填写开立信用证申请书向银行办理开证手续。该开证申请书是开证银行开立信用证的依据。进口商填写好开证申请书后，连同进口合同一并交给银行，申请开立信用证；同时，向开证银行交付一定比率的押金，开证申请人还应按规定向开证银行支付开证手续费。

2. 信用证的内容

信用证的内容，应与合同条款一致。例如，货物的品质、规格、数量、价格、交货期、装货期、装运条件及装运单据等，应以合同为依据，并在信用证中一一作出规定。

3. 信用证的开证时间

信用证的开证时间，应按合同规定办理。如合同规定在卖方确定交货期后开证，买方应在接到卖方上述通知后开证；如合同规定在卖方领到出口许可证或支付履约保证金后开证，买方则应在收到对方已领到出口许可证的通知，或银行转知保证金已照收后开证。

4. 信用证的修改

卖方收到信用证后，如提出修改信用证的请求，经买方同意后，即可向银行办理改证手续。最常见的修改内容有：展延装运期和信用证有效期、变更装运港口等。

5. 开立信用证应注意的问题

（1）信用证的内容必须符合进口合同的规定。如货物的名称、品质、数量、价格、装运日期、装运条件、保险险别等，均应以合同为依据，并在信用证中明确加以记载。

（2）信用证的开证时间应按合同规定办理。如果买卖合同中规定有开证日期，进口商应在规定的期限内开立信用证；如果合同中只规定了装运期而未规定开证日期，进口商应在合理时间内开证，一般掌握在合同规定的装运期前 30～45 天申请开证，以便出口商收到信用证后在装运期内安排装运货物。

（3）单据条款要明确。信用证的特点之一是单据买卖，因此进口商在申请开证时，必须列明需要出口商提供的各项单据的种类、份数及签发机构，并对单据的内容提出具体要求。

（4）文字力求完整明确。进口商要求银行在信用证上载明的事项，必须完整、明确，不能使用含糊不清的文字。尤其是信用证上的金额，必须具体明确，文字与阿拉伯数字的表示应一致，应避免使用"约"、"近似"或类似的词语。这样，一方面可使银行处理信用证时或卖方履行信用证的条款时有所遵循，另一方面可以此保护自己的权益。

二、租船订舱和催装

目前，我国出口货物的租船订舱工作有的是委托外运等公司办理，有的是进出口企业自己直接办理。一般手续是：进出口企业在接到国外卖方的备货通知后，填写进口订舱联系单，连同合同副本送交外运公司或其他运输公司，委托其安排船只或舱位。有的进出口企业也直接向船公司租船订舱。

为了做好船货的衔接工作，合同中一般规定，卖方在交货前一定时期内将预计装运日期通知买方。买方在接到上述通知后，应及时办理租船订舱手续。然后，买方按规定的期限通知卖方船名和船期，以便卖方备货装船。同时，买方应随时了解和掌握卖方备货和装船前的准备工作情况，注意催促卖方按时装运。国外装船后，卖方应按合同规定的内容，用电报通知买方，以便买方办理保险和准备接货等项手续。

（一）派船接运货物

履行 FOB 交货条件下的进口合同，应由买方负责派船到卖方口岸接运货物。如合同规定，卖方在交货前一定时间内，应将预计装运日期通知买方。买方在接到上述通知后，应及时向运输公司办理租船订舱手续，在办妥租船订舱手续后，应按规定的期限将船名及船期及时通知卖方，以便卖方备货装船。同时，为了防止船货脱节和出现"船等货"的情况，应注意催促卖方按时装运。对数量大或重要物资的进口，如有必要，亦可请驻外机构就地了解、督促卖方履约，或派人员前往出口地点检验监督。

进口公司对租船还是订舱的选择，应视进口货物的性质和数量而定。凡需整船装运的，则需洽租合适的船舶承运；小批量的或零星杂货，则大都采用洽订班轮舱位。国外装船后，卖方应及时向买方发出装船通知，以便买方及时办理保险和做好接货等项工作。

（二）进口公司在租船订舱时应注意的问题

1. 班轮订舱

（1）洽商班轮舱位时，要注意与信用证装船日期衔接，保证按时在装运港接运货物。

（2）应在订舱前查明班轮费率表有无附加费、有无折让回扣、其计价标准是尺码吨还是重量吨。

（3）班轮运输装卸费条件有多种，应注意与进口合同中的费用负担条件相衔接。

（4）应确实了解所订班轮是否直达目的港、停靠港口多少、中途是否转船等。

2. 租用整船

（1）应注意运输市场的行情状况。

（2）必须了解装卸港口的情况。

（3）应根据实际情况选择船型，以保证货物安全运输和尽可能节约费用。

（4）应了解各航线港口的习惯、运输契约的格式。

三、投保货运险

（一）进口商（或收货人）办理进口运输货物保险的两种做法

FOB 或 CFR 交货条件下的进口合同，保险由买方办理。进口商（或收货人）在向保险公司办理进口运输货物保险时，有两种做法，一种是逐笔投保方式，另一种是预约保险方式。

1. 逐笔投保方式

逐笔投保方式是进口商（或收货人）在接到国外出口商发来的装船通知后，直接向保险公司提出投保申请，填写"起运通知书"，并送交保险公司。保险公司承保后，即在"起运通知书"上签章，进口商（或收货人）缴付保险费后，保险公司出具保险单，保险单随即生效。

2. 预约保险方式

预约保险方式是进口商（或收货人）与保险公司签订一个总的预约保险合同，按照预约保险合同的规定，所有预约保险合同项下的按 FOB 及 CFR 条件进口货物的保险，都由该保险公司承保。预约保险合同对各种货物应保险的险别作出具体规定，故投保手续比较简单。每批进口货物，在收到国外装船通知后，即直接将装船通知寄到保险公司，或填制国际运输预约保险起运通知书，将船名、提单号、开船日期、商品名称、数量、装运港、目的港等项内容通知保险公司，即作为已办妥保险手续，保险公司则对该批货物负自动承保责任，一旦发生承保范围内的损失，由保险公司负责赔偿。

（二）支付保险费的时间和方式

1. 逐笔投保方式

逐笔投保方式是以"进口货物国际运输预约保险起运通知书"上填明的保险金额为准，由进口公司直接付给保险公司。

2. 预约保险方式

预约保险方式是以"进口货物装船通知书"或其他具有保险要求的单证为依据，由保险公司每月一次计算保险费后向进口公司收取。

四、审单付汇

我方开证行收到国外寄来的汇票及全套货运单据，对照信用证的规定进行审核后，便将其交由进出口企业复审。进出口企业在单证表面相符的条件下，通知银行办理对外付款或承兑，同时进出口企业用人民币按照国家规定的有关折算的牌价向银行买汇赎单。如因单证不符拒绝付款或承兑，则应迅速将全套单据退回银行，并注明拒付理由。在实际业务中，有时进出口企业也视不同情况采用变通的解决办法。例如，同意改为货到检验后付款；凭受益人或议付行出具的担保书付款；由国外议付行通知发货人更正单据，等等。

1. 付汇赎单

进口交易的国外卖方在货物装运后，将汇票与全套货运单据经国外银行寄交我国内开证银行。开证银行收到国外寄来的汇票和单据后，根据"单证一致"和"单单一致"的原则，对照信用证的条款，核对单据的种类、份数和内容，如相符，即由开证银行向国外付款，并通知进口商按当日外汇牌价付款赎单。

"单证不符"和"单单不符"的处理方法：

（1）由开证银行向国外银行提出异议，根据不同情况采取必要的处理办法。

（2）由国外银行通知卖方更正单据。

（3）由国外银行书面担保后付款。

（4）拒付。

2. 审单和付汇

进口商收到开证银行通知后，在其付汇之前，首先需要审核卖方凭以议付的全套单据（包括发票、提单、装箱单、原产地证书等）。进口商买汇赎单后，凭银行出具的"付款通知书"通知用货单位进行结算。

进口商同开证银行办理付汇赎单的清算手续：

（1）即期信用证项下的清算。

清算时，开证银行先行计算汇票金额及自往来银行议付之日起至进口公司赎单期间的垫款利息；于扣除保证押金后，向进口公司收回所垫付的外汇款项，然后将单据交给进口公司凭以提货。

（2）远期信用证项下的清算。

远期信用证如规定应以进口公司作为付款人而签发汇票的，则开证银行将要求进口公司进行承兑，然后凭信托收据领取进口单据提货。在这期间，等于银行贷款给进口公司，所以一般开证银行会要求进口公司提供抵押物，或交纳相当数量的保证金，以保证银行的债权。

五、接货和报关

进口货物运达港口卸货时，港务局要进行卸货核对。如发现短缺，应及时填制"短卸报告"交由船方签认，并根据短缺情况向船方提出保留索赔权的书面声明。卸货时如发现残损，货物应存放于海关指定仓库，待保险公司会同商检局检验后作出处理。

如进口货物经商检局检验，发现有残损短缺，应凭商检局出具的证书对外索赔。对于合同规定的卸货港检验的货物，或已发现残损短缺有异状的货物，或合同规定的索赔期即将届满的货物等，都需要在港口进行检验。

一旦发生索赔，有关的单证，如国外发票、装箱单、重量明细单、品质证明书、使用说明书、产品图纸等技术资料及理货残损单、溢短单、商务记录等，都可以作为重要的参考依据。

进口货物到货后，由进口公司或委托货运代理公司或报关行根据进口单据填具"进口货物报关单"向海关申报，并随附发票、提单、装箱单、保险单、进口许可证及审批文件、进口合同、产地证和所需的其他证件。如属法定检验的进口商品，还须随附商品检验证书。货、证经海关查验无误，才能放行。

1. 进口货物的申报

进口货物申报是指在进口货物入境时，由进口公司（收货人或其代理人）向海关申报、交验规定的单据文件，请求办理进口手续的过程。

我国《海关法》对进口货物的申报时限作了如下规定：进口货物的收货人应当自运输工具申报入境之日起 14 日内向海关申报。进口货物的收货人超过 14 日期限未向海关申报的，由海关征收滞报金。对于超过 3 个月还没有向海关申报进口的，其进口货物由海关依法提取变卖处理。如果属于不宜长期保存的货物，海关可以根据实际情况提前处理。变卖后所得价款作扣除运输、装卸、储存等费用和税款后，尚有余款的，自货物变卖之日起一年内，经收货人申请，予以发还；逾期无人申请的，上缴国库。

进口报关时除应提交进口货物报关单外，还应随附进口许可证和其他批准文件、提单、发票、装箱单、减税或免税证明文件，海关认为必要时，应交验买卖合同、产地证明和其他有关单证。如为"种类表"内的商品、应受动植物检疫管制的进口货物或受其他管制的进口货物，在报关时还要交验有关部门签发的证明。

2. 进口货物的查验

海关以进口货物报关单、进口许可证等为依据，对进口货物进行实际的核对和检查，一方面是为了确保货物合法进口，另一方面是通过确定货物的性质、规格、用途等，以进行海关统计，准确计征进口关税。海关查验货物时，进口货物的收货人或其代理人应当在场，并负责搬移货物，开拆和重封货物的包装。海关认为必要时，可以径行开验、复验或者提取货样。

3. 进口货物的征税

海关按照《中华人民共和国海关进出口税则》的规定，对进口货物计征进口关税。货物在进口环节由海关征收（包括代征）的税费有进口货物关税、增值税、消费税、进口调节税、海关监管手续费等。

下面对进口货物关税、进口调节税的计算方法介绍如下：

（1）进口关税。

进口关税是货物在进口环节由海关征收的一个基本税种。进口关税的计算是以 CIF 价为基数计算。如果是 FOB 价格进口，还要加上国外运费和保险费，其计算公式为：

进口关税税额 = CIF 价格 × 关税税率。

（2）进口调节税。

进口调节税是国家对限制进口的商品或其他原因加征的税种，这是进口货物关税的附加税。具体计算公式为：

进口调节税 = CIF 价格 × 进口调节税税率。

4. 进口货物的放行

进口货物在办完向海关申报，接受查验、交纳税款等手续以后，由海关在货运单据上签印放行。收货人或其代理人必须凭海关签印放行的货运单据才能提取进口货物。

货物的放行是海关对一般进出口货物监管的最后一个环节，放行就是结关。但是对于担保放行货物、保税货物、暂时进口货物和海关给予减免税进口的货物来说，放行不等于办结海关手续，还要在办理核销、结案或者补办进出口和纳税手续后，才能结关。

5. 交货

在办完上述手续后，如订货或用货单位在卸货港所在地，则就近转交货物；对订货或用货单位不在卸货地区，则委托货运代理将货物转运内地并转交给订货或用货单位。关于进口关税和运往内地的费用，由货运代理向进出口公司结算后，进出口公司再向订货部门结算。

六、进口索赔

进口商品常因品质、数量、包装等不符合合同的规定，而需要向有关方面提出索赔。根据造成损失原因的不同，进口索赔的对象主要有三方面：

（1）向卖方索赔。凡属下列情况者，均可向卖方索赔。例如，原装数量不足；货物的品质、规格与合同规定不符；包装不良致使货物受损；未按期交货或拒不交货，等等。

（2）向轮船公司索赔。凡属下列情况者，均可向轮船公司索赔。例如，货物数量少于提单所载数量；提单是清洁提单，而货物有残缺情况，并且属于船方过失所致；货物所受的损失，根据租船约有关条款应由船方负责，等等。

（3）向保险公司索赔。凡属下列情况者，均可向保险公司索赔。例如，由于自然灾害、意外事故或运输中其他事故的发生致使货物受损，并且属于承保险别范围以内的；凡轮船公司不予赔偿或赔偿金额不足抵补损失的部分，并且属于承保险别范围以内的，等等。

在进口业务中，办理对外索赔时，一般应注意以下事项：

（1）索赔证据。对外提出索赔需要提供证件，首先应制备索赔清单，随附商检局签发的检验证书、发票、装箱单、提单副本。其次，对不同的索赔对象还要另附有关证件。向卖方索赔时，应在索赔证件中提出确切根据和理由，如是 FOB 或 CFB 合同，尚须随附保险单一份；向轮船公司索赔时，须另附由船长及港务局理货员签证的理货报告及船长签证的短卸或残损证明；向保险公司索赔时，须另附保险公司与买方的联合检验报告等。

（2）索赔金额。索赔金额，除受损商品的价格外，有关的费用也可以提出。如商品检验费、装卸费、银行手续费、仓租、利息等，都可以包括在索赔金额内。至于包括哪几项，应根据具体情况确定。

（3）索赔期限。对外索赔必须在合同规定的索赔有效期限内提出，过期无效。如果商检工作可能需要更长的时间，可向对方要求延长索赔期限。

（4）关于卖方的理赔责任。进口货物发生了损失，除属于轮船公司及保险公司的赔偿责任外，如属卖方必须直接承担的责任，应直接向卖方要求赔偿，防止卖方制造借口来推卸理赔责任。

目前，有关进口索赔工作，属于船方和保险公司责任的一般由货运代理外贸运输公司代办；属于卖方责任的则由进出口公司直接办理。为了做好索赔工作，要求进出口公司、外贸运输公司、订货部门、商检局等各有关单位密切协作，要做到结果正确、证据属实、理由充分、赔偿责任明确，并要及时向有关责任方提出，以挽回货物所受到的损失。

思考与练习

1. 出口备货工作应注意什么？

2. 出口审证重点是什么？改证时应注意哪些问题？

3. 出口合同的履行程序与进口合同有何不同?

4. 简述进口公司在租船订舱时应注意的问题。

5. 在进口索赔中,应注意哪些事项?

案例分析题

1. 中国南方某公司与丹麦 AS 公司在 2004 年 9 月按 CIF 条件签订了一份出口圣诞灯具的商品合同,支付方式为不可撤销即期信用证。AS 公司于 7 月通过丹麦日德兰银行开来信用证,经审核与合同相符,其中保险金额为发票金额的 110%。但就在我方正在备货期间,丹麦 AS 公司通过通知行传递给我方一份信用证修改书,内容为将保险金额改为发票金额的 120%。我方没有理睬,仍按原证规定投保、发货,并于货物装运后在信用证交单期和有效期内,向议付行议付货款。议付行审单无误,于是放款给受益人,后将全套单据寄丹麦开证行。开证行审单后,以保险单与信用证修改书不符为由拒付。

试问:开证行拒付是否有道理? 为什么?

2. 我国华东某公司以 CIF 术语于 2002 年 5 月从澳大利亚进口巧克力食品 2 000 箱,以即期不可撤销信用证为支付方式,目的港为上海。货物从澳大利亚某港口装运后,出口商凭清洁已装船提单和投保一切险及战争险的保险单,向银行议付货款。货到上海港后,经我方公司复验后发现下列情况:①该批货物共有 8 个批号,抽查 16 箱,发现其中 2 个批号涉及 300 箱内含沙门氏细菌超过进口国的标准;②收货人实收 1 992 箱,短少 8 箱。③有 21 箱货物外表情况良好,但箱内货物共短少 85 千克。

试分析,进口商就以上损失情况应分别向谁索赔? 并说明理由。

附　录

附录一：国际贸易货物买卖合同

上海新兴进出口公司
SHANGHAI XINXING IMPORT & EXPORT COMPANY

正本
（ORIGINAL）

中国上海中山东一路27
27 Zhong Shan Road （E. 1） Shanghai，China

合同号码
Contract NO.

买方：
The Buyer

合　同
CONTRACT

日期：
Date：

传真：
FAX：

电传号：
Telex number：

　　兹经买卖双方同意，由买方购进，卖方出售下列货物，并按下列条款签订本合同：

　　This CONTRACT is made by and between the Buyers and the Sellers；whereby the Buyers agree to buy and the Sellers agree to sell the undermentioned goods on the terms and conditions stated below：

（1）货物名称、规格、包装及唛头 Name of Commodity，Specifications，Packing Terms and Shipping Marks	（2）数量 Quantity	（3）单价 Unit Price	（4）总值 Total Amount	（5）装运期限 Time of Shippment

（6）装运口岸：
Port of Loading：

（7）目的口岸：
Port of Destination：

（8）付款条件：买方在收到卖方关于预计装船日期及准备装船的数量的通知后，应于装运前 20 天，通过上海中国银行开立以卖方为受益人的不可撤销的信用证。该信用证凭即期汇票及本合同第（9）条规定的单据在开证行付款。

Terms of Payment：Upon receipt from the Sellers of the advice as to the time and quantify expected ready for shipment，the Buyers shall open，20 days before shipment，with the Bank of China，Shanghai，an irrevocable Letter of Credit in favour of the Sellers payable by the opening bank against sight draft accompanied by the documents as stipulated in Clause（9）of this Contract.

（9）单据：各项单据均须使用与本合同相一致的文字，以便买方审核查对。

Documents：To facilitate the Buyers to check up，all documents should be made in a version identical to that used in this contract.

A. 填写通知目的口岸对外贸易运输公司的空白抬头、空白背书的全套清洁已装船提单。（如本合同为 FOB 价格条件时，提单应注明"运费到付"或"运费按租船合同办理"字样；如本合同为 CFR 价格条件时，提单应注明"运费已付"字样。）

Complete set of Clean On Board Shipped Bill of Lading made out to order，blank endorsed，notifying the China National Foreign Trade Transportation Corporation ZHONGWAIYUN at the port of destination.（if the price in this Contract is based on FOB，marked "freight to collect" or "freight as per charter party"；if the price in this Contract is based on CFR，marked "freight prepaid".）

B. 发票：注明合同号、唛头、载货船名及信用证号，如果分批装运，须注明分批号。

Invoice：Indicating contract number，shipping marks，name of carrying vessel，number of Letter of Credit and shipment number in case of partial shipments.

C. 装箱单及/或重量单：注明合同号及唛头，并逐件列明毛重、净重。

Packing List and /or Weight Memo：Indicating contract number，shipping marks，gross and net weights of each package.

D. 制造工厂的品质及数量、重量证明书。

Certificates of Quality and Quantity/Weight of the contracted goods issued by the manfactures.

品质证明书内应列入根据合同规定的标准进行化学成分、机械性能及其他各种试验结果。

Quality Certificate to show actual results of tests to be made，on chemical compositions，mechanical properties and all other tests called for by the standard stipulated hereon.

E. 按本合同第（11）条规定的装运通知电报抄本。

Copy of telegram advising shipment according to Clause（11）of this Contract.

F. 按本合同第（10）条规定的航行证明书。（如本合同为 CFR 价格条件时，需要此项证明书，如本合同为 FOB 价格条件时，则不需此项证明书。）

Vessel's itinerary certificate as per Clause（10）of this Contract.（required if the price in this Contract is based on CFR，not required if the price in this Contract is based on FOB.）

份数: Number of copies 单证: Documents required 寄送: To be distributed	A	B	C	D	E	F
送交议付银行（正本） To the negotiating bank（original）	3	4	3	3	1	1
送交议付银行（副本） To the negotiating bank（duplicate）	1					
空邮目的口岸外运公司（副本） To ZHONGWAIYUN at the port of destination by airmail（duplicate）	2	3	2	2		

（10）装运条件：

Terms of Shipment：

A. 离岸价条款：

Terms of FOB Delivery：

a）装运本合同货物的船只，由买方或买方运输代理人中国租船公司租订舱位。卖方负担货物的一切费用、风险到货物装到船面为止。

For the goods ordered in this Contract, the carrying vessel shall be arranged by the Buyers or the Buyers' Shipping Agent China National Chartering Corporation. The Sellers shall bear all the charges and risks until the goods are effectively loaded on board the carrying vessel.

b）卖方必须在合同规定的交货期限30天前，将合同号码、货物名称、数量、装运口岸及预计货物运达装运口岸日期，以电报通知买方以便买方安排舱位。并同时通知买方在装港的船代理。倘在规定期内买方未接到前述通知，即作为卖方同意在合同规定期内任何日期交货，并由买方主动租订舱位。

The Sellers shall advise the Buyers by cable, and simultaneously advise the Buyers' shipping agent at the loading port, 30 days before the contracted time of shipment, of the contract number, name of commodity, quantity, loading port and expected date of arrival of the goods at the loading port, enabling the Buyers to arrange for shipping space. Absence of such advice within the time specified above shall be considered as Sellers' readiness to deliver the goods during the time of shipment contracted and the Buyers shall arrange for shipping space accordingly.

c）买方应在船只受载期12天前将预计受载日期、合同号码、船名、装载数量、船舶代理人，以电报通知卖方。卖方应联系船舶代理人配合船期备货装船。如买方因故需要变更船只或更改船期时，买方或船舶代理人应及时通知卖方。

The Buyers shall advise the Sellers by cable, 12 days before the expected loading date, of the estimated laydays, contract number, name of vessel, quantity to be loaded and shipping agent. The Sellers shall then arrange with the shipping agent for loading accordingly. In case of necessity for substitution of vessel or alteration of shipping schedule, the Buyers or the shipping agent shall duly advise the Sellers to the same effect.

d）买方所租船只按期到达装运口岸后，如卖方不能按时备货装船，买方因而遭受的一切损失包括空舱费、延期费及/或罚款等由卖方负担。如船只不能于船舶代理人所确定的受载期内到达，在港口免费堆存期满后第16天起发生的仓库租费，保险费由买方负担，但卖方仍负有载货船只到达装运口岸后立即将货物装船之义务并负担费用及风险。前述各种损失均凭原始单据核实支付。

In the event of the Sellers' failure in effecting shipment upon arrival of the vessel at the loading port, all losses, including dead freight, demurrage fines etc. thus incurred shall be for Sellers' account. If the vessel fails to arrive at the loading port within the laydays previously declared by the shipping agent, the storage charges and insurance premium from the l6th day after expiration of the free storage time at the port shall be borne by the Buyers. However, the Sellers shall be still under the obligation to load the goods on board the carrying vessel immediately after the arrival at the loading port, at their own expenses and risks. The expenses and losses mentioned above shall be reimbursed against original receipts or invoices.

B. 成本加运费价条款：

Terms of CFR Delivery：

卖方负责将本合同所列货物由装运口岸装直达班轮到目的口岸，中途不得转船。货物不得用悬挂买方不能接受的国家的旗帜的船只装运。

The Sellers undertake to ship the contracted goods from the port of loading to the port of destination on adirect liner, with no transshipment allowed. The contracted goods shall not be carried by a vessel flying the flag of the countries which the Buyers can not accept.

（11）装运通知：卖方在货物装船后，立即将合同号、品名、件数、毛重、净重、发票金额、载货船名及装船日期以电报通知买方。

Advice of Shipment：The Sellers shall upon competition of loading, advise immediately the Buyers by cable of the contract number, name of commodity, number of packages, gross and net weights, invoice value, name of vessel and loading date.

（12）保险：自装船起由买方自理，但卖方应按本合同第（11）条通知买方。如卖方未能按此办理，买方因而遭受的一切损失全由卖方负担。

Insurance：To be covered by the Buyers from shipment, for this purpose the Sellers shall advise the Buyers by cable of the particulars as called for in Clause （11） of this Contract. In the event of the Buyers being unable to arrange for insurance in consequence of the Sellers'failure to send the above advice, the Sellers shall be held responsible for all the losses thus sustained by the Buyers.

（13）检验和索赔：货卸目的口岸，买方有权申请中华人民共和国国家质量监督检验检疫总局进行检验。如发现货物的品质及/或数量/重量与合同或发票不符：除属于保险公司及/或船公司的责任外，买方有权在货卸目的口岸后90天内，根据中华人民共和国国家质量监督检验检疫总局出具的证明书向卖方提出索赔，因索赔所发生的一切费用（包括检验费用）均由卖方负担。在采用FOB价格条件时，如重量短缺，买方有权同时索赔短重部分的运费。

Inspection and Claim：The Buyers shall have the right to apply to the General Administration of Quanlity Supervision, Inspection and Quarantine of the People's Republic of China （AQSIQ） for inspection after discharge of the goods at the port of destination. Should the quality and/or quantity/ weight be found not in conformity with the contract or invoice the Buyers shall be entitled to lodge claims with the Sellers on the basis of AQSIQ's Survey Report, within 90 days after discharge of the goods at the port of destination, with the exception, however, of those claims for which the shipping company and/or the insurance company are to be held responsible. All expenses incurred on the claim including the inspection fee as per the AQSIQ inspection certificate are to be borne by the Sellers. In case of FOB terms, the Buyers shall also be entitled to claim freight for short weight if any.

（14）不可抗力：由于人力不可抗拒事件，使卖方不能在合同规定期限内交货或者不能交货，卖方不负责任。但卖方必须立即通知买方，并以挂号函向买方提出有关政府机关或者商会所出具的证明，以证明事故的存在。由于人力不可抗拒事件致使交货期限延期一个月以上时，买方有权撤销合同。卖方不能取得出口许可证不得作为不可抗力。

Force Majeure: In case of Force Majeure the Sellers shall not held responsible for delay in delivery or non-delivery of the goods but shall notify immediately the Buyers and deliver to the Buyers by registered mail a certificate issued by government authorities or Chamber of Commerce as evidence thereof. If the shipment is delayed over one month as the consequence of the said Force Majeure, the Buyers shall have the right to cancel this Contract. Sellers' inability in obtaining export licence shall not be considered as Force Majeure.

（15）延期交货及罚款：除本合同第（14）条人力不可抗拒原因外，如卖方不能如期交货，买方有权撤销该部分的合同，或经买方同意在卖方交纳罚款的条件下延期交货。买方可同意给予卖方 15 天优惠期。罚款率为每 10 天按货款总额的 1%，不足 10 天者按 10 计算。罚款自第 16 天起计算。最多不超过延期货款总额的 5%。

Delayed Delivery and Penalty: Should the Sellers fail to effect delivery on time as stipulated in this Contract owing to causes other than Force Majeure as provided for in Clause (14) of this Contract, the Buyers shall have the right to cancel the relative quantity of the contract, or altenatively, the Sellers may, with the Buyers' consent, postpone delivery on payment of penalty to the Buyers. The Buyers may agree to grant the Sellers a grace period of 15 days. The rate of penalty is charged at 1% of the total value for every 10 days. Incomplete 10 days will be counted as a whole ten-day period. Penalty shall be calculated from the 16th day and shall not exceed 5% of the total value of the goods involved.

（16）仲裁：一切因执行本合同或与本合同有关的争执，应由双方通过友好方式协商解决。如经协商不能得到解决时，应提交北京中国国际贸易促进委员会对外经济贸易仲裁委员会，按照中国国际贸易促进委员会对外经济贸易仲裁委员会仲裁程序暂行规定进行仲裁。仲裁委员会的裁决为终局裁决，对双方均有约束力。仲裁费用除非仲裁委员会另有决定外，由败诉一方负担。

Arbitration: All disputes in connection with this Contract or the execution thereof shall be friendly negotiation. If no settlement can be reached, the case in dispute shall then be submitted for arbitration to the Foreign Economic and Trade Arbitration Commission of the China Council for the Promotion of International Trade in accordance with the Provisional Rules of Procedure of the Foreign Economic and Trade Arbitration Commission of the China Council for the Promotion of International Trade. The Award made by the Commission shall be accepted as final and binding upon both parties. The fees for arbitration shall be borne by the losing party unless otherwise awarded by the Commission.

（17）附加条款：以上任何条款如与以下附加条款有抵触时，以以下附加条款为准。

Additional Clause：If any of the above-mentioned Clauses is inconsistent with the following Additional Clause(s), the latter to be taken as authentic.

买　方　　　　　　　　　　　　　　　　　　　　　卖　方

The Buyers：　　　　　　　　　　　　　　　　　　The Sellers：

附录二：售货确认书

上海新兴进出口公司

SHANGHAI XINXING IMPORT & EXPORT COMPANY

27 ZHONGSHAN ROAD E. 1　　　　　SHANGHAI CHINA

TEL：86 – 21 – 65342517　　　　FAX：86 – 21 – 65124743

TO：CRYSTAL KOBE LTD.　　　　　　编号

　　　　　　　　　　　　　　　　　　NO. 21SSG017

售货确认书

SALES CONFIRMATION　　　日期：

　　　　　　　　　　　　　　Date：AUG. 26，2007

货号 ART. NO.	品名及规格 COMMODITY AND SPECIFICATION	数量 QUANTITY	单价及价格条款 UNIT PRICE AND TERMS	金额 AMOUNT
H32331SE	LADIE'S，55% ACRYLIC 45% COTTON KNITTED BLOUSE	500 DOZS 120 CARTONS	USD 48. 5 PER DOZ CIFC3% NEW YORK	USD24 250
			总金额 TOTAL AMOUNT	USD24 250

装运条款

SHIPMENT：SHIPMENT ON OR BEFOR NOV. 20，2007 WITH PARTIAL SHIPMENTS ARE NOT ALLOWED TRANSSHIPMENT IS PROHIBITED FROM SHANGHAI TO NEW YORK.

付款方式

PAYMENT：THE BUYER SHALL OPEN THROUGH A BANK ACCEPTABLE TO THE SELLER AN IRREVOCABLE L/C AT SIGHT TO REACH THE SELLER 30 DAYS BEFORE THE MONTH OF SHIPMENT REMAINED VALID FOR NEGOTIATION IN CHINA UNTIL THE 15th DAY AFTER THE DATE OF SHIPMENT.

保险

INSURANCE：THE SELLER SHALL COVER INSURANCE AGAINST ALL RISKS FOR 110% OF THE TOTAL INVOICE VALUE AS PER THE RELEVANT OCEAN MARINE CARGO CLAUSE OF P. I. C. C. DATED JAN. 1st，1981.

注意：请完全按本售货确认书开证并在证内注明本售货确认书号码。

IMPORTANT：PLEASE ESTABLISH L/C EXACTLY ACCORDING TO THE TERMS AND CONDITIONS OF THIS S/C AND WITH THIS S/C NUMBER INDICATED.

买方（The Buyers）

　　　　　　　　　　　　　　　　SHANGHAI NEW DRAGON CO. , LTD.
　　　　　　　　　　　　　　　　　　卖方（The Sellers）

附录三：信用证

07SEPT20 18：16：30　　　　　　　LOGICAL TERMINAL P005

MT：＄700　　ISSUE OF DOCUMENTARY CREDIT　　　　PAGE 00001

　　　　　　　　　　FUNC SWPR3

　　　　　　　　　　UMR 00182387

APPLICATION HEADER 0700 1586 70225 SAIB H. K. JTC×××3846 992024

　　　　　　　　　　　　　　　　001015 1447

　　　　　　　　　　　　　　　◆BANK OF NEW YORK

　　　　　　　　　　　　　　　◆48 WALL STREET P. O. BOX 11000

　　　　　　　　　　　　　　　◆NEW YORK, N. Y. 10249, U. S. A.

USER HEADER　　　　　SERVICE CODE 103：

　　　　　　　　　　BANK PRIORITY 216：

　　　　　　　　　　MSG USER REF 280：

　　　　　　　　　　INFO. FROMC1 116：

SEQUENCE OF TOTAL　◆27：1/2

FORM OF DOC. CREDIT　◆40：IRREVOCABLE

DOC. CREDIT NUMBER　◆20：L－02－1－03437

DATE OF ISSUE　　　　◆31C：070930

EXPIRY　　　　　　　◆31D：DATE 071205 AT NEGOTIATING BANK'S COUNTER

APPLICANT　　　　　◆50：CRYSTAL KOBE LTD. ,

　　　　　　　　　　　1410 BROADWAY, ROOM 300

　　　　　　　　　　　NEW YORK, N. Y. 10018 U. S. A.

BENEFICIARY　　　　◆59：SHANGHAI NEW DRAGON CO. , LTD.

　　　　　　　　　　27 ZHONGSHAN ROAD E. 1

　　　　　　　　　　SHANGHAI, CHINA

AMOUNT　　　　　　◆328：CURRENCY USD AMOUNT 23 522. 50

AVAILABLE WITH/BY　◆41D：BANK OF CHINA BY NEGOTIATION

DRAFTS AT...　　　　◆42C：DRAFTS AT SIGHT FOR FULL INVOICE VALUE

DRAWEE　　　　　　◆42A：BANK OF NEW YORK

PARTIAL SHIPMENTS　◆43P：NOT ALLOWED

TRANSSHIPMENT　　　◆43T：PROHIBITED

LOADING IN CHARGE　　◆44A：SHIPMENT FROM SHANGHAI

FOR TRANSPORT TO　　◆448：NEW YORK

LATEST DATE OF SHIP　◆44C：071120

DESCRIPT OF GOODS　　◆45A：LADIE'S 55% ACRYLIC 45% COTTON KNITED BLOUSE
　　　　　　　　　　　　　　　STYLE NO. H32331SE ORDER NO. 2ISSC， −017
　　　　　　　　　　　　　　　500 DOZS AT USD48. 50 PER DOZ CIFC3% NEW YORK

DOCUMENTS REQUIRED ◆46A：

+ ORIGINAL SIGNED COMMERCIAL INVOICE IN QUADRUPLICATE INDICATING S/C
NO. 21SSG −017 OF SHANGHAI NEW DRAGON CO. ， LTD.

+ PACKING LIST IN TRIPLICATE.

+ INSURANCE POLICY OR CERTIFICATE IN TWO FOLD AND ENDORSED IN BLANK
FOR 110 PCT OF FULL TOTAL INVOICE VALUE COVERING ALL RISKS， WAR RISKS AS
PER THE RELEVANT OCEAN MARINE CARGO CLAUSE OF P. I. C. C. DATED JAN. 1st，
1981. WITH CLAIMS， IF ANY， PAYABLE AT DESTINATION IN THE CURRENCY OF
THE DRAFTS.

+ 3/3 SET OF ORIGINAL CLEAN ON BOARD MARINE BILL OF LADING MADE OUT
CRYSTAL KOBE LTD. ， 1410 BROADWAY， ROOM 300 NEW YORK， NY10018 U. S. A.
NOTIFY ABOVE MENTIONED APPLICANT WITH FULL ADRESS AND TEL. NO. 559 −525
−70000 AND MARKED "FREIGHT PREPAID" .

+ CERTIFICATE OF ORIGIN IN ONE ORIGINAL AND ONE COPY.

+ INSPECTION IS TO BE EFFECTED BEFORE SHIPMENT AND INSPECTION CERTIFI-
CATES ARE REQUIRED TO ISSUED BY CHINA EXIT AND ENTRY INSPECTION AND
QUARANTINE BUREAU.

+ EXTILE EXPORT LICENCE IN ONE ORIGINAL.

+ BENEFICIARY'S CERTIFICATE STATING THAT ALL DOCUMENTS HAS BEEN SENT
TO APPLICANT IMMEDIATELY AFTER SHIPMENT.

+ CERTIFIED COPY OF BENEFICIARY'S FAX TO APPLICANT（FAX NO. 73423 FNCB
HX）WITHIN 48 HOURS AFTER SHIPMENT ADVISING L/C NO. ， NAME OF VESSEL，
DATE， QUANTITY AND VALUE OF THE SHIPMENT.

ADDITIONAL COND.　　◆47：T. T. REIMBURSEMENT IS PROHIBITED.

DETAILS OF CHARGES　◆718：ALL BANKING CHARGES OUTSIDE NEW YORK IN-
　　　　　　　　　　　　　　CLUDING REIMBURSEMENT COMMISSION ARE FOR
　　　　　　　　　　　　　　ACCOUNT OF ENEFICIARY.

PRESENTATION PERIOD ◆48：

DOCUMENTS TO BE PRESENTED WITHIN 15 DAYS AFTER THE DATE OF SHIPMENT，
BUT WITHIN THE VALIDITY OF THE CREDIT.

CONFIRMATION　　　　◆49：WITHOUT

INSTRUCTION　　　　　◆78：

THE NEGOTIATION BANK MUST FORWARD THE DRAFTS AND ALL DOCUMENTS BY
REGISTERED AIRMAIL DIRECT TO US（BANK OF NEW YORK 48 WALL STREET

P. O. BOX 11000 NEW YORK, N. Y. 10249, U. S. A.) IN ONE LOTS, UPON RECEIPT OF THE DRAFTS AND DOCUMENTS IN ORDER, WE WILL REMIT THE PROCEEDS AS INSTRUCTED BY THE NEGOTIATING BANK.

IT IS SUBJECT TO THE UNIFORM CUSTOMS AND PRACTICE FOR DOCUMENTARY CREDITS (2007 VERSION), INTERNATIONAL CHAMBER OF COMMERCE PUBLICA-TION NO. 600.

TRAILER: ORDER IS 〈MAC:〉〈PAC:〉〈ENG:〉〈CHK:〉〈PDE:〉

MAC: 3CDFF889

CHK: 8A1AA1206080

附录四：汇票

BILL OF EXCHANGE

凭 信用证
Drawn under _____ L/C NO. _____

日期：
Dated _____支取 Payable with interest @ _____% _____按_____息_____付款

号码 汇票金额 上海
NO. Exchange for Shanghai _____

见票_____日后（付一不付二）付交
At _____ sight of this FIRST of Exchange（Second of Exchange being unpaid）

Pay to the order of _____

金额
The sum of

此致_____
To

附录五：海运提单

托运人 Shipper	B/L No.
收货人或指示 Consignee or Order	中国对外贸易运输总公司 北京 BEIJING 联运提单 COMBINED TRANSPORT BILL OF LADING
通知地址 Notify Address	RECEIVED the goods in apparent good order and conditions specified below unless otherwise stated herein. THE Carrier, in accordance with the provisions contained in This document, undertakes to perform or to procure the performance of the entire transport from the place at which the goods are taken in charge to the place designed for delivery in this document, and assumes liability as prescribed in this document for such transport. One of the bills of lading must be Surrendered duty indorsed in exchange for the goods or delivery.

前段运输 Pre-carriage by	收货地点 Place of Receipt		
海运船只 Ocean Vessel	装货港 Port of Loading		
卸货港 Port of Discharge	交货地点 Place of Delivery	运费支付地 Freight Payable at	正本提单份数 Number of Original Bs/L

标志和号码 Marks and Nos.	件数和包装种类 Number and Kind of Packages	货名 Description of Goods	毛重（千克） Gross Weight（kg.）	尺码（立方米） Measurement（m³）

以上细目由托运人提供
ABOVE PARTICULARS FURNISHED BY SHIPPER

运费和费用 Freight and Charges	IN WITNESS whereof the number of original Bills of Lading stated above have been signed, one of which being accomplished, the other(s) to be void.
	签单地点和日期 Place and date of issue
	代表承运人签字 Signed for or on behalf of the carrier
	代理 as Agents

附录六：保险单

中 国 人 民 保 险 公 司
THE PEOPLE'S INSURANCE COMPANY OF CHINA

总公司设于北京　　　　一九四九年创立
Head Office：BEIJING　　　Established in 1949

保险单　　　　　　　号次
INSURANCE POLICY　　NO. SH02/304246

中国人民保险公司（以下简称本公司）

This Policy of Insurance witnesses that The People's Insurance Company of China（hereinafter called "the company"）

根据

at request of ....

（以下简称被保险人）的要求，由被保险人同本公司缴付约定

（hereinafter called "the Insured"）and in consideration of the agreed premium paid to the Company by the

的保险费，按照本保险单承保险别和背面所载条款与下列

Insured, undertakes to insure the undermentioned goods in transportation subject to conditions of this Policy

条款承保下述货物运输保险，特立本保险单。

As per the Clause printed overleaf and other special clauses attached hereon.

标记 Marks & Nos.	包装及数量 Quantity	保险货物项目 Description of Goods	保险金额 Amount Insured
As per Invoice NO.			

总保险金额：

Total Amount Insured：..

保费　　　　　　　　　费率　　　　　　　　　装载运输工具
Premium：　　as arranged　　Rate as arranged　　Per conveyance S. S

开行日期　　　　　　　自　　　　　　至
Sig. on or abt.　　As per B/L　　From .... to ....

承保险别
Conditions

所保货物，如遇出险，本公司凭本保险单及其他有关证件给付赔款。

Claims, if any, payable on surrender of this Policy together with other relevant documents.

所保货物，如发生本保险单项下负责赔偿的损失或事故，

In the event of accident whereby loss or damage may result in a claim under this Policy immediate notice applying,

应立即通知本公司下述代理人查勘。

for survey must be given to the Company's Agent as mentioned hereunder：

赔款偿付地点......................

Claim payable

日期　　　上海　　　　　　　　　　　中国人民保险公司上海分公司

Date .... Shanghai　　　　　THE PEOPLE'S INSURANCE CO. OF CHINA

　　　　　　　　　　　　　　　　　　　　SHANGHAI BRANCH

地址：中国上海中山东一路23号。

Address：23 Zhongshan Dong Yi Lu Shanghai，China.

Cables：42001 Shanghai.

....

Telex：33128 PICCS CN　　　　　　　　　　　General Manager

附录七：INCOTERMS 2000（摘录）

《2000 年国际贸易术语解释通则》

（1999 年 7 月国际商会第六次修订，2000 年 1 月 1 日生效）

FCA

货交承运人（……指定地点）

FREE CARRIER

(. . . named place)

"货交承运人（……指定地点）"是指卖方只要将货物在指定的地点交给买方指定的承运人，并办理了出口清关手续，即完成交货。需要说明的是，交货地点的选择对于在该地点装货和卸货的义务会产生影响。若卖方在其所在地交货，则卖方应负责装货；若卖方在任何其他地点交货，卖方不负责卸货。该术语可用于各种运输方式，包括多式联运。"承运人"是指任何人在运输合同中，承诺通过铁路运输、公路运输、空运、海运、内河运输或上述运输的联合方式履行运输或由他人履行运输。若买方指定承运人以外的人领取货物，则当卖方将货物交给此人时，即视为已履行了交货义务。

A　卖方义务

B　买方义务

A1　提供符合合同规定的货物

卖方必须提供符合销售合同规定的货物和商业发票或有同等作用的电子信息，以及合同可能要求的、证明货物符合合同规定的其他任何凭证。

B1　支付价款

买方必须按照销售合同规定支付价款。

A2　许可证、其他许可和手续

卖方必须自担风险和费用，取得任何出口许可证或其他官方许可，并在需要办理海关手续时，办理货物出口所需要的一切海关手续。

B2　许可证、其他许可和手续

买方必须自担风险和费用，取得任何进口许可证或其他官方许可，并在需要办理海关手续时，办理货物进口和从他国过境的一切海关手续。

A3　运输合同与保险合同

a）运输合同

无义务。但若买方要求，或者如果是商业惯例而买方未适时给予卖方相反指示，则卖方可按照通常条件订立运输合同，费用和风险由买方承担。在任何一种情况下，卖方都可以拒绝订立此合同；如果拒绝，则应立即通知买方。

b）保险合同

无义务。

B3　运输合同与保险合同

a）运输合同

买方必须自付费用订立自指定的地点运输货物的合同。卖方按照 A3a）订立了运输合同时除外。

b）保险合同

无义务。

A4　交货

卖方必须在指定的交货地点，在约定的交货日期或期限内，将货物交付给买方指定的承运人或其他人，或由卖方按照 A3a）选定的承运人或其他人。

交货在以下时候完成：

a）若指定的地点是卖方所在地，则当货物被装上买方指定的承运人或代表买方的其他人提供的运输工具时。

b）若指定的地点不是 a），而是其他任何地点，则当货物在卖方的运输工具上，尚未卸货而交给买方指定的承运人或其他人或由卖方按照 A3a）选定的承运人或其他人的处置时。

若在指定的地点没有决定具体交货点，且有几个具体交货点可供选择时，卖方可以在指定的地点选择最适合其目的的交货点。

若买方没有明确指示，则卖方可以根据运输方式和/或货物的数量和/或性质将货物交付运输。

B4　受领货物

买方必须在卖方按照 A4 规定交货时，受领货物。

A5　风险转移

除 B5 规定者外，卖方必须承担货物灭失或损坏的一切风险，直至已经按照 A4 规定交货为止。

B5　风险转移

买方必须按照下述规定承担货物灭失或损坏的一切风险：

自按照 A4 规定交货之时起；及由于买方未能按照 A4 规定指定承运人或其他人，或其指定的承运人或其他人未在约定时间接管货物，或买方未按照 B7 规定给予卖方相应通知，则自约定的交货日期或交货期限届满之日起，但以该项货物已正式划归合同项下，即清楚地划出或以其他方式确定为合同项下之货物为限。

A6　费用划分

除 B6 规定者外，卖方必须支付与货物有关的一切费用，直至已按照 A4 规定交货为止；及在需要办理海关手续时，货物出口应办理的海关手续费用及出口应交纳的一切关税、税款和其他费用。

B6　费用划分

买方必须支付按照 A4 规定自交货之时起与货物有关的一切费用；及由于买方未能按照 A4 规定指定承运人或其他人，或由于买方指定的人未在约定的时间内接管货物，或由于买方未按照 B7 规定给予卖方相应通知而发生的任何额外费用，但以该项货物已正式划归合同项下，即清楚地划出或以其他方式确定为合同项下之货物为限；及需要办理海关手续时，货物进口应交纳的一切关税、税款和其他费用，以及办理海关手续的费用及从他国过境的费用。

A7　通知买方

必须给予买方说明货物已按照 A4 规定交付给承运人的充分通知。若在约定时间承运人未按照规定接收货物，则卖方必须相应地通知买方。

B7　通知卖方

买方必须按照 A4 规定指定的人的名称给予卖方充分通知，并根据需要指明运输方式和向该指定的人交货的日期或期限，以及依情况在指定的地点内的具体交货点。

A8　交货凭证、运输单据或有同等作用的电子信息

卖方必须自担费用向买方提供证明按照 A4 规定交货的通常单据。除非前项所述单据是运输单据，否则，应买方要求并由其承担风险和费用，卖方必须给予买方一切协助，以取得有关运输合同的运输单据（如可转让提单、不可转让海运单、内河运输单据、空运单、铁路托运单、公路托运单或多式联运单据）。如买卖双方约定使用电子方式通信，则前项所述单据可以使用有同等作用的电子数据交换（EDI）信息代替。

B8　交货凭证、运输单据或有同等作用的电子信息

买方必须接受按照 A8 规定提供交货凭证。

A9　查对、包装、标记

卖方必须支付为了按照 A4 交货所需进行的查对费用（如核对货物品质、丈量、过磅、点数的费用）。卖方必须自付费用提供按照卖方在订立销售合同前已知的有关该货物运输（如运输方式、目的地）所要求的包装（除非按照相关行业惯例，合同所述货物通常无须包装发运）。包装应作适当标记。

B9　货物检验

买方必须支付任何装运前检验的费用，但出口国有关当局强制进行的检验除外。

A10　其他义务

应买方要求并由其承担风险和费用，卖方必须给予买方一切协助，以帮助买方取得由装运地国和/或原产地国所签发或传送的、为买方进口货物可能要求的和必要时从他国过境所需要的任何单据或有同等作用的电子信息（A8 所列的除外）。应买方要求，卖方必须向买方提供投保所需的信息。

B10　其他义务

买方必须支付因取得 A10 所述单据或电子信息而发生的一切费用，并偿付卖方按照该款给予协助以及按照 A3a）订立运输合同所发生的费用。

买方按照 A3a）规定要求卖方协助订立运输合同时，买方必须给予卖方相应的指示。

FOB
船上交货（……指定装运港）
FREE ON BOARD
(. . . named port of shipment)

"船上交货（……指定装运港）"是指当货物在指定的装运港越过船舷，卖方即完成交货。这意味着买方必须从该点起承担货物灭失或损坏的一切风险。FOB 术语要求卖方办理货物出口清关手续。该术语仅适用于海运或内河运输。如当事各方无意越过船舷交货，则应使用 FCA 术语。

A 卖方义务

B 买方义务

A1 提供符合合同规定的货物

卖方必须提供符合销售合同规定的货物和商业发票或有同等作用的电子信息，以及合同可能要求的、证明货物符合合同规定的其他任何凭证。

B1 支付价款

买方必须按照销售合同规定支付价款。

A2 许可证、其他许可和手续

卖方必须自担风险和费用，取得任何出口许可证或其他官方许可，并在需要办理海关手续时，办理货物出口所需的一切海关手续。

B2 许可证、其他许可和手续

买方必须自担风险和费用，取得任何进口许可证或其他官方许可，并在需要办理海关手续时，办理货物进口和在必要时从他国过境所需的一切海关手续。

A3 运输合同和保险合同

a）运输合同

无义务。

b）保险合同

无义务。

B3 运输合同和保险合同

a）运输合同

买方必须自付费用订立从指定的装运港运输货物的合同。

b）保险合同

无义务。

A4 交货

卖方必须在约定的日期或期限内，在指定的装运港，按照该港习惯方式，将货物交至买方指定的船只上。

B4 受领货物

买方必须在卖方按照 A4 规定交货时受领货物。

A5 风险转移

除 B5 规定者外，卖方必须承担货物灭失或损坏的一切风险，直至货物在指定的装运港越过船舷为止。

B5 风险转移

买方必须按照下述规定承担货物灭失或损坏的一切风险：货物在指定的装运港越过船舷时起；及由于买方未按照 B7 规定通知卖方，或其指定的船只未按时到达，或未接收货物，或较按照 B7 通知的时间提早停止装货，则自约定的交货日期或交货期限届满之日起，但以该项货物已正式划归合同项下，即清楚地划出或以其他方式确定为合同项下之货物为限。

A6 费用划分

除 B6 规定者外，卖方必须支付货物有关的一切费用，直至货物在指定的装运港越过船舷时为止；及需要办理海关手续时，货物出口需要办理的海关手续费用及出口时应交纳的一切关税、税款和其他费用。

B6 费用划分

买方必须支付货物在指定的装运港越过船舷之时起与货物有关的一切费用；及由于买方指定的船只未按时到达，或未接收上述货物，或较按照 B7 通知的时间提早停止装货，或买方未能按照 B7 规定给予卖方相应的通知而发生的一切额外费用，但以该项货物已正式划归合同项下，即清楚地划出或以其他方式确定为合同项下之货物为限；及需要办理海关手续时，货物进口应交纳的一切关税、税款和其他费用，及办理海关手续的费用，以及货物从他国过境的费用。

A7 通知买方

卖方必须给予买方说明货物已按照 A4 规定交货的充分通知。

B7 通知卖方

买方必须给予卖方有关船名、装船点和要求交货时间的充分通知。

A8 交货凭证、运输单据或有同等作用的电子信息

卖方必须自付费用向买方提供证明货物已按照 A4 规定交货的通常单据。除非前项所述单据是运输单据，否则应买方要求并由其承担风险和费用，卖方必须给予买方一切协助，以取得有关运输合同的运输单据（如可转让提单、不可转让海运单、内河运输单据或多式联运单据）。如买卖双方约定使用电子方式通信，则前项所述单据可以由具有同等作用的电子数据交换（EDI）信息代替。

B8 交货凭证、运输单据或有同等作用的电子信息

买方必须接受按照 A8 规定提供交货凭证。

A9 查对、包装、标记

卖方必须支付为按照 A4 规定交货所需进行的查对费用（如核对货物品质、丈量、过磅、点数的费用）。卖方必须自付费用，提供按照卖方订立销售合同前已知的该货物运输（如运输方式、目的港）所要求的包装（除非按照相关行业惯例，合同所述货物无须包装发运）。包装应作适当标记。

B9 货物检验

买方必须支付任何装运前检验的费用，但出口国有关当局强制进行的检验除外。

A10 其他义务

应买方要求并由其承担风险和费用，卖方必须给予买方一切协助，以帮助其取得由装运地国和/或原产地国所签发或传送的、为买方进口货物可能要求的和必要时从他国过境所需的任何单据或有同等作用的电子信息（A8 所列的除外）。

应买方要求，卖方必须向买方提供投保所需的信息。

B10 其他义务

买方必须支付因获取 A10 所述单据或有同等作用的电子信息所发生的一切费用，并偿付卖方因给予协助而发生的费用。

CFR

成本加运费（……指定目的港）

COST AND FREIGHT

(. . . named port of destination)

"成本加运费（……指定目的港）"是指在装运港货物越过船舷时卖方即完成交货。卖方必须支付将货物运至指定的目的港所需的运费和费用。但交货后货物灭失或损坏的风险，以及由于各种事件造成的任何额外费用，即由卖方转移到买方。

CFR 术语要求卖方办理出口清关手续。该术语仅适用于海运或内河运输。如当事各方无意越过船舷交货，则应使用 CPT 术语。

A 卖方义务

B 买方义务

A1 提供符合合同规定的货物

卖方必须提供符合销售合同规定的货物和商业发票或有同等作用的电子信息，以及合同可能要求的、证明货物符合合同规定的其他任何凭证。

B1 支付价款

买方必须按照销售合同规定支付价款。

A2 许可证、其他许可和手续

卖方必须自担风险和费用，取得任何出口许可证或其他官方许可，并在需要办理海关手续时，办理货物出口所需的一切海关手续。

B2 许可证、其他许可和手续

买方必须自担风险和费用，取得任何进口许可证或其他官方许可，并在需要办理海关手续时，办理货物进口及从他国过境的一切海关手续。

A3 运输合同和保险合同

a) 运输合同

卖方必须自付费用，按照通常条件订立运输合同，经由惯常航线，将货物用通常可供运输合同所指货物类型的海轮（或依情况适合内河运输的船只）运输至指定的目的港。

b) 保险合同

无义务。

B3 运输合同与保险合同

a) 运输合同

无义务。

b) 保险合同

无义务。

A4　交货

卖方必须在装运港，在约定的日期或期限内，将货物交至船上。

B4　受领货物

买方必须在卖方已按照 A4 规定交货时受领货物，并在指定的目的港从承运人处收受货物。

A5　风险转移

除 B5 规定者外，卖方必须承担货物灭失或损坏的一切风险，直至货物在装运港越过船舷为止。

B5　风险转移

买方必须承担货物在装运港越过船舷之后灭失或损坏的一切风险。如买方未按照 B7 规定给予卖方通知，买方必须从约定的装运日期或装运期限届满之日起，承担货物灭失或损坏的一切风险，但以该项货物已正式划归合同项下，即清楚地划出或以其他方式确定为合同项下之货物为限。

A6　费用划分

除 B6 规定者外，卖方必须支付与货物有关的一切费用，直至已经按照 A4 规定交货为止；及按照 A3a）规定所发生的运费和其他一切费用，包括货物的装船费和根据运输合同由卖方支付的、在约定卸货港的任何卸货费；及在需要办理海关手续时，货物出口需要办理的海关手续费用及出口时应交纳的一切关税、税款和其他费用，以及如果根据运输合同规定，由卖方支付的货物从他国过境的费用。

B6　费用划分

除 A3a）规定者外，买方必须支付自按照 A4 规定交货时起的一切费用；及货物在运输途中直至到达目的港为止的一切费用，除非这些费用根据运输合同应由卖方支付；及包括驳运费和码头费在内的卸货费，除非这些费用根据运输合同应由卖方支付；及如买方未按照 B7 规定给予卖方通知，则自约定的装运日期或装运期限届满之日起，货物所发生的一切额外费用，但以该项货物已正式划归合同项下，即清楚地划出或以其他方式确定为合同项下之货物为限；及在需要办理海关手续时，货物进口应交纳的一切关税、税款和其他费用，及办理海关手续的费用，以及需要时从他国过境的费用，除非这些费用已包括在运输合同中。

A7　通知买方

卖方必须给予买方说明货物已按照 A4 规定交货的充分通知，以及要求的任何其他通知，以便买方能够为受领货物采取通常必要的措施。

B7　通知卖方

一旦买方有权决定装运货物的时间和/或目的港，买方必须就此给予卖方充分的通知。

A8　交货凭证、运输单据或有同等作用的电子信息

卖方必须自付费用，毫不迟延地向买方提供表明载往约定目的港的通常运输单据。此单据（如可转让提单、不可转让海运单或内河运输单据）必须载明合同货物，其日期应在约定的装运期内，使买方得以在目的港向承运人提取货物，并除非另有约定，应使买方得以通过转让单据（可转让提单）或通过承运人，向其后手买方出售在途货物。如此运输单据有数份正本，则应向买方提供全套正本。如买卖双方约定使用电子方式通信，则前项所述单据可以由具有同等作用的电子数据交换（EDI）信息代替。

B8 交货凭证、运输单据或有同等作用的电子信息

买方必须接受按照 A8 规定提供运输单据，如果该单据符合合同规定的话。

A9 查对、包装、标记

卖方必须支付为按照 A4 规定交货所需进行的查对费用（如核对货物品质、丈量、过磅、点数的费用）。卖方必须自付费用提供符合其安排的运输所要求的包装（除非按照相关行业惯例该合同所描述货物无须包装发运）。包装应作适当标记。

B9 货物检验

买方必须支付任何装运前检验的费用，但出口国有关当局强制进行的检验除外。

A10 其他义务

应买方要求并由其承担风险和费用，卖方必须给予买方一切协助，以帮助买方取得由装运地国和/或原产地国所签发或传送的、为买方进口货物可能要求的和必要时从他国过境所需的任何单据或有同等作用的电子信息（A8 所列的除外）。应买方要求，卖方必须向买方提供投保所需的信息。

B10 其他义务

买方必须支付因获取 A10 所述单据或有同等作用的电子信息所发生的一切费用，并偿付卖方因给予协助而发生的费用。

CIF

成本、保险费加运费（……指定目的港）

COST, INSURANCE AND FREIGHT

(... named port of destination)

"成本、保险费加运费（……指定目的港）"是指在装运港当货物越过船舷时卖方即完成交货。卖方必须支付将货物运至指定的目的港所需的运费和费用，但交货后货物灭失或损坏的风险及由于各种事件造成的任何额外费用即由卖方转移到买方。但是，在 CIF 条件下，卖方还必须办理买方货物在运输途中灭失或损坏风险的海运保险。

因此，由卖方订立保险合同并支付保险费。买方应注意到，CIF 术语只要求卖方投保最低限度的保险险别。如买方需要更高的保险险别，则需要与卖方明确地达成协议，或者自行作出额外的保险安排。

CIF 术语要求卖方办理货物出口清关手续。该术语仅适用于海运和内河运输。若当事各方无意越过船舷交货，则应使用 CIP 术语。

A 卖方义务

B 买方义务

A1 提供符合合同规定的货物

卖方必须提供符合销售合同规定的货物和商业发票或有同等作用的电子信息，以及合同可能要求的、证明货物符合合同规定的其他任何凭证。

B1 支付价款

买方必须按照销售合同规定支付价款。

A2 许可证、其他许可和手续

卖方必须自担风险和费用，取得任何出口许可证或其他官方许可，并在需要办理海关手续时，办理货物出口所需的一切海关手续。

B2 许可证、其他许可和手续

买方必须自担风险和费用，取得任何进口许可证或其他官方许可，并在需要办理海关手续时，办理货物进口及从他国过境的一切海关手续。

A3 运输合同和保险合同

a）运输合同

卖方必须自付费用，按照通常条件订立运输合同，经由惯常航线，将货物用通常可供运输合同所指货物类型的海轮（或依情况适合内河运输的船只）装运至指定的目的港。

b）保险合同

卖方必须按照合同规定，自付费用取得货物保险，并向买方提供保险单或其他保险证据，以使买方或其他任何对货物具有保险利益的人有权直接向保险人索赔。保险合同应与信誉良好的保险人或保险公司订立，在无相反明确协议时，应按照《协会货物条款》（伦敦保险协会）或其他类似条款中的最低保险险别投保。保险期限应按照 B5 和 B4 规定。应买方要求，并由买方负担费用，卖方应加投战争、罢工、暴乱和民变险，如果能投保的话，最低保险金额应包括合同规定价款另加 10%（即 110%），并应采用合同货币。

B3 运输合同与保险合同

a）运输合同

无义务。

b）保险合同

无义务。

A4 交货

卖方必须在装运港，在约定的日期或期限内，将货物交至船上。

B4 受领货物

买方必须在卖方已按照 A4 规定交货时受领货物，并在指定的目的港从承运人处收受货物。

A5 风险转移

除 B5 规定者外，卖方必须承担货物灭失或损坏的一切风险，直至货物在装运港越过船舷为止。

B5 风险转移

买方必须承担货物在装运港越过船舷之后灭失或损坏的一切风险。如买方未按照 B7 规定给予卖方通知，买方必须从约定的装运日期或装运期限届满之日起，承担货物灭失或损坏的一切风险，但以该项货物已正式划归合同项下，即清楚地划出或以其他方式确定为合同项下之货物为限。

A6 费用划分

除 B6 规定者外，卖方必须支付与货物有关的一切费用，直至已经按照 A4 规定交货为止；及按照 A3a）规定所发生的运费和其他一切费用，包括货物的装船费；及按照 A3b）规定所发生的保险费用；及根据运输合同由卖方支付的、在约定卸货港的任何卸货费用；及在需要办理海关手续时，货物出口需要办理的海关手续费用及出口时应交纳的一切关税、税款和其他费用，以及根据运输合同规定由卖方支付的货物从他国过境的费用。

B6 费用划分

除 A3a）规定外，买方必须支付自按照 A4 规定交货时起的一切费用；及货物在运输途中直至到达目的港为止的一切费用，除非这些费用根据运输合同应由卖方支付；及包括驳运费和码头费在内的卸货费，除非这些费用根据运输合同应由卖方支付；及如买方未按照 B7 规定给予卖方通知，则自约定的装运日期或装运期限届满之日起，货物所发生的一切额外费用，但以该项货物已正式划归合同项下，即清楚地划出或以其他方式确定为合同项下之货物为限；及在需要办理海关手续时，货物进口应交纳的一切关税、税款和其他费用，及办理海关手续的费用，以及需要时从他国过境的费用，除非这些费用已包括在运输合同中。

A7 通知买方

卖方必须给予买方说明货物已按照 A4 规定交货的充分通知，以及要求的任何其他通知，以便买方能够为受领货物采取通常必要的措施。

B7 通知卖方

一旦买方有权决定装运货物的时间和/或目的港，买方必须就此给予卖方充分的通知。

A8 交货凭证、运输单据或有同等作用的电子信息

卖方必须自付费用，毫不迟延地向买方提供表明载往约定目的港的通常运输单据。此单据（如可转让提单、不可转让海运单或内河运输单据）必须载明合同货物，其日期应在约定的装运期内，使买方得以在目的港向承运人提取货物，并且，除非另有约定，应使买方得以通过转让单据（可转让提单）或通过承运人，向其后手买方出售在途货物。如此运输单据有数份正本，则应向买方提供全套正本。如买卖双方约定使用电子方式通信，则前项所述单据可以由具有同等作用的电子数据交换（EDI）信息代替。

B8 交货凭证、运输单据或有同等作用的电子信息

买方必须接受按照 A8 规定提供运输单据，如果该单据符合合同规定的话。

A9 查对、包装、标记

卖方必须支付为按照 A4 规定交货所需进行的查对费用（如核对货物品质、丈量、过磅、点数的费用）。卖方必须自付费用，提供符合其安排的运输所要求的包装（除非按照相关行业惯例该合同所描述货物无须包装发运）。包装应作适当标记。

B9 货物检验

买方必须支付任何装运前检验的费用，但出口国有关当局强制进行的检验除外。

A10 其他义务

应买方要求并由其承担风险和费用，卖方必须给予买方一切协助，以帮助买方取得由装运地国和/或原产地国所签发或传送的、为买方进口货物可能要求的和必要时从他国过境所需的任何单据或有同等作用的电子信息（A8 所列的除外）。应买方要求，卖方必须向买方提供额外投保所需的信息。

B10 其他义务

买方必须支付因获取 A10 所述单据或有同等作用的电子信息所发生的一切费用，并偿付卖方因给予协助而发生的费用。

应卖方要求，买方必须向其提供投保所需的信息。

CPT

运费付至（……指定目的地）

CARRIAGE PAID TO

(... named destination of place)

"运费付至（……指定目的地）"是指卖方向其指定的承运人交货，但卖方还必须支付将货物运至目的地的运费，亦即买方承担交货之后的一切风险和其他费用。

"承运人"是指任何人在运输合同中，承诺通过铁路运输、公路运输、空运、海运、内河运输或上述运输的联合方式履行运输或由他人履行运输。如果还使用接运的承运人将货物运至约定目的地，则风险自货物交给第一承运人时转移。

CPT 术语要求卖方办理出口清关手续。该术语可适用于各种运输方式，包括多式联运。

A 卖方义务

B 买方义务

A1 提供符合合同规定的货物

卖方必须提供符合销售合同规定的货物和商业发票或有同等作用的电子信息，以及合同可能要求的、证明货物符合合同规定的其他任何凭证。

B1 支付价款

买方必须按照销售合同规定支付价款。

A2 许可证、其他许可和手续

卖方必须自担风险和费用，取得任何出口许可证或其他官方许可，并在需要办理海关手续时，办理货物出口所需的一切海关手续。

B2 许可证、其他许可和手续

买方必须自担风险和费用，取得任何进口许可证或其他官方许可，并在需要办理海关手续时，办理货物进口及从他国过境的一切海关手续。

A3 运输合同和保险合同

a）运输合同

卖方必须自付费用，按照通常条件订立运输合同，依通常路线及习惯方式，将货物运至指定的目的地的约定点。如未约定或按照惯例也无法确定具体交货点的，则卖方可在指定的目的地选择最适合其目的的交货点。

b）保险合同

无义务。

B3 运输合同与保险合同

a）运输合同

无义务。

b）保险合同

无义务。

A4 交货

卖方必须向按照 A3 规定订立合同的承运人交货，或如还有接运的承运人时，则向第一承运人交货，以使货物在约定的日期或期限内运至指定的目的地的约定点。

B4 受领货物

买方必须在卖方已按照 A4 规定交货时受领货物，并在指定的目的地从承运人处收受货物。

A5　风险转移

除 B5 规定者外，卖方必须承担货物灭失或损坏的一切风险，直至已按照 A4 规定交货为止。

B5　风险转移

买方必须承担按照 A4 规定交货时起货物灭失或损坏的一切风险。如买方未能按照 B7 规定给予卖方通知，则买方必须从约定的交货日期或交货期限届满之日起，承担货物灭失或损坏的一切风险，但以该项货物已正式划归合同项下，即清楚地划出或以其他方式确定为合同项下之货物为限。

A6　费用划分

除 B6 规定者外，卖方必须支付直至按照 A4 规定交货之时与货物有关的一切费用，以及按照 A3a）规定所发生的运费和其他一切费用，包括根据运输合同规定由卖方支付的装货费和在目的地的卸货费；及在需要办理海关手续时，货物出口需要办理的海关手续费用及出口时应交纳的一切关税、税款和其他费用，以及根据运输合同规定，由卖方支付的货物从他国过境的费用。

B6　费用划分

除 A3a）规定者外，买方必须支付自按照 A4 规定交货时起的一切费用；及货物在运输途中直至到达目的地为止的一切费用，除非这些费用根据运输合同应由卖方支付；及卸货费，除非根据运输合同应由卖方支付；及如买方未按照 B7 规定给予卖方通知，则自约定的装运日期或装运期限届满之日起，货物所发生的一切额外费用，但以该项货物已正式划归合同项下，即清楚地划出或以其他方式确定为合同项下之货物为限；及在需要办理海关手续时，货物进口应交纳的一切关税、税款和其他费用，及办理海关手续的费用，以及从他国过境的费用，除非这些费用已包括在运输合同中。

A7　通知买方

卖方必须给予买方说明货物已按照 A4 规定交货的充分通知，以及要求的任何其他通知，以便买方能够为受领货物采取通常必要的措施。

B7　通知卖方

一旦买方有权决定发送货物的时间和/或目的地，买方必须就此给予卖方充分的通知。

A8　交货凭证、运输单据或有同等作用的电子信息

卖方必须自付费用（如果习惯如此的话）向买方提供按照 A3 订立的运输合同所涉及的通常运输单据（如可转让提单、不可转让海运单、内河运输单据、空运货运单、铁路运单、公路运单或多式联运单据）。如买卖双方约定使用电子方式通信，则前项所述单据可以由具有同等作用的电子数据交换（EDI）信息代替。

B8　交货凭证、运输单据或有同等作用的电子信息

买方必须接受按照 A8 规定提供运输单据，如果该单据符合合同规定的话。

A9　查对、包装、标记

卖方必须支付为按照 A4 规定交货所需进行的查对费用（如核对货物品质、丈量、过磅、点数的费用）。卖方必须自付费用，提供符合其安排的运输所要求的包装（除非按照相关行业惯例该合同所描述货物无须包装发运）。包装应作适当标记。

B9　货物检验

买方必须支付任何装运前检验的费用，但出口国有关当局强制进行的检验除外。

A10　其他义务

应买方要求并由其承担风险和费用，卖方必须给予买方一切协助，以帮助买方取得由装运地国和/或原产地国所签发或传送的、为买方进口货物可能要求的和必要时从他国过境所需的任何单据或有同等作用的电子信息（A8 所列的除外）。应买方要求，卖方必须向买方提供投保所需的信息。

B10　其他义务

买方必须支付因获取 A10 所述单据或有同等作用的电子信息所发生的一切费用，并偿付卖方因给予协助而发生的费用。

CIP

运费和保险费付至（……指定目的地）

CARRIAGE AND INSURANCE PAID TO

（... named destination of place ）

"运费和保险费付至（……指定目的地）"是指卖方向其指定的承运人交货，但卖方还必须支付将货物运至目的地的运费，亦即买方承担卖方交货之后的一切风险和额外费用。但是，按照 CIP 术语，卖方还必须办理买方货物在运输途中灭失或损坏风险的保险。因此，由卖方订立保险合同并支付保险费。买方应注意到，CIP 术语只要求卖方投保最低限度的保险险别。如买方需要更高的保险险别，则需要与卖方明确地达成协议，或者自行作出额外的保险安排。

"承运人"是指任何人在运输合同中，承诺通过铁路运输、公路运输、空运、海运、内河运输或上述运输的联合方式履行运输或由他人履行运输。如果还使用接运的承运人将货物运至约定目的地，则风险自货物交给第一承运人时转移。

CIP 术语要求卖方办理出口清关手续。该术语可适用于各种运输方式，包括多式联运。

A　卖方义务

B　买方义务

A1　提供符合合同规定的货物

卖方必须提供符合销售合同规定的货物和商业发票或有同等作用的电子信息，以及合同可能要求的、证明货物符合合同规定的其他任何凭证。

B1　支付价款

买方必须按照销售合同规定支付价款。

A2　许可证、其他许可和手续

卖方必须自担风险和费用，取得任何出口许可证或其他官方许可，并在需要办理海关手续时办理货物出口所需的一切海关手续。

B2　许可证、其他许可和手续

买方必须自担风险和费用，取得任何进口许可证或其他官方许可，并在需要办理海关手续时办理货物进口和从他国过境所需的一切海关手续。

A3　运输合同和保险合同

a）运输合同

卖方必须自付费用，按照通常条件订立运输合同，依通常路线及习惯方式，将货物运至指定的目的地的约定点。若未约定或按照惯例也不能确定具体交货点的，则卖方可在指定的目的地选择最适合其目的的交货点。

b）保险合同

卖方必须按照合同规定，自付费用取得货物保险，并向买方提供保险单或其他保险证据，以使买方或其他任何对货物具有保险利益的人有权直接向保险人索赔。保险合同应与信誉良好的保险人或保险公司订立，在无相反明示协议时，应按照《协会货物条款》（伦敦保险协会）或其他类似条款中的最佳限度保险险别投保。保险期限应按照 B5 和 B4 规定。应买方要求，并由买方负担费用，卖方应加投战争、罢工、暴乱和民变险，如果能投保的话，最低保险金额应包括合同规定价款另加 10%（即 110%），并应采用合同货币。

B3　运输合同和保险合同

a）运输合同

无义务。

b）保险合同

无义务。

A4　交货

卖方必须在约定日期或期限内向按照 A3 规定订立合同的承运人交货，或如有接运的承运人时，向第一承运人交货，以使货物运至指定的目的地的约定点。

B4　受领货物

买方必须在卖方按照 A4 规定交货时受领货物，并在指定的目的地从承运人处收受货物。

A5　风险转移

除 B5 规定者外，卖方必须承担货物灭失或损坏的一切风险，直至已经按照 A4 规定交货为止。

B5　风险转移

买方必须承担按照 A4 规定交货后货物灭失或损坏的一切风险。买方如未按照 B7 规定通知卖方，则必须从约定的交货日期或交货期限届满之日起，承担货物灭失或损坏的一切风险，但以该项货物已正式划归合同项下，即清楚地划出或以其他方式确定为合同项下之货物为限。

A6　费用划分

除 B6 规定者外，卖方必须支付与货物有关的一切费用，直至已经按照 A4 规定交货为止，以及按照 A3a）规定所发生的运费和其他一切费用，包括装船费和根据运输合同应由卖方支付的在目的地的卸货费；及按照 A3b）发生的保险费用；及在需要办理海关手续时，货物出口需要办理的海关手续费，以及货物出口时应交纳的一切关税、税款和其他费用，以及根据运输合同由卖方支付的货物从他国过境的费用。

B6　费用划分

除 A3a）规定者外，买方必须支付自按照 A4 规定交货之时起与货物有关的一切费用；及货物在运输途中直至到达约定目的地为止的一切费用，除非这些费用根据运输合同应由卖方支付；及卸货费，除非这些费用根据运输合同应由卖方支付；及如买方未按照 B7 规定给予卖方通知，则自约定的装运日期或装运期限届满之日起，货物所发生的一切额外费用，但以该项货物已正式划归合同项下，即清楚地划出或以其他方式确定为合同项下之货物为限；

及在需要办理海关手续时，货物进口应交纳的一切关税、税款和其他费用，及办理海关手续的费用，以及从他国过境的费用，除非这些费用已包括在运输合同中。

A7　通知买方

卖方必须给予买方说明货物已按照 A4 规定交货的充分通知，以及要求的任何其他通知，以便买方能够为受领货物而采取通常必要的措施。

B7　通知卖方

一旦买方有权决定发运货物的时间和/或目的地，买方必须就此给予卖方充分的通知。

A8　交货凭证、运输单据或有同等作用的电子信息

卖方必须自付费用（如果习惯如此的话）向买方提供按照 A3 订立的运输合同所涉及的通常运输单据（如可转让提单、不可转让海运单、内河运输单据、空运货运单、铁路运单、公路运单或多式联运单据）。如买卖双方约定使用电子方式通信，则前项所述单据可以由具有同等作用的电子数据交换（EDI）信息代替。

B8　交货凭证、运输单据或有同等作用的电子信息

买方必须接受按照 A8 规定提供运输单据，如果该单据符合合同规定的话。

A9　查对、包装、标记

卖方必须支付为按照 A4 规定交货所需进行的查对费用（如核对货物品质、丈量、过磅、点数的费用）。卖方必须自付费用，提供符合其安排的运输所要求的包装（除非按照相关行业惯例该合同所描述的货物无须包装发运）。包装应作适当标记。

B9　货物检验

买方必须支付任何装运前检验费用，但出口国有关当局强制进行的检验除外。

A10　其他义务

应买方要求并由其承担风险和费用，卖方必须给予买方一切协助，以帮助买方取得由装运地国和/或原产地国所签发或传送的、为买方进口货物可能要求的和从他国过境所需的任何单据或有同等作用的电子信息（A8 所列的除外）。

B10　其他义务

买方必须支付因获取 A10 所述单据或有同等作用的电子信息所发生的一切费用，并偿付卖方因给予协助而发生的费用。应卖方要求，买方必须向卖方提供办理投保所需的信息。

备注：《2000 年国际贸易术语解释通则》共解释了 13 种贸易术语，并将 13 种贸易术语分为 E、F、C、D 四组，限于篇幅，在此仅介绍国际贸易中常用的 6 种贸易术语。

附录八：《跟单信用证统一惯例（UCP600）》

第一条　统一惯例的适用范围

跟单信用证统一惯例，2007 年修订本，国际商会第 600 号出版物，适用于所有在正文中标明按本惯例办理的跟单信用证（包括本惯例适用范围内的备用信用证）。除非信用证中另有规定，本惯例对一切有关当事人均具有约束力。

第二条　定义

就本惯例而言：

通知行意指应开证行要求通知信用证的银行。

申请人意指发出开立信用证申请的一方。

银行日意指银行在其营业地正常营业，按照本惯例行事的行为得以在银行履行的日子。

受益人意指信用证中受益的一方。

相符提示意指与信用证中的条款及条件、本惯例中所适用的规定及国际标准银行实务相一致的提示。

保兑意指保兑行在开证行之外对于相符提示作出兑付或议付的确定承诺。

保兑行意指应开证行的授权或请求对信用证加具保兑的银行。

信用证意指一项约定，无论其如何命名或描述，该约定不可撤销并因此构成开证行对于相符提示予以兑付的确定承诺。

兑付意指：

a. 对于即期付款信用证即期付款。

b. 对于延期付款信用证发出延期付款承诺并到期付款。

c. 对于承兑信用证承兑由受益人出具的汇票并到期付款。

开证行意指应申请人要求或代表其自身开立信用证的银行。

议付意指被指定银行在其应获得偿付的银行日或在此之前，通过向受益人预付或者同意向受益人预付款项的方式购买相符提示项下的汇票（汇票付款人为被指定银行以外的银行）及/或单据。

被指定银行意指有权使用信用证的银行，对于可供任何银行使用的信用证而言，任何银行均为被指定银行。

提示意指信用证项下单据被提交至开证行或被指定银行，抑或按此方式提交的单据。

提示人意指作出提示的受益人、银行或其他一方。

第三条　释义

就本惯例而言：

在适用的条款中，词汇的单复数同义。

信用证是不可撤销的，即使信用证中对此未作指示的也是如此。

单据可以通过手签、签样印制、穿孔签字、盖章、符号表示的方式签署，也可以通过其他任何机械或电子证实的方法签署。

当信用证含有要求使单据合法、签证、证实或对单据有类似要求的条件时，这些条件可由在单据上签字、标注、盖章或标签来满足，只要单据表面已满足上述条件即可。

一家银行在不同国家设立的分支机构均视为另一家银行。

诸如"第一流"、"著名"、"合格"、"独立"、"正式"、"有资格"、"当地"等用语用于描述单据出单人的身份时，单据的出单人可以是除受益人以外的任何人。

除非确需在单据中使用，银行对诸如"迅速"、"立即"、"尽快"之类词语将不予置理。

"于或约于"或类似措辞将被理解为一项约定，按此约定，某项事件将在所述日期前后各 5 天内发生，起讫日均包括在内。

词语"×月×日止"（to）、"至×月×日"（until）、"直至×月×日"（till）、"从×月×日"（from）及"在×月×日至×月×日之间"（between）用于确定装运期限时，包括所述日期。词语"×月×日之前"（before）及"×月×日之后"（after）不包括所述日期。

词语"从×月×日"（from）以及"×月×日之后"（after）用于确定到期日时不包括

所述日期。

术语"上半月"和"下半月"应分别理解为自每月"1 日至 15 日"和"16 日至月末最后一天",包括起讫日期。

术语"月初"、"月中"和"月末"应分别理解为每月 1 日至 10 日、11 日至 20 日和 21 日至月末最后一天,包括起讫日期。

第四条　信用证与合同

a. 就性质而言,信用证与可能作为其依据的销售合同或其他合同,是相互独立的交易。即使信用证中提及该合同,银行亦与该合同完全无关,且不受其约束。因此,一家银行作出兑付、议付或履行信用证项下其他义务的承诺,并不受申请人与开证行之间或与受益人之间在已有关系下产生的索偿或抗辩的制约。

受益人在任何情况下,不得利用银行之间或申请人与开证行之间的契约关系。

b. 开证行应劝阻申请人将基础合同、形式发票或其他类似文件的副本作为信用证整体组成部分的做法。

第五条　单据与货物/服务/行为

银行处理的是单据,而不是单据所涉及的货物、服务或其他行为。

第六条　有效性、有效期限及提示地点

a. 信用证必须规定可以有效使用信用证的银行,或者信用证是否对任何银行均为有效。对于被指定银行有效的信用证同样也对开证行有效。

b. 信用证必须规定它是否适用于即期付款、延期付款、承兑抑或议付。

c. 不得开立包含以申请人为汇票付款人条款的信用证。

d. i. 信用证必须规定提示单据的有效期限。规定的用于兑付或者议付的有效期限将被认为是提示单据的有效期限。

ii. 可以有效使用信用证的银行所在的地点是提示单据的地点。对任何银行均为有效的信用证项下单据提示的地点是任何银行所在的地点。不同于开证行地点的提示单据的地点是开证行地点之外提交单据的地点。

e. 除非如第二十九条 a 款中规定,由受益人或代表受益人提示的单据必须在到期日当日或在此之前提交。

第七条　开证行的承诺

a. 倘若规定的单据被提交至被指定银行或开证行并构成相符提示,开证行必须按下述信用证所适用的情形予以兑付:

i. 由开证行即期付款、延期付款或者承兑。

ii. 由被指定银行即期付款而该被指定银行未予付款。

iii. 由被指定银行延期付款而该被指定银行未承担其延期付款承诺,或者虽已承担延期付款承诺但到期未予付款。

iv. 由被指定银行承兑而该被指定银行未予承兑以其为付款人的汇票,或者虽已承兑以其为付款人的汇票但到期未予付款。

v. 由被指定银行议付而该被指定银行未予议付。

b. 自信用证开立之时起,开证行即不可撤销地受到兑付责任的约束。

c. 开证行保证向对于相符提示已经予以兑付或者议付并将单据寄往开证行的被指定银行进行偿付。无论被指定银行是否于到期日前已经对相符提示予以预付或者购买,对于承兑

或延期付款信用证项下相符提示的金额的偿付于到期日进行。开证行偿付被指定银行的承诺独立于开证行对于受益人的承诺。

第八条 保兑行的承诺

a. 倘若规定的单据被提交至保兑行或者其他任何被指定银行并构成相符提示，保兑行必须：

i. 兑付，如果信用证适用于：

a）由保兑行即期付款、延期付款或者承兑。

b）由另一家被指定银行即期付款而该被指定银行未予付款。

c）由另一家被指定银行延期付款而该被指定银行未承担其延期付款承诺，或者虽已承担延期付款承诺但到期未予付款。

d）由另一家被指定银行承兑而该被指定银行未予承兑以其为付款人的汇票，或者虽已承兑以其为付款人的汇票但到期未予付款。

e）由另一家被指定银行议付而该被指定银行未予议付。

ii. 若信用证由保兑行议付，无追索权地议付。

b. 自为信用证加具保兑之时起，保兑行即不可撤销地受到兑付或者议付责任的约束。

c. 保兑行保证向对于相符提示已经予以兑付或者议付并将单据寄往开证行的另一家被指定银行进行偿付。无论另一家被指定银行是否于到期日前已经对相符提示予以预付或者购买，对于承兑或延期付款信用证项下相符提示的金额的偿付于到期日进行。保兑行偿付另一家被指定银行的承诺独立于保兑行对于受益人的承诺。

d. 如开证行授权或要求另一家银行对信用证加具保兑，而该银行不准备照办时，它必须不延误地告知开证行并仍可通知此份未经加具保兑的信用证。

第九条 信用证及修改的通知

a. 信用证及其修改可以通过通知行通知受益人。除非已对信用证加具保兑，通知行通知信用证不构成兑付或议付的承诺。

b. 通过通知信用证或修改，通知行即表明其认为信用证或修改的表面真实性得到满足，且通知准确地反映了所收到的信用证或修改的条款及条件。

c. 通知行可以利用另一家银行的服务（"第二通知行"）向受益人通知信用证及其修改。通过通知信用证或修改，第二通知行即表明其认为所收到的通知的表面真实性得到满足，且通知准确地反映了所收到的信用证或修改的条款及条件。

d. 如一家银行利用另一家通知行或第二通知行的服务将信用证通知给受益人，它也必须利用同一家银行的服务通知修改书。

e. 如一家银行被要求通知信用证或修改但决定不予通知，它必须不延误地通知向其发送信用证、修改或通知的银行。

f. 如一家银行被要求通知信用证或修改，但不能确定信用证、修改或通知的表面真实性，就必须不延误地告知向其发出该指示的银行。如果通知行或第二通知行仍决定通知信用证或修改，则必须告知受益人或第二通知行其未能核实信用证、修改或通知的表面真实性。

第十条 修改

a. 除本惯例第三十八条另有规定外，凡未经开证行、保兑行（如有）以及受益人同意，信用证既不能修改也不能撤销。

b. 自发出信用证修改书之时起，开证行就不可撤销地受其发出修改的约束。保兑行可将其保兑承诺扩展至修改内容，且自其通知该修改之时起，即不可撤销地受到该修改的约束。然而，保兑行可选择仅将修改通知受益人而不对其加具保兑，但必须不延误地将此情况通知开证行和受益人。

c. 在受益人向通知修改的银行表示接受该修改内容之前，原信用证（或包含先前已被接受修改的信用证）的条款和条件对受益人仍然有效。受益人应发出接受或拒绝接受修改的通知。如受益人未提供上述通知，当其提交至被指定银行或开证行的单据与信用证以及尚未表示接受的修改的要求一致时，则该事实即视为受益人已作出接受修改的通知，并从此时起，该信用证已被修改。

d. 通知修改的银行应当通知向其发出修改书的银行任何有关接受或拒绝接受修改的通知。

e. 不允许部分接受修改，部分接受修改将被视为拒绝接受修改的通知。

f. 修改书中作出的除非受益人在某一时间内拒绝接受修改，否则修改将开始生效的条款将被不予置理。

第十一条　电信传递与预先通知的信用证和修改

a. 经证实的信用证或修改的电信文件将被视为有效的信用证或修改，任何随后的邮寄证实书将被不予置理。

若该电信文件声明"详情后告"（或类似词语）或声明随后寄出的邮寄证实书将是有效的信用证或修改，则该电信文件将被视为无效的信用证或修改。开证行必须随即不延误地开出有效的信用证或修改，且条款不能与电信文件相矛盾。

b. 只有准备开立有效信用证或修改的开证行，才可以发出开立信用证或修改预先通知书。发出预先通知的开证行应不可撤销地承诺将不延误地开出有效的信用证或修改，且条款不能与预先通知书相矛盾。

第十二条　指定

a. 除非一家被指定银行是保兑行，对被指定银行进行兑付或议付的授权并不构成其必须兑付或议付的义务，被指定银行明确同意并照此通知受益人的情形除外。

b. 通过指定一家银行承兑汇票或承担延期付款承诺，开证行即授权该被指定银行预付或购买经其承兑的汇票或由其承担延期付款的承诺。

c. 非保兑行身份的被指定银行接受、审核并寄送单据的行为既不使得该被指定银行具有兑付或议付的义务，也不构成兑付或议付。

第十三条　银行间偿付约定

a. 如果信用证规定被指定银行（"索偿行"）须通过向另一方银行（"偿付行"）索偿获得偿付，则信用证中必须声明是否按照信用证开立日正在生效的国际商会《银行间偿付规则》办理。

b. 如果信用证中未声明是否按照国际商会《银行间偿付规则》办理，则适用于下列条款：

i. 开证行必须向偿付行提供偿付授权书，该授权书须与信用证中声明的有效性一致。偿付授权书不应规定有效日期。

ii. 不应要求索偿行向偿付行提供证实单据与信用证条款及条件相符的证明。

iii. 如果偿付行未能按照信用证的条款及条件在首次索偿时即行偿付，则开证行应对索偿行的利息损失以及产生的费用负责。

iv. 偿付行的费用应由开证行承担。然而，如果费用是由受益人承担，则开证行有责任在信用证和偿付授权书中予以注明。如偿付行的费用是由受益人承担，则该费用应在偿付时从支付索偿行的金额中扣除。如果未发生偿付，开证行仍有义务承担偿付行的费用。

c. 如果偿付行未能于首次索偿时即行偿付，则开证行不能解除其自身的偿付责任。

第十四条　审核单据的标准

a. 按照指定行事的被指定银行、保兑行（如有）以及开证行必须对提示的单据进行审核，并仅以单据为基础，以决定单据在表面上看来是否构成相符提示。

b. 按照指定行事的被指定银行、保兑行（如有）以及开证行，自其收到提示单据的翌日起算，应各自拥有最多不超过五个银行工作日的时间以决定提示是否相符。该期限不因单据提示日适逢信用证有效期或最迟提示期或在其之后而被缩减或受到其他影响。

c. 提示若包含一份或多份按照本惯例第十九条、二十条、二十一条、二十二条、二十三条、二十四条或二十五条出具的正本运输单据，则必须由受益人或其代表按照相关条款在不迟于装运日后的 21 个公历日内提交，但无论如何不得迟于信用证的到期日。

d. 单据中内容的描述不必与信用证、信用证对该项单据的描述以及国际标准银行实务完全一致，但不得与该项单据中的内容、其他规定的单据或信用证相冲突。

e. 除商业发票外，其他单据中的货物、服务或行为描述若须规定，可使用统称，但不得与信用证规定的描述相矛盾。

f. 如果信用证要求提示运输单据、保险单据和商业发票以外的单据，但未规定该单据由何人出具或单据的内容。如信用证对此未作规定，只要所提交单据的内容看来满足其功能需要且其他方面与第十四条 d 款相符，银行将对提示的单据予以接受。

g. 提示信用证中未要求提交的单据，银行将不予置理。如果收到此类单据，可以退还提示人。

h. 如果信用证中包含某项条件而未规定需提交与之相符的单据，银行将认为未列明此条件，并对此不予置理。

i. 单据的出单日期可以早于信用证开立日期，但不得迟于信用证规定的提示日期。

j. 当受益人和申请人的地址显示在任何规定的单据上时，不必与信用证或其他规定单据中显示的地址相同，但必须与信用证中述及的各自地址处于同一国家内。用于联系的资料（电传、电话、电子邮箱及类似方式）如作为受益人和申请人地址的组成部分将被不予置理。然而，当申请人的地址及联系信息作为按照第十九条、二十条、二十一条、二十二条、二十三条、二十四条或二十五条出具的运输单据中收货人或通知方详址的组成部分时，则必须按照信用证规定予以显示。

k. 显示在任何单据中的货物的托运人或发货人不必是信用证的受益人。

假如运输单据能够满足本惯例第十九条、二十条、二十一条、二十二条、二十三条或二十四条的要求，则运输单据可以由承运人、船东、船长或租船人以外的任何一方出具。

第十五条　相符提示

a. 当开证行确定提示相符时，就必须予以兑付。

b. 当保兑行确定提示相符时，就必须予以兑付或议付并将单据寄往开证行。

c. 当被指定银行确定提示相符并予以兑付或议付时，必须将单据寄往保兑行或开证行。

第十六条　不符单据及不符点的放弃与通知

a. 当按照指定行事的被指定银行、保兑行（如有）或开证行确定提示不符时，可以拒绝兑付或议付。

b. 当开证行确定提示不符时，可以依据其独立的判断联系申请人放弃有关不符点。然而，这并不因此延长第十四条 b 款中述及的期限。

c. 当按照指定行事的被指定银行、保兑行（如有）或开证行决定拒绝兑付或议付时，必须一次性通知提示人。

通知必须声明：

i. 银行拒绝兑付或议付。

ii. 银行凭以拒绝兑付或议付的各个不符点。

iii. a）银行持有单据等候提示人进一步指示。

b）开证行持有单据直至收到申请人通知弃权并同意接受该弃权，或在同意接受弃权前从提示人处收到进一步指示。

c）银行退回单据。

d）银行按照先前从提示人处收到的指示行事。

d. 第十六条 c 款中要求的通知必须以电信方式发出，或者，如果不可能以电信方式通知，则以其他快捷方式通知，但不得迟于提示单据日期翌日起第五个银行工作日终了。

e. 按照指定行事的被指定银行、保兑行（如有）或开证行可以在提供第十六条 c iii a）款或 b）款要求提供的通知后，于任何时间将单据退还提示人。

f. 如果开证行或保兑行未能按照本条款的规定行事，将无权宣称单据未能构成相符提示。

g. 当开证行拒绝兑付或保兑行拒绝兑付或议付，并已经按照本条款发出通知时，该银行将有权就已经履行的偿付索取退款及其利息。

第十七条　正本单据和副本单据

a. 信用证中规定的各种单据必须至少提供一份正本。

b. 除非单据本身表明其不是正本，银行将视任何单据表面上具有单据出具人正本签字、标志、图章或标签的单据为正本单据。

c. 除非单据另有显示，银行将接受单据作为正本单据。如果该单据：

i. 表面看来由单据出具人手工书写、打字、穿孔签字或盖章。

ii. 表面看来使用单据出具人的正本信笺。

iii. 声明单据为正本，除非该项声明表面看来与所提示的单据不符。

d. 如果信用证要求提交副本单据，则提交正本单据或副本单据均可。

e. 如果信用证使用诸如"一式两份"、"两张"、"两份"等术语要求提交多份单据，则可以提交至少一份正本，其余份数以副本来满足。但单据本身另有相反指示者除外。

第十八条　商业发票

a. 商业发票：

i. 必须在表面上看来是由受益人出具（第三十八条另有规定者除外）。

ii. 必须做成以申请人的名称为抬头（第三十八条 g 款另有规定者除外）。

iii. 必须将发票币别作成与信用证相同币种。

iv. 无须签字。

b. 按照指定行事的被指定银行、保兑行（如有）或开证行可以接受金额超过信用证所允许金额的商业发票，倘若有关银行已兑付或已议付的金额没有超过信用证所允许的金额，则该银行的决定对各有关方均具有约束力。

c. 商业发票中货物、服务或行为的描述必须与信用证中显示的内容相符。

第十九条 至少包括两种不同运输方式的运输单据

a. 至少包括两种不同运输方式的运输单据（即多式运输单据或联合运输单据），不论其称谓如何，必须在表面上看来：

i. 显示承运人名称并由下列人员签署：

承运人或承运人的具名代理或代表，或船长或船长的具名代理或代表。

承运人、船长或代理的任何签字必须分别表明承运人、船长或代理的身份。

代理的签字必须显示其是否作为承运人或船长的代理或代表签署提单。

ii. 通过下述方式表明货物已在信用证规定的地点发运、接受监管或装载预先印就的措辞，或注明货物已发运、接受监管或装载日期的图章或批注。

运输单据的出具日期将被视为发运、接受监管或装载以及装载日期。然而，如果运输单据以盖章或批注方式标明发运、接受监管或装载日期，则此日期将被视为装运日期。

iii. 显示信用证中规定的发运、接受监管或装载地点以及最终目的地的地点，即使：

a）运输单据另外显示了不同的发运、接受监管或装载地点或最终目的地的地点。

b）运输单据包含"预期"或类似限定有关船只、装货港或卸货港的指示。

iv. 是仅有的一份正本运输单据，或者，如果出具了多份正本运输单据，应是运输单据中显示的全套正本份数。

v. 包含承运条件须参阅包含承运条件条款及条件的某一出处（简式或背面空白的运输单据）者，银行对此类承运条件的条款及条件内容不予审核。

vi. 未注明运输单据受租船合约约束。

b. 就本条款而言，转运意指货物在信用证中规定的发运、接受监管或装载地点到最终目的地的运输过程中，从一个运输工具卸下并重新装载到另一个运输工具上（无论是否为不同运输方式）的运输。

c. i. 只要同一运输单据包括运输全程，则运输单据可以注明货物将被转运或可被转运。

ii. 即使信用证禁止转运，银行也将接受注明转运将发生或可能发生的运输单据。

第二十条 提单

a. 无论其称谓如何，提单必须在表面上看来：

i. 显示承运人名称并由下列人员签署：

承运人或承运人的具名代理或代表，或船长或船长的具名代理或代表。

承运人、船长或代理的任何签字必须分别表明其承运人、船长或代理的身份。

代理的签字必须显示其是否作为承运人或船长的代理或代表签署提单。

ii. 通过下述方式表明货物已在信用证规定的装运港装载上具名船只：

预先印就的措辞，或注明货物已装船日期的装船批注。

提单的出具日期将被视为装运日期，除非提单包含注明装运日期的装船批注，在此情况下，装船批注中显示的日期将被视为装运日期。

如果提单包含"预期船"字样或类似有关限定船只的词语时，装上具名船只必须由注明装运日期以及实际装运船只名称的装船批注来证实。

iii. 注明装运从信用证中规定的装货港至卸货港。

如果提单未注明以信用证中规定的装货港作为装货港，或包含"预期"或类似有关限定装货港的标注者，则需要提供注明信用证中规定的装货港、装运日期以及船名的装船批注。即使提单上已注明印就的"已装船"或"已装具名船只"措辞，本规定仍然适用。

iv. 是仅有的一份正本提单，或者，如果出具了多份正本，应是提单中显示的全套正本份数。

v. 包含承运条件须参阅包含承运条件条款及条件的某一出处（简式或背面空白的提单）者，银行对此类承运条件的条款及条件内容不予审核。

vi. 未注明运输单据受租船合约约束。

b. 就本条款而言，转运意指在信用证规定的装货港到卸货港之间的海运过程中，将货物由一艘船卸下再装上另一艘船的运输。

c. i. 只要同一提单包括运输全程，则提单可以注明货物将被转运或可被转运。

ii. 银行可以接受注明将要发生或可能发生转运的提单。即使信用证禁止转运，只要提单上证实有关货物已由集装箱、拖车或子母船运输，银行仍可接受注明将要发生或可能发生转运的提单。

d. 对于提单中包含的声明承运人保留转运权利的条款，银行将不予置理。

第二十一条 非转让海运单

a. 无论其称谓如何，非转让海运单必须在表面上看来：

i. 显示承运人名称并由下列人员签署：

承运人或承运人的具名代理或代表，或船长或船长的具名代理或代表。

承运人、船长或代理的任何签字必须分别表明其承运人、船长或代理的身份。

代理的签字必须显示其是否作为承运人或船长的代理或代表签署提单。

ii. 通过下述方式表明货物已在信用证规定的装运港装载上具名船只：

预先印就的措辞，或注明货物已装船日期的装船批注。

非转让海运单的出具日期将被视为装运日期，除非非转让海运单包含注明装运日期的装船批注，在此情况下，装船批注中显示的日期将被视为装运日期。

如果非转让海运单包含"预期船"字样或类似有关限定船只的词语时，装上具名船只必须由注明装运日期以及实际装运船只名称的装船批注来证实。

iii. 注明装运从信用证中规定的装货港至卸货港。

如果非转让海运单未注明以信用证中规定的装货港作为装货港，或包含"预期"或类似有关限定装货港的标注者，则需要提供注明信用证中规定的装货港、装运日期以及船名的装船批注。即使非转让海运单上已注明印就的"已装船"或"已装具名船只"措辞，本规定仍然适用。

iv. 是仅有的一份正本非转让海运单，或者，如果出具了多份正本，应是非转让海运单中显示的全套正本份数。

v. 包含承运条件须参阅包含承运条件条款及条件的某一出处（简式或背面空白的提单）者，银行对此类承运条件的条款及条件内容不予审核。

vi. 未注明运输单据受租船合约约束。

b. 就本条款而言，转运意指在信用证规定的装货港到卸货港之间的海运过程中，将货物由一艘船卸下再装上另一艘船的运输。

c. i. 只要同一非转让海运单包括运输全程，则非转让海运单可以注明货物将被转运或可被转运。

ii. 银行可以接受注明将要发生或可能发生转运的非转让海运单。即使信用证禁止转运，只要非转让海运单上证实有关货物已由集装箱、拖车或子母船运输，银行仍可接受注明将要发生或可能发生转运的非转让海运单。

d. 对于非转让海运单中包含的声明承运人保留转运权利的条款，银行将不予置理。

第二十二条　租船合约提单

a. 无论其称谓如何，倘若提单包含提单受租船合约约束的指示（即租船合约提单），则必须在表面上看来：

i. 由下列当事方签署：

船长或船长的具名代理或代表，或者船东或船东的具名代理或代表，或者租船主或租船主的具名代理或代表。

船长、船东、租船主或代理的任何签字必须分别表明其船长、船东、租船主或代理的身份。

代理的签字必须显示其是否作为船长、船东或租船主的代理或代表签署提单。

代理人代理或代表船东或租船主签署提单时必须注明船东或租船主的名称。

ii. 通过下述方式表明货物已在信用证规定的装运港装载上具名船只：

预先印就的措辞，或注明货物已装船日期的装船批注。

租船合约提单的出具日期将被视为装运日期，除非租船合约提单包含注明装运日期的装船批注，在此情况下，装船批注中显示的日期将被视为装运日期。

iii. 注明货物由信用证中规定的装货港运输至卸货港。卸货港可以按信用证中的规定显示为一组港口或某个地理区域。

iv. 是仅有的一份正本租船合约提单，或者，如果出具了多份正本，应是租船合约提单中显示的全套正本份数。

b. 即使信用证中的条款要求提交租船合约，银行也将对该租船合约不予审核。

第二十三条　空运单据

a. 无论其称谓如何，空运单据必须在表面上看来：

i. 注明承运人名称并由下列当事方签署：

承运人，或承运人的具名代理或代表。

承运人或代理的任何签字必须分别表明其承运人或代理的身份。

代理的签字必须显示其是否作为承运人的代理或代表签署空运单据。

ii. 注明货物已收妥待运。

iii. 注明出具日期。这一日期将被视为装运日期，除非空运单据包含注有实际装运日期的专项批注，在此种情况下，批注中显示的日期将被视为装运日期。

空运单据显示的其他任何与航班号和起飞日期有关的信息不能被视为装运日期。

iv. 表明信用证规定的起飞机场和目的地机场。

v. 为开给发货人或托运人的正本，即使信用证规定提交全套正本。

vi. 载有承运条款和条件，或提示条款和条件参见别处。银行将不审核承运条款和条件的内容。

b. 就本条款而言，转运是指在信用证规定的起飞机场到目的地机场的运输过程中，将货物从一飞机卸下再装上另一飞机的行为。

c. i. 空运单据可以注明货物将要或可能转运，只要全程运输由同一空运单据涵盖。

ii. 即使信用证禁止转运，注明将要或可能发生转运的空运单据仍可接受。

第二十四条　公路、铁路或内陆水运单据

a. 公路、铁路或内陆水运单据，无论名称如何，必须在表面上看来：

i. 表明承运人名称，并且由承运人或其具名代理人签署，或者由承运人或其具名代理人以签字、印戳或批注表明货物收讫。承运人或其具名代理人的售货签字、印戳或批注必须标明其承运人或代理人的身份。代理人的收获签字、印戳或批注必须标明代理人是代表承运人签字或行事。如果铁路运输单据没有指明承运人，可以接受铁路运输公司的任何签字或印戳作为承运人签署单据的证据。

ii. 表明货物在信用证规定地点的发运日期，或者收讫代运或代发送的日期。运输单据的出具日期将被视为发运日期，除非运输单据上盖有带日期的收货印戳，或注明了收货日期或发运日期。

iii. 表明信用证规定的发运地及目的地。

b. i. 公路运输单据必须看似为开给发货人或托运人的正本，或没有认可标记表明单据开给何人。

ii. 注明"第二联"的铁路运输单据将被作为正本接受。

iii. 无论是否注明正本字样，铁路或内陆水运单据都被作为正本接受。

c. 如运输单据上未注明出具的正本数量，提交的份数即视为全套正本。

d. 就本条款而言，转运是指在信用证规定的发运、发送或运送的地点到目的地之间的运输过程中，在同一运输方式中从一运输工具卸下再装上另一运输工具的行为。

e. i. 只要全程运输由同一运输单据涵盖，公路、铁路或内陆水运单据可以注明货物将要或可能被转运。

ii. 即使信用证禁止转运，注明将要或可能发生转运的公路、铁路或内陆水运单据仍可接受。

第二十五条　快递收据、邮政收据或投邮证明

a. 证明货物收讫待运的快递收据，无论名称如何，必须在表面上看来：

i. 表明快递机构的名称，并在信用证规定的货物发运地点由该具名快递机构盖章或签字。

ii. 表明取件或收件的日期或类似词语。该日期将被视为发运日期。

b. 如果要求显示快递费用付讫或预付，快递机构出具的表明快递费由收货人以外的一方支付的运输单据可以满足该项要求。

c. 证明货物收讫待运的邮政收据或投邮证明，无论名称如何，必须看似在信用证规定的货物发运地点盖章或签署并注明日期。该日期将被视为发运日期。

第二十六条　"货装舱面"、"托运人装载和计数"、"内容据托运人报称"及运费之外的费用

a. 运输单据不得表明货物装于或者将装于舱面。声明货物可能被装于舱面的运输单据条款可以接受。

b. 载有诸如"托运人装载和计数"或"内容据托运人报称"条款的运输单据可以接受。

c. 运输单据上可以以印戳或其他方式提及运费之外的费用。

第二十七条 清洁运输单据

银行只接受清洁运输单据。清洁运输单据指未载有明确宣称货物或包装有缺陷的条款或批注的运输单据。"清洁"一词并不需要在运输单据上出现，即使信用证要求运输单据为"清洁已装船"的。

第二十八条 保险单据及保险范围

a. 保险单据，例如保险单或预约保险项下的保险证明书或者声明书，必须看似由保险公司或承保人或其代理人或代表出具并签署。

代理人或代表的签字必须标明其是代表保险公司或承保人签字。

b. 如果保险单据表明其以多份正本出具，所有正本均须提交。

c. 暂保单将不被接受。

d. 可以接受保险单代替预约保险项下的保险证明书或声明书。

e. 保险单据日期不得晚于发运日期，除非保险单据表明保险责任不迟于发运日生效。

f. i. 保险单据必须表明投保金额并以与信用证相同的货币表示。

ii. 信用证对于投保金额为货物价值、发票金额或类似金额的某一比例的要求，将被视为对最低保额的要求。

如果信用证对投保金额未作规定，投保金额须至少为货物的 CIF 或 CIP 价格的 110%。

如果从单据中不能确定 CIF 或者 CIP 价格，投保金额必须基于要求承付或议付的金额，或者基于发票上显示的货物总值来计算，两者之中取金额较高者。

iii. 保险单据须标明承保的风险区间至少涵盖从信用证规定的货物监管地或发运地开始到卸货地或最终目的地为止。

g. 信用证应规定所需投保的险别及附加险（如有的话）。如果信用证使用诸如"通常风险"或"惯常风险"等含义不确切的用语，则无论是否有漏保之风险，保险单据将被照样接受。

h. 当信用证规定投保"一切险"时，如保险单据载有任何"一切险"批注或条款，无论是否有"一切险"标题，均将被接受，即使其声明任何风险除外。

i. 保险单据可以援引任何除外责任条款。

j. 保险单据可以注明受免赔率或免赔额（减除额）约束。

第二十九条 截止日或最迟交单日的顺延

a. 如果信用证的截止日或最迟交单日适逢接受交单的银行非因第三十六条所述原因而歇业，则截止日或最迟交单日，视何者适用，将顺延至其重新开业的第一个银行工作日。

b. 如果在顺延后的第一个银行工作日交单，指定银行必须在其致开证行或保兑行的面函中声明交单是在根据第二十九条 a 款顺延的期限内提交的。

c. 最迟发运日不因第二十九条 a 款规定的原因而顺延。

第三十条 信用证金额、数量与单价的增减幅度

a. "约"或"大约"用于信用证金额或信用证规定的数量或单价时，应解释为允许有关金额或数量或单价有不超过 10% 的增减幅度。

b. 在信用证未以包装单位件数或货物自身件数的方式规定货物数量时，货物数量允许有 5% 的增减幅度，只要总支取金额不超过信用证金额。

c. 如果信用证规定了货物数量，而该数量已全部发运，及如果信用证规定了单价，而

该单价又未降低，或当第三十条 b 款不适用时，则即使不允许部分装运，也允许支取的金额有 5% 的减幅。若信用证规定有特定的增减幅度或使用第三十条 a 款提到的用语限定数量，则该减幅不适用。

第三十一条　分批支款或分批装运

a. 允许分批支款或分批装运。

b. 表明使用同一运输工具并经由同次航程运输的数套运输单据在同一次提交时，只要显示相同目的地，将不视为部分发运，即使运输单据上标明的发运日期不同或装卸港、接管地或发送地点不同。如果交单由数套运输单据构成，其中最晚的一个发运日将被视为发运日。含有一套或数套运输单据的交单，如果表明在同一种运输方式下经由数件运输工具运输，即使运输工具在同一天出发运往同一目的地，仍将被视为部分发运。

c. 含有一份以上快递收据、邮政收据或投邮证明的交单，如果单据看似由同一块地或邮政机构在同一地点和日期加盖印戳或签字并且表明同一目的地，将不视为部分发运。

第三十二条　分期支款或分期装运

如信用证规定在指定的时间段内分期支款或分期发运，任何一期未按信用证规定期限支取或发运时，信用证对该期及以后各期均告失效。

第三十三条　交单时间

银行在其营业时间外无接受交单的义务。

第三十四条　关于单据有效性的免责

银行对任何单据的形式、充分性、准确性、内容真实性、虚假性或法律效力，或对单据中规定或添加的一般或特殊条件，概不负责；银行对任何单据所代表的货物、服务或其他履约行为的描述、数量、重量、品质、状况、包装、交付、价值或其存在与否，或对发货人、承运人、货运代理人、收货人、货物的保险人或其他任何人的诚信与否，作为或不作为、清偿能力、履约或资信状况，也概不负责。

第三十五条　关于信息传递和翻译的免责

当报文、信件或单据按照信用证的要求传输或发送时，或当信用证未作指示，银行自行选择传送服务时，银行对报文传输或信件或单据的递送过程中发生的延误、中途遗失、残缺或其他错误产生的后果，概不负责。

如果指定银行确定交单相符并将单据发往开证行或保兑行。无论指定的银行是否已经承付或议付，开证行或保兑行必须承付或议付，或偿付指定银行，即使单据在指定银行送往开证行或保兑行的途中，或保兑行送往开证行的途中丢失。

银行对技术术语的翻译或解释上的错误，不负责任，并可不加翻译地传送信用证条款。

第三十六条　不可抗力

银行对由于天灾、暴动、骚乱、叛乱、战争、恐怖主义行为或任何罢工、停工或其无法控制的任何其他原因导致的营业中断的后果，概不负责。

银行恢复营业时，对于在营业中断期间已逾期的信用证，不再进行承付或议付。

第三十七条　关于被指示方行为的免责

a. 为了执行申请人的指示，银行利用其他银行的服务，其费用和风险由申请人承担。

b. 即使银行自行选择了其他银行，如果发出指示未被执行，开证行或通知行对此亦不负责。

c. 指示另一银行提供服务的银行有责任负担被指示银行因执行指示而发生的任何佣金、

手续费、成本或开支（"费用"）。

如果信用证规定费用由受益人负担，而该费用未能收取或从信用证款项中扣除，开证行依然承担支付此费用的责任。

信用证或其修改不应规定向受益人的通知以通知行或第二通知行收到其费用为条件。

d. 外国法律和惯例加之于银行的一切义务和责任，申请人应受其约束，并就此对银行负补偿之责。

第三十八条 可转让信用证

a. 银行无办理转让信用证的义务，除非该银行明确同意其转让范围和转让方式。

b. 就本条款而言：

转让信用证意指明确表明其"可以转让"的信用证。根据受益人（"第一受益人"）的请求，转让信用证可以被全部或部分地转让给其他受益人（"第二受益人"）。

转让银行意指办理信用证转让的被指定银行，或者在适用于任何银行的信用证中，转让银行是由开证行特别授权并办理转让信用证的银行。开证行也可担任转让银行。

转让信用证意指经转让银行办理转让后可供第二受益人使用的信用证。

c. 除非转让时另有约定，所有因办理转让而产生的费用（诸如佣金、手续费、成本或开支）必须由第一受益人支付。

d. 倘若信用证允许分批支款或分批装运，信用证可以被部分地转让给一个以上的第二受益人。

第二受益人不得要求将信用证转让给任何次序位居其后的其他受益人。第一受益人不属于此类其他受益人之列。

e. 任何有关转让的申请必须指明是否以及在何种条件下可以将修改通知第二受益人。转让信用证必须明确指明这些条件。

f. 如果信用证被转让给一个以上的第二受益人，其中一个或多个第二受益人拒绝接受某个信用证修改并不影响其他第二受益人接受修改。对于接受修改的第二受益人而言，信用证已作相应的修改；对于拒绝接受修改的第二受益人而言，该转让信用证仍未被修改。

g. 转让信用证必须准确转载原证的条款及条件，包括保兑（如有），但下列项目除外：

信用证金额；

信用证规定的任何单价；

到期日；

单据提示期限；

最迟装运日期或规定的装运期间。

以上任何一项或全部均可减少或缩短。

必须投保的保险金额的投保比例可以增加，以满足原信用证或本惯例规定的投保金额。

可以用第一受益人的名称替换原信用证中申请人的名称。

如果原信用证特别要求开证申请人名称应在除发票以外的任何单据中出现时，则转让信用证必须反映出该项要求。

h. 第一受益人有权以自己的发票和汇票（如有），替换第二受益人的发票和汇票（如有），其金额不得超过原信用证的金额。在办理如此单据替换时，第一受益人可在原信用证项下支取自己发票与第二受益人发票之间产生的差额（如有）。

i. 如果第一受益人应当提交其自己的发票和汇票（如有），却未能在收到第一次要求时照办，或第一受益人提交的发票导致了第二受益人提示的单据中本不存在的不符点，而其未能在收到第一次要求时予以修正，则转让银行有权将其从第二受益人处收到的单据向开证行提示，并不再对第一受益人负责。

j. 第一受益人可以在其提出转让申请时，表明可在信用证被转让的地点，在原信用证的到期日之前（包括到期日）向第二受益人予以兑付或议付。本条款并不损害第一受益人在第三十八条 h 款下的权利。

k. 由第二受益人或代表第二受益人提交的单据必须向转让银行提示。

第三十九条　款项让渡

信用证未表明可转让，并不影响受益人根据所适用的法律规定，将其在该信用证项下有权获得的款项让渡于他人的权利。本条款所涉及的仅是款项的让渡，而不是信用证项下执行权力的让渡。

参考文献

1. 吴百福. 进出口贸易实务教程（第四版）. 上海：上海人民出版社，2003
2. 黎孝先. 国际贸易实务（第三版）. 北京：对外经济贸易大学出版社，2000
3. 余世明. 国际贸易商务单证实务练习题及分析解答（第二版）. 广州：暨南大学出版社，2008
4. 姚新超. 国际贸易惯例与规则实务. 北京：对外经济贸易大学出版社，2005
5. 石玉川. 2000 年国际贸易术语解释通则. 北京：对外经济贸易大学出版社，2001